教育管理之路

学校管理探索与研究

伍小兵 编著

西南大学出版社
国家一级出版社 全国百佳图书出版单位

图书在版编目(CIP)数据

学校管理探索与研究/伍小兵编著. -- 重庆：西南大学出版社，2022.12
（教育管理之路）
ISBN 978-7-5697-0007-7

Ⅰ.①学… Ⅱ.①伍… Ⅲ.①中学—学校管理—研究 Ⅳ.①G637

中国版本图书馆CIP数据核字（2021）第026607号

学校管理探索与研究
XUEXIAO GUANLI TANSUO YU YANJIU

伍小兵　编著

责任编辑：万劲松　李　俊
责任校对：李相勇
封面设计：岚品 CASTALY 周娟　尹恒　杨涵
版式设计：观止堂_朱璇
排　　版：夏　洁
出版发行：西南大学出版社（原西南师范大学出版社）
　　　　　　网址：www.xdcbs.com
　　　　　　地址：重庆市北碚区天生路2号
　　　　　　邮编：400715
　　　　　　电话：023-68254211
印　　刷：重庆华数印务有限公司
幅面尺寸：170mm×240mm
印　　张：20.75
字　　数：335千字
版　　次：2022年12月　第1版
印　　次：2022年12月　第1次印刷
书　　号：ISBN 978-7-5697-0007-7

定　　价：52.00元

总序

小兵同志从事教育行业的工作已经三十二年了,我们认识也有二十余年。他从一线教师做起,勤苦耕耘在教育战线,有着丰富的教育教学和教育管理经验,从普通高中的学科教师到班主任、到教务副主任、年级主任,再到副校长、校长和校党委书记,通过二十六年努力,完成了从普通教师到学校管理者的转变。而后,受组织重托赴任市教育行政部门党委和行政主要负责人,兼任大中专招生委员会办公室主要负责人,开始了市教育系统和招生系统的党务和行政管理生涯。五年之后,根据组织安排,走上高职院校的行政主要领导岗位,在省委教育工委、当地党政及学院党委领导下又一次履新。

与小兵相识,是从省里立项创新教育课题开始的,当时他是学校分管教学科研的副校长。小兵是一位对教育有深厚感情并愿意追求教育真谛的人,具有独特的思维。在学科教学中,小兵追求"以学生为主体"的教育理念,充分调动学生的学习兴趣和潜力,并以相关学科思想和原理影响学生,用专业精神气质熏陶学子,深受学生喜爱和认同,所带班级学生在报考大学时,有一半乃至大半学生选择了其所教学科的相关专业。在学校管理中,小兵追求"以生为要"的管理思想,以学生为中心展开教育管理工作,以充分调动教师积极性为前提,不断设立新的学校发展目标,激发师生员工激情,将一所普通高中建设成了国家级示范高中。在教育行政管理中,小兵追求"以民为本"的价值取向,多方发挥县(区)教育部门和各级各类学校的主体作用。主政全市教育期间,其格局有鲜明特点,出发点和落脚点在办人民满意的教育上,逐步解决入园难入园贵、义务教育发展不均衡、高中阶段普及、高等教育资源增值等问题,有效促进了基础教育、职业教育和高等教育的协同发展,使全市教育考评结果进入了全省三甲之列。而今,新岗位新挑战摆在他面前,凭着他对教育及其规律的认识和知识储备,凭着他对教育的感情和认知,凭着他特有的缜密思维和审视反思习惯，凭着他对社会的理解和亲近，笔者相信他能够发挥综合才干，在新平台上干出新业绩……

在二十余年的合作与交流中，笔者识得这位基层教师的奋斗足迹，见证了他的转型发展。从学科教学开始，进而对立德树人的探索，更至学校管理、教育管理和管理科学，小兵孜孜以求，多维多元多层次去实践、探索、学习、研究、创新，体现了其对学习的热情，展现了向上向善的价值观。在学校管理中，他负责德育方面的工作，在立德树人、铸魂育人过程中确立了"人人都是德育工作者""处处都是德育工作处""时时都是德育工作时""事事都是德育工作事"的"大德育"观，形成了"全员全面全程全要素"的"四全"育人机理。小兵管过教学和科研，在学校教书育人过程中确立了"高效教学"的理念，即陶行知的科学教育理念，构建了"人人都是质量提高者""人人都是教学科研者"的"以研促教"机制氛围。小兵管过体育、美育和劳动教育，在引领强体美和爱劳动中，提出了"体育不合格是次品""美育不合格是残品""劳动不合格是废品"的全面发展意识，形成了"普及与专业并重"的群众竞技兼顾的体育模式，"认识美发现美欣赏美创造美"的知行合一的美育模式，"干净校园洁净灵魂"的由体及脑的劳动教育模式。小兵管理后勤和服务，在服务师生过程中，树起"管理育人服务育人"的自律原则，建立了"管理就是服务""服务就要育人"的治理体系。小兵在教育系统管理中，加强党建，落实从严治党要求，在系统党建和党风廉政建设中叫响了"我是党员，向我看齐"的口号，使党风、政风、行风、师风得到明显转变。小兵在教育体制机制改革中强化为人民服务的宗旨，在系统内加强教育公平，提升教育质量，吹响了"义教均衡攻坚""全面提质攻坚"的集结号，教育公平、教育均衡程度以及教育质量得到明显提高。这些理念和举措，逻辑关系严密清晰，用语朗朗上口，易学易记易行。几年下来，人民群众对教育的满意度得到很大提升。

小兵成功实现了从专业课教师向教育管理者的转变。他认为自己这一转变并不华丽，并努力反思以搜寻实现转变的动因动力，以便在理论指导下深入实践，在实践过程中不断探索，在探索尝试里刻苦学习，在学习体悟中不停研究，在研究基础上持续创新。

小兵在十八年前,出版过主要内容涉及学科教学的《杏坛漫步》。在以后的十八年中,小兵同志主要从事学校管理和全市教育管理工作。他的管理理念、管理实践、管理研究和管理科学的思想,主要体现在有关发言、讲话(讲稿)、调研报告和研究论文中。此次所汇集的文字,更多体现了他围绕管理之所得,包括实践、教学、思考和研究。无论是全市宏观教育问题,还是困扰基层学校的绩效工资管理和债务管理,均为小兵心之所系。因此,这本书也可以看成实用教育行政和学校管理参考书。全书许多部分不乏理论性、先进性、复制性和操作性,相信对教育或教育管理工作者具备阅读和使用价值,放在手边特别方便。

笔者将这篇读后感用来作为全书的总序,这是先读者当尽的分享义务,当否只好悉听尊便了。

姚文忠

2019年5月25日

(姚文忠教授:中国陶行知研究会副会长、中国陶行知研究会中学教育专业委员会理事长、四川省教育厅咨询专家,曾担任中国社会心理学会理事及理论与教学专业委员会副理事长、中国心心小组专家、四川省教师继续教育专家组首席专家、四川省教育学会始创阶段秘书处负责人、四川省心理学会秘书长、四川省陶行知研究会常务副会长兼秘书长、成都市人民政府参事、成都师范学院研究员、科研处处长、教育研究所所长、社会心理学研究室主任、西南大学和四川师范大学客座教授、晓庄学院兼职教授,著有《元教育科学导论》《初中教师之友学校管理卷》《学校诊断》《特别教育论》《论陶行知的教育哲学观》《陶行知的教育人格》《论校园文化建设》等多部著作。)

目录
contents

党的建设篇

发言与讲话

坚持中国特色社会主义办学方向　加强学校思想政治工作　　005
加强党风廉政　促进安定团结　　014
依托"先教"抓质量　求真务实办教育　　017
保持先进性　增强战斗力　　024
学习实践科学发展观　务实推动发展高质量　　030

研究与心得

牢树科学发展观　以人为本促发展　　039
对加强普通高中学校党建工作的思考与探索　　044
履行代表新使命　当好代表为人民　　050

行政管理篇

发言与讲话

加大校务公开力度　全心全意依靠教职工办好学校　　057
转作风　抓落实　提质量　育新人　　066
强化使命意识　全心立德树人　　071

德育管理篇

发言与讲话

探索学校教育新路子　增强德育工作实效性	079
感动	084
其实并不难	086
让虚伪变得真实	088
十八岁　我为祖国成长	090
决战高考　接受挑选	092
冲刺高三　不负韶华	094
新年新希望　每天新形象	096
我已经成人　我应该负责	098
责任　我们的脊梁	100
一中兴亡　我的责任	102
惜时如金　妄言放弃	105
内化誓词　外显素质　珍惜现在　成就未来	108
我的未来我做主	110
我存在　我自信　我努力　我成功	113
当我们老的时候	115
光荣之路——做成功的自己	118
做一个真正的一中人	121
创造你的奇迹　30天足够	125
结束只是开始	127
营造书香校园　构建高效课堂	130
感恩　让我们坚定前行	133

研究与心得

德育工作者的本职工作	139
渴望"老师好！"	143
学校是学生的校园　治理是同学的自治	145

教学管理篇

发言与讲话

积极推进现代教育技术　全面提高教育质量　　153
解决现实问题　提高教学质量　　159
下定决心　不怕牺牲　排除万难　争取胜利　　163

研究与心得

关于学生"过失性丢分"的调查报告　　169
校本教研的引领　　175
引领和同化是校本培训的有效策略　　182

教师管理篇

发言与讲话

加强教师队伍建设　提高教师队伍素质　　189
创设愉悦干事环境　发挥教师育人潜能　　198
分享从教得失　成就教育人生　　202
庆祝教师节　乐做引路人　　205
建设班主任队伍　落实大德育目标　　207
加快人才的引进和培养　提高教师队伍的整体素质　　209

研究与心得

强化学校制度建设　引领教师专业发展　　219
论基于"中道"思维的教师管理　　224
浅谈中学教师的消极情绪管理　　230
建立我国教师寒暑假学习制度的必要性探微
　　——以普通高中教师为例　　236
中学教师专业化程度低下的职前原因浅析　　244

课程管理篇

发言与讲话

抓住新课程改革契机　培育创新性优秀人才　　253

研究与心得

新课程背景下基础教育教学改革的检视
　　——中小学教师专业知识的不足与提升　　261

文化管理篇

发言与讲话

学校人文教育探索与实践　　275
人性化的管理与人文化的校园　　283

研究与心得

学校文化建设的失落及回归探微　　295

管理体悟篇

研究与心得

落实发展纲要　畅享教育春天　　307
教育理想、教育良知和教育现实
　　——关于校长在高中新课程改革中的思考　　311

参考文献　　317

后记　　319

党的建设篇

DANG DE JIANSHE PIAN

发言与讲话

坚持中国特色社会主义办学方向
加强学校思想政治工作

《中共中央关于加强和改进思想政治工作的若干意见》明确指出:"高度重视思想政治工作,是我们党的优良传统和政治优势。"2000年,江泽民在中央思想政治工作会议上指出:"党的思想政治工作绝不是可有可无、无所作为,而是必不可少、大有作为的。"学校的根本任务就是培养人,学校思想政治工作的根本任务就是教育学生如何做人,培养他们良好的意志品质、高尚的道德情操和为共产主义事业奋斗终生的远大理想。江泽民在《关于教育问题的谈话》中明确指出:"正确引导和帮助青少年学生健康成长,使他们能够德、智、体、美全面发展,是一个关系我国教育发展方向的重大问题。"学校长期以来坚持社会主义办学方向,把学校思想政治工作放在十分重要的位置,充分认识到了思想政治工作的重要性、长期性、复杂性和艰巨性,对思想政治工作有高度的责任感和使命感,面对新形势新情况,在继承和发扬优良传统的基础上,在工作的内容、形式、方法、手段和制度等方面进行了一系列探索、改进和创新,特别是增强了思想政治工作的时代感,在思想政治工作的主动性、针对性、实效性上狠下功夫,在安排部署上坚持了"两手抓,两手都要硬"的方针,既有安排部署,同时注重落实工作的进展情况和实际效果。

一、加强教师队伍建设,塑造良好师德风范

学校是培养人的场所,是"人教人"的地方,要培养高素质的学生,教师当然是关键。在学校整个思想政治工作中,教师的思想教育、师风师德建设是至关重要且必然先行的一步,学校把教师的思想教育工作作为教师队伍建设工作的核心,以思想教育为前提,开展现代教育观念、现代教育技术及课堂教学能力等多方面的素养培养,通过思想教育来促进教师教育教学水平的提高。

1.加强政治理论学习,提高教师思想政治素质。学校坚持领导班子带头,全体教职工参与的政治理论学习和培训形式,将全校性学习、年级组学习、教研组学习和自学相结合,辅之以专题报告、中心发言讨论等,组织学习了《邓小平文选》《关于社会主义若干问题学习纲要》等,还通过举办业余党校等形式加强政治理论学习。近年来,一中的政治理论学习做到以下五点。一是形成制度,坚持学习。校级领导除参加中心组学习外,还同中层干部一起利用间周一次的学习时间参加学习。二是保证资料,自觉学习。做到各类学习资料人手一份。三是明确内容,系统学习。根据形势的发展和需要,布置相应的内容,安排一定时间系统学习。四是联系实际,结合学习。针对教育教学过程中的实际情况,结合理论进行学习。五是疑难问题,辅导学习。对于一些理论上和现实中的疑难问题,则请上级党委、宣传部门的领导来学校进行专题辅导。对于教师自学部分,学校要求教师做好读书笔记,同时将所学的知识用于教育教学过程中,学期或学年末还要写出心得体会。

通过学校组织学习和教师自学,教师队伍的思想政治水平普遍提高,已初步形成一支爱教育、爱学生、乐奉献、为人师表、师德高尚、功底深厚,具有全新教育观、质量观、人才观的教师队伍。

2.以"敬业、奉献、爱生、善导"为主要内容,加强师德师风建设。为师之道,贵在学养,重在师德。师德教育是加强教师队伍建设的一项基本内容,师德建设是教师队伍建设的灵魂。就主体的能动性而言,师德在教师职业中具有动力源和指向性的作用。师德的培养是实现素质教育的必要前提、根本保证,是教师素质中非智力因素的重要部分。良好的师德是形成优良教风的基础,是形成优良学风和校风的保证。全国教育工会颁布《中小学教师职业道德要求(试行草案)》后,学校曾将其印发给全校教师学习,国家教委、全国教育工会颁布《中小学教师职业道德规范》六条后,学校当即安排学习,围绕"敬业、奉献、爱生、善导"进行了深入的讨论,并提出了"三个联系":要求学"六条"要与教师的日常言行联系起来,随时反省自己;要求学"六条"要与学生遵守《中学生日常行为规范》,教师率先垂范联系起来;要求学"六条"要与年终总结评价联系起来。同时规定,把学"六条"作为评选

"十佳青年"和先进教职工的重要条件。1996年四川省教委向全社会公布了《四川省教师职业道德行为准则(试行)》和"三让一树"的要求,学校当即进行宣讲,并印发人手一份,要求教师经常对照检查,政教处和年级主任检查督促。2000年暑假在教师政治理论学习活动中,学校根据省、市教育部门的要求,在对教师开展师德师风教育的基础上,组织教师回顾总结近几年来自己在教育教学中的表现,细细对照,认真分析,总结经验,弘扬师德,有16位教师做了师德交流报告,他们对事业无怨无悔的奉献,对学生无微不至的关心,对学校情真意切的热爱,让全校教职员工深受鼓舞。

学校还加强师德师风宣传。利用校内橱窗、板报、广播、电视、报刊等各种载体,宣传校内外师德标兵的事迹,获得了良好的示范效果。经过师德师风教育,全校教职工政治方向明确,工作态度积极,热爱学校,热爱学生,团结守纪,举止文明,没有歧视、体罚学生或变相体罚学生的现象发生。在这样的思想和认识的指导下,大家都能全面理解和贯彻国家的教育方针,面向全体学生,注重整体育人。他们甘为人梯,默默奉献,关心爱护学生的事例层出不穷。教师们良好的师德和奉献精神,受到学生、家长、社会的好评,同时对学生产生了良好的影响。

3.以人为本,充分调动教职工"当家作主"的积极性和工作热情。要做好教师的思想政治工作,首先应该凝聚教师的思想、凝聚教师的心。管理工作,说到底就是如何做好人的工作。要做好人的工作,从行为学的角度来说就必须坚持以人为本。几年来,我们认真学习新时期党的知识分子工作政策,决心通过实实在在的工作,把党对知识分子的关心和温暖送达教职工。为此,学校领导班子明确提出"三心换一心"的口号,即领导班子对待教职工在政治上要诚心,在业务上要关心,在生活上要尽心,以此"三心"换来全校教职工办好一中的"同心"。几年来,学校领导班子努力为教职工办实事、好事,出台了一系列激励教职工工作热情的措施,并予以逐步落实。学校由于工作出色,1998年被市委授予"知识分子工作先进单位"称号,1999年被市委授予"先进党组织"称号,2000年被市总工会授予"先进教职工之家"称号。近三年来,先后有26名教职工向党组织提出了入党申请,有10人光荣地加入了中国共产党。

教师是学校的主人,学校的生存发展与教师密切相关,教师们也愿意为学校的建设和发展献计献策,为此学校领导班子给予教代会充分参与学校管理的权利。一中教代会在16年中先后开了5次全会,43次主席团会议,对学校的许多重大问题都进行了认真的讨论、审议,在民主管理中发挥了很好的作用。近年来,一中教代会在支持校长工作中重点做了三个方面的工作:第一,支持校长正确行使职权,做到了监督不挑刺,审议不越权;第二,动员教职工"心往一处想,劲往一处使",为实现学校管理目标而奋斗;第三,教育教职工服从领导,听从指挥,遵守纪律,处理好四个关系,即眼前利益与长远利益、需要与可能、局部与全局、个人与学校的关系。教代会实行民主管理,使广大教职工感到自己是学校的主人,从而激发他们为社会主义现代化建设服务的热情。学校主动关心教职工的生活,开展多种文体活动,促进了他们的友谊、团结和相互了解,大大增强了一中教师群体的凝聚力,形成了良好的教职工集体。

  通过开展细致、有效的工作,一中政治工作取得了良好的效果。目前学校发展良好,教师人心稳定,干劲十足,办学效益连年提高,教学水平一年上一个台阶。1998年学校被市委评为"领导班子创'四好'先进单位",1998年被市委市政府授予"先进集体"称号,1999年被市委授予"先进党组织"称号,2000年学校被评为"学校民主管理先进单位""宜宾市思想政治工作先进单位"。

  当然,思想政治工作的效果是如何通过考核来评价的?学校根据考评细则对教职工进行全面考核,概括起来主要是德、勤、能、绩四个方面。考德——主要考查教师的政治态度、思想觉悟、职业道德、事业心和责任感。考勤——主要考查教师的工作态度和工作量,上课、辅导、政治学习、开会、业务学习等的出勤情况。考能——主要考查教师的实际文化程度、工作能力、业务能力(包括教育、教学、教研、教改、师培能力)。考绩——主要考查教师在教育、教学等方面的实绩,包括全面贯彻党的教育方针、转变学困生的情况,教学质量(包括知识和技能的传授、能力的培养、思想渗透教育等方面)及教学效果等。考核办法,即每年开学时,全校教职员工都要写出总结、填好相应表格,如期交学校办公室汇总,不按时上交的将酌情扣发奖金。各年级组、教研组和有关职能部门依据考评细则的要求,在10月

10日前对本组教职工写出评语,定出等级。10月底以前学校考评领导小组对每个教师(职工)给出考核结论,分别按优秀、称职、不称职评定等级,归档备案。

在学校领导班子的有效领导下,一中教师群体正在逐步成为一支师德高尚、素质优良、结构合理、精力充沛,能掌握现代教育技术,积极从事教学科研的教师队伍;成为一支团结协作、无私奉献、刻苦钻研、严谨务实,能适应时代发展要求,具有竞争、创新、合作精神的教师队伍。学校目前已经有全国优秀教师4人,全国优秀班主任1人,特级教师3人,市级以上学会理事长、副理事长、常务理事、理事共17人,高级教师人数占全体教师人数的47%。学校的教育教学质量大幅度提高,1998年以来,学校教师获国家级奖励28人(项),获省级奖励21人(项),获市级奖励67人(项)。学生巩固率达到95%,毕业生合格率达到99.5%,高考上线人数从1995年88人起,每年以近百人的速度增长,2000年已达到534人;学校先后荣获"全国电教实验学校""全国群众体育先进集体""全国体育达标先进集体""四川省德育工作先进单位""四川省首批校风示范学校""四川省体卫先进集体""四川省传统项目学校"等荣誉称号。

二、以校风建设为重点,扎实开展德育工作

学校始终坚持"以做人的教育为基础,以立志成才教育为主线,以爱国主义教育和日常行为规范教育为主要内容"的德育工作基本思路,狠抓思想教育不放松,以校风建设为学校德育工作的重点,以日常行为规范教育为突破口,强化管理与考核,不断把学校德育工作落到实处,推动学校德育工作不断发展。目前,学校已形成了校园优美整洁、教育教学秩序井然、教师爱岗敬业、学生文明守纪的良好校风。

(一)加强学生思想教育工作,全面提高学生思想道德素质

学生的思想教育,以做人教育为基础,对学生进行基础道德教育;以成才教育为主线,对学生进行世界观、人生观、价值观教育,使之树立远大的理想和抱负;以

爱国主义教育和日常行为规范教育为主要内容,常抓不懈,培养学生的爱国主义精神、集体观念和文明行为习惯。学生思想教育工作主要做到了五个坚持。

1.坚持主题班会制度。各班每周举行一次主题班会,要求班主任认真准备,做到有教案、有总结。学校德育处每学期统一安排三到四次主题班会的内容,其余时间由班主任根据本班实际情况安排相关内容。主题班会的内容除根据教育教学情况安排外,还必须有法制教育、安全教育、环保教育、公民意识教育、文明礼貌教育等内容。期末学校德育处对主题班会教案、总结进行检查,将检查情况纳入对班主任和班级的考核中。为了保证主题班会的质量,学校德育处还对主题班会进行随堂检查,学校明确规定不得以任何理由挤占主题班会时间,防止和杜绝搞形式主义和走过场。

2.坚持分年级、有针对性地开展思想教育工作。年级是教育教学工作的一个管理单位,学校要求各年级根据本年级特点和学校工作安排,开展年级德育工作,制订年级德育工作计划,针对学生年龄阶段特点和思想状况进行思想教育。如:高一年级主要进行道德观教育,培养学生良好的行为道德规范;高二年级主要进行人生观教育,激励学生提高学习热情,树立远大的理想抱负;高三年级主要进行人才观、世界观教育,鼓励学生成为国家栋梁之才,教育学生如何面对社会的选择。

3.坚持实效性原则,寻找思想教育的突破口。针对绝大多数学生缺乏劳动观念、不会劳动、不珍惜他人劳动成果的情况,学校每期组织一个年级的学生分班轮流进行以建设学校为主要内容的劳动实践活动。通过活动,学生在一定程度上学会了劳动技能,了解了劳动的意义,懂得珍惜劳动成果。针对学生环保意识、卫生意识不强,乱扔乱吐较严重的现象,学校进行了以整治"三乱"(乱扔、乱吐、乱画)为内容的学生基础道德教育,通过整治活动,校园环境有了明显改善,学生的文明意识、卫生环保意识也有了明显提高。针对部分学生学习目的不明确、学习不刻苦、无上进心的情况,学校每年都请已经毕业的升入名牌大学的优秀学生给在校学生写公开信,谈人生的追求,谈人生价值的实现,谈学习方法,对端正学生学习态度起到了良好的效果。

4.坚持举办业余党校,对学生进行党的基础理论知识教育。学校每学年都举办一期业余党校,在校党总支领导下,成立了业余党校领导机构,负责拟订教学计划,确定任教教师,落实业余党校组织工作和教学工作。每期业余党校都有一百多名学员参加培训学习,有的学生还连续几期参加学习。通过业余党校的学习,学生提高了对党的认识,增强了对党的感情,加深了对党的理论知识的理解,提高了思想境界,踊跃向党组织递交入党申请书,以实际行为向党组织靠拢。每个年级都有数十名学生向党组织递交入党申请书,近三年发展学生党员19名。

5.坚持开展多种形式的思想教育活动。针对学生的思想教育,学校注意避免空洞的说教形式,开展丰富多彩的教育活动,寓思想教育于活动之中。组织学生观看爱国主义教育片和禁毒展;坚持每周升旗仪式上的国旗下演讲;国庆节和"一二·九"举行专刊征文比赛和演讲比赛;清明节组织学生到烈士陵园扫墓;三月学雷锋月组织学生上街进行义务劳动和到孤儿院、敬老院献爱心;组织学生为"希望工程"捐款和进行抗洪救灾捐款;组织学生参加成人宣誓仪式;利用学校电视台开辟"自办节目"栏目,对学生进行思想教育;请著名生物学家、获两次诺贝尔生物学奖提名的校友刘次全教授到校为师生做报告;坚持拥军慰问演出;等等。在丰富的教育活动中,思想教育工作做到了"两个结合"——课堂内与课堂外相结合,校内与校外相结合,充实了教育的内容,增加了教育的角度,增强了教育的效果。

(二)以校风建设为重点,创造良好的育人环境

校风建设是学校德育工作的重要内容。良好的校风是提高办学质量的重要保证,也是一所好学校的标志。近年来,学校在抓学生思想政治工作的过程中,以思想教育为核心,以校风建设为重点,努力营造一个良好的育人环境,促进学校办学质量不断提高。在工作中学校抓好校风建设的"三结合",即校风建设与"三优一学"活动结合起来,与"三让一树"教育实践活动结合起来,与学校的建设与发展结合起来,在具体操作上做到了"三个加强",从而有力地推动了学校德育工作,促进了学校的建设和发展。

1.加强队伍建设,优化班级氛围。班级是学校管理最基础的单位,也是教育

教学工作的前沿阵地,搞好班风建设是搞好校风建设的前提。抓好班主任队伍建设是抓好班风建设的关键,为此,学校把抓好班主任队伍建设作为学校德育工作、校风建设最重要的一环。第一,按条件选择配备好班主任,选择思想作风正派,组织管理能力强,教学技能过硬的教师担任班主任。第二,加强班主任的培训工作,定期召开班主任会,组织学习先进教育管理理论和经验,用科学的理论武装头脑、指导工作。第三,提出"苦练班级管理基本功"的实践要求,指导班主任的实践工作。第四,总结交流经验,互相取长补短,促进共同提高。第五,加强考核检查,定期进行评估奖励。在班风建设方面,学校还要求各班做好班干部的培养教育工作,强化对班委、团支部工作的指导,健全班规班约,严格执行先进班集体的考核与奖励。目前,学校36个教学班,普遍形成了良好的班风,学生集体荣誉感强,课堂秩序井然,关心他人、爱护公物已成为学生的自觉行为,好人好事层出不穷。

2. 加强常规管理,做到"早、细、严、实"。贯彻实施《中学生日常行为规范》是学校德育工作的基本内容,是校风建设的重点。通过贯彻实施《中学生日常行为规范》,对学生进行基础道德教育,使之养成文明行为和良好习惯,促进其身心健康发展。学校还将《中学生日常行为规范》和有关校规校纪汇编成《宜宾市一中德育读本》,印发给学生,人手一册,组织学生认真学习,使学生先知后行,对照检查,约束自己的行为。为了突出重点、治理难点,学校还制定了《宜宾市一中学生十不准》,对一些易发的、难抓的学生不良行为进行经常性的教育和整治,反复抓,抓反复。为了增强学生的角色意识,使之自觉用《中学生日常行为规范》约束自己的行为,实行了学生佩戴胸牌上学制度,学校德育处每天派人在教学楼值班,检查学生的出勤情况、佩戴胸牌情况。学校成立了以学生为主的校园纪律检查大队,对校园内学生的行为进行检查督促,使学生的行为随时随地都受到检查督促,促进学生养成良好的行为习惯。同时,对参加纪检的学生自身也是一种教育。在学生行为规范的教育与管理上,学校提出了"早、细、严、实"的要求。所谓"早",就是及时发现问题,及时教育及时解决,防患于未然;所谓"细",就是工作要做细,教育无小事,事事在育人,"千里之堤,溃于蚁穴",学生良好行为习惯的养成,必须从一点一滴抓起;所谓"严",就是严格按《中学生日常行为规范》要求对学生进行教育管理,决不放松要求;所谓"实",就是工作必须落实,避免工作只布置不检查落实的现象。

3.加强制度管理,严格考核督促。为了规范班主任工作,加强对班主任工作的管理与考核,学校印发了《班主任工作手册》,制定了班主任工作的相关文件和要求,设计了班主任工作记载的相关栏目,要求班主任及时填写,由学校德育处定期检查,强化了班主任工作意识,使班主任明确要求,做到工作有章可循,提高他们的工作效率。学校制定了《班主任工作考核条例》,学年末对班主任工作进行检查评比,表彰奖励。学校还制定了《学生操行评分办法》《文明班级、优秀班级评选条例》《文明寝室评比条例》《学生宿舍管理条例》《文明住校生评选条例》《教学楼清洁卫生管理办法》《学生公寓评分标准》《三好生、优干生、创三好积极分子评选条例》《余受之夫妇奖学金评选条例》《宜宾市一中违纪学生处分条例》《学生胸卡佩戴规定》等一系列德育工作管理、考核条例与制度。条例与制度的实施,使德育工作增强了可操作性,更加落到了实处,促进了校风建设。

由于学校突出了思想教育这个核心,抓住了校风建设这个重点,广大师生接受了深刻的思想政治教育,师生德育素质全面提高。教师形成了爱教、乐教、善教、为人师表、爱生如子的优良教风。学生遵章守纪、文明礼貌、刻苦学习、立志成才已蔚然成风。近年来,教师中被评为"四川省德育工作先进者"称号1人,获"四川省优秀青年教师标兵"称号1人,获"四川省先进工作者"称号1人。青年教师中有40人次被评为"校十佳青年",127人次因教育教学成绩突出受奖,9人成为市级以上青年骨干教师。学生中被评为省级三好学生、优秀学生干部18人,市级三好学生、优秀学生干部71人。有3个班集体获省级"先进班级"称号,8个班级获市级"先进班级"称号。

(此文系笔者2001年2月5日在宜宾市全市学校思想政治工作座谈会上发言的主要内容。)

加强党风廉政　促进安定团结

关于党风廉政建设和安定团结的关系,以及其重要意义,党和国家领导人有精辟的论述。邓小平说过:我们一手抓改革开放,一手抓惩治腐败,这两件事结合起来,对照起来,就可以使我们的政策更加明朗,更能获得人心。他还说,中国的主要目标是发展,是摆脱落后,使国家的力量增强起来,人民的生活逐步得到改善。要做这样的事,必须有安定的政治环境。没有安定的政治环境,什么事情都干不成。中国发展的条件,关键是要政局稳定。

江泽民在中央纪委第七次全体会议上指出:"各级领导干部都要加强自律意识,自觉接受党和人民的监督。"胡锦涛在湖南考察时说,加强党风廉政建设和干部作风建设,是维护安定团结,促进经济和社会的持续快速健康发展的根本保证。

基于对党风廉政建设与安定团结关系的深刻认识,学校领导班子从改革、发展和稳定的高度充分认识校务公开的重要性,积极主动地全面推行校务公开制度,加强校务公开的力度。我们认为,推行校务公开,是新形势下学校认真贯彻落实党的十六大精神和全心全意依靠教职工办好学校的根本途径,是坚持和完善以教职工代表大会为基本形式的民主参与、民主管理、民主监督制度的有效途径。江泽民在党的十五大报告中明确指出:"扩大基层民主,保证人民群众直接行使民主权利,依法管理自己的事情,创造自己的幸福生活,是社会主义民主最广泛的实践。"我们认为,推行校务公开,不仅可以改善学校内部管理,加强学校民主政治建设,促进党风廉政建设,调动教职工的积极性,也是学校创造良好内部环境的迫切需要。推行校务公开有利于充分、广泛地集中教职工的集体智慧,实现学校决策的科学化;有利于群策群力,保证学校正确决定的贯彻执行;有利于强化学校的监督机制,促进学校领导班子的廉政建设,进一步加强党群联系,巩固和发展安定团结的局面;有利于教职工加强自我管理,依法维护自身的合法权益;有利于团结和动员广大教职工为促进学校的改革和发展贡献力量。

推进党风廉政建设,是"权为民所用,情为民所系,利为民所谋"的基本要求。"创建示范性学校"(以下简称"创示")的成功,极大地提升了学校软件和硬件水平。在硬件建设的过程中,如果领导不力、操作不当、监管不严、审计不准,则必然增加腐败产生的可能,学校领导班子在进行"创示"的过程中,不断地加强党风廉政建设,按照"集体决策,规范操作,加强监督,严格审计"的原则,本着"谁签字谁负责"的要求,加强对建设工程项目和实施项目的管理,严格按照相关政策的要求,把好决策关、操作关、监督关和审计关,使各个项目的招标和实施都处于严格的管理之下,在"创示"时间紧、任务重的情况下,较好地保证了建设工程和采购物品的质量。客观地说,负责各个项目的同志都比较严格地按照学校制定的规定和要求开展相关工作,并且在工作过程中严格地执行党风廉政建设的若干规定,使学校的利益得到尽可能大的保证。按照宜宾市委的党风廉政建设要求,学校的几位副校长都分别就自己分管的工作向全校师生做了明确说明,作为校领导之一,本人也向全校师生明确表态,欢迎大家加强对校领导的监督,欢迎大家有组织有纪律地向上级反映存在的问题。

我们加强党风廉政建设,加强校务公开,主要目的就是希望强化学校的监督机制,进一步加强党群联系,维护、巩固安定团结的局面,促进学校的进一步发展。学校的"创示"成果来之不易,我们在前两年已经花了太多的时间在"创示"工作上,现在更应该珍惜成果,进一步提高教育教学质量。历史与现实的经验告诉我们,安定团结有利于党和国家事业的发展。学校的发展也是同样的道理,我们在进行教育改革、提高教育教学质量过程中,要巩固目前来之不易的安定团结的局面,把好我们自己这一关,通过我们自己的实际行动来维护学校的安定和团结。为此,本人代表学校党总支和领导班子对广大教职工提出以下希望和要求。

一是领导班子成员要增强大局意识和政治意识。站在改革、发展和稳定的全局上思考问题,风正心齐、率先垂范,要求群众做到的校领导班子成员要先做到,要求群众不做的校领导班子成员首先不做,遵章守纪、廉洁自律,真正为群众带好头,响亮地号召群众"向我看齐"。深入到教育教学实际工作中,认真发现问题,不走过场,充分发扬民主,广泛地集中教职工的集体智慧,坚持集体和科学决策,坚持校务公开，自觉接受教职工监督，正确对待教职工的意见和情绪，正确处理各种内部矛盾，把广大党员干部和群众的积极性充分调动起来，努力营造安定团结的局面，为促进学校的改革和发展贡献力量。

二是广大中层干部要围绕提高教育教学质量这个中心，从自我做起，从现在做起，扎扎实实地展开自己的本职工作。通过加强党风廉政建设，校领导班子和全体教职工一道，大力营造务实环境，以身作则、脚踏实地、敢抓敢管，反对官僚主义、形式主义、弄虚作假、做烂好人；大力营造稳定环境，坚持工作重心下移，抓学科、抓班级、抓年级、抓处室、抓队伍，抓好自己的工作、抓好处室和年级的工作、抓好自己联系班级的工作，以自己的实际行动，团结身边的群众，保持安定团结的大好局面。

三是每位党员同志和教职工都要加强组织观念，顾全学校的大局，维护安定团结的政治局面，不利于团结的话不说，不利于团结的事不做，不信谣不传谣。发现不利于学校发展和影响学校安定团结的情况要及时报告，决不能参与甚至带头影响安定团结。我们要十分珍惜现在安定团结的局面，强化教育教学基本功，不断提高教育教学水平和能力，积极投身于提高教育教学质量的工作中，通过我们积极务实的工作，提高教育教学质量，使学生满意、家长满意、社会满意。

（此文系笔者2004年12月9日在宜宾市一中全校党风廉政建设专题会上讲话的主要内容。）

依托"先教"抓质量 求真务实办教育

宜宾市一中在各位领导的关心支持下,从2000年拥有120多名教职工和1 700多名学生、高考应届毕业生上线率80%的省重点中学,发展成为拥有350多名教职工和5 100多名学生、高考应届毕业生上线率95%的国家级示范性普通高中,已经在质和量上得到了极大的提高和增长,这充分体现了市委、市政府为人民办实事、办好事的举措取得了实际效果,充分体现了市委、市政府大力发展优质高中教育的战略得到了初步贯彻落实。目前学校党总支下设4个支部,党员207人,其中在职党员187人,退休职工党员20人。自开展"保持共产党员先进性教育"(以下简称"先教")活动以来,学校党总支在市委、市教育局党委领导下,以邓小平理论和"三个代表"重要思想为指导,紧扣"与党同心、与师生家长贴心、办人民满意学校、保持共产党员先进性"这一主题,站在历史发展的高度,以全面实践"三个代表"重要思想为主要内容,把"先教"活动作为贯彻落实"三个代表"重要思想到基层、提高党员素质、密切党群干群关系、促进学校发展、提升办学层次、推动宜宾教育水平整体提升、办人民满意教育的重要载体和手段。按照市委、市教育局党委的要求,学校党总支精心组织,周密安排,认真实施,顺利地把"先教"活动向纵深推进,完成了学习动员阶段和分析评议阶段的所有规定要求,并结合学校实际开展了积极有效的实践活动。全体教职工党员增强了危机意识、质量意识和责任意识,认真分析了学生、家长和教职工关注的突出问题,并及时予以处理,落实了学校"先教"活动的各项任务。"先教"活动取得明显成效。

一、领导重视是前提,严格过程是根本

一中自开展"先教"活动以来,学校党总支对其高度重视,明确指出,一中作为国家级示范性学校,要以排头兵的高标准要求自己,成功地开展这次"先教"活动,

关系到学校教育教学质量更大程度的提升,关系到学校办学水平的提高,关系到宜宾大教育战略的落实,关系到人民群众子女成人成才,关系到"魅力宜宾、活力宜宾、和谐宜宾"的构建,必须把开展"先教"活动与促进学校教育教学质量结合起来,创办人民满意的学校。

为此,学校多次召开学校党总支会和支部会,统一思想,使全体党员充分认识"先教"活动的重要性;成立了以学校党总支书记任组长的"先教"活动领导小组,设立"先教"办公室,负责"先教"活动的日常工作;明确责任,实行二级定点联系制度,即学校党总支委员联系支部书记制度,支部委员联系党员制度;结合学校特点,按照"两促进、两不误"的要求,制定了《宜宾市一中先进性教育活动实施方案》《宜宾市一中先进性教育活动学习动员阶段实施意见》《宜宾市一中先进性教育活动分析评议阶段实施意见》,对"先教"活动做出整体部署和具体安排。在学习动员阶段,学校党总支和各支部组织召开动员大会,进行深入动员,落实了"三个必须知道";开展宣传活动,营造浓厚的学习氛围;突出主题,精心组织集中学习培训,坚持正面教育,开展传统教育、形势教育,抓好典型教育,落实警示教育;明确重点,积极开展"四讲""一讨论"(领导讲、专家讲、典型讲、自己讲,围绕学校党员保持先进性的具体要求和不合格党员的具体表现开展大讨论)活动,并形成"两个具体成果";创新载体,扎实抓好党内互助和结对帮扶、对口共建、党员示范等活动,严格做到"四个覆盖""三个积极参与";组织党员分散自学,开列必读书目,讲求实际效果;集中学习50学时以上,并做好笔记;参加测试者全部达到优秀,撰写心得保质保量;征求群众意见,开展"回头看"活动,做到了边学边改、边查边改。

在分析评议阶段,虽然学校已经开学,教学时间紧、任务重,但由于学习动员阶段教育工作扎实有效,党员们充分理解、支持"先教"工作,把休息时间积极地投入到"先教"活动中。在这一阶段中,学校党总支认真执行市委提出的"一三三三"和市教育局党委提出的"一三五三三"工作要求,紧紧围绕"找准抓住突出问题"这个关键点,重点抓好征求意见、交心谈心、党性分析、专题组织生活会、学校领导班子专题民主生活会、提出评议意见活动、主题实践活动、"回头看"活动等工作,做到了环节不减,规定动作规范。

二、联系实际是基础,找出问题是关键

只有在紧密结合学校实际的基础上,才能找出问题,从而才能够通过解决问题达到提升教育教学质量的目的。作为国家级示范性学校,服务的对象主要是学生和家长,他们关注的突出问题就是学习环境和教育教学质量,而要改变学习环境和提升教育教学质量,关键在于激发学生和教职工的潜能。因此,只有围绕学生和家长关注的突出问题开展分析评议活动,才能切实改善育人环境,提高教育教学质量,办出人民满意的教育。所以,在分析评议阶段,围绕"学生和家长关注的突出问题是什么和如何解决这些问题"这个中心命题,学校的做法包括几个方面。

1. 征求意见求广泛。抱着"不怕露丑,欢迎揭短"的态度,学校联系了党代表、人大代表、政协委员、社区群众代表、学生家长代表、教职工代表、离退休老同志代表和生源学校代表,采取走出去、请进来的方式,通过发征求意见函、召开座谈会、个别访谈、问卷调查、设置意见箱和热线电话等多渠道广泛征求针对学校党员及党组织的意见。分析评议阶段共召开各类座谈会12次,下基层学校4次,发放征求意见函600多份,收集到意见和建议共2 100多条,经汇总、梳理形成5个方面的意见、建议,共16项。

2. 交心谈心求真诚。在学校党总支和各支部的组织下,"先教"活动坚持做好"五必谈"。在学校班子成员之间、班子成员与分管部门领导之间、党支部书记与党员之间、党员之间、党员与其他师生之间开展了真诚的交心谈心活动,做到了知无不言、言无不尽,谈心活动的深入开展,沟通了思想,促进了了解,增强了学校的凝聚力、战斗力。

3. 党性分析求深刻。按照"重点写问题、认真找原因、关键查自身"和"只写主观原因、不写客观原因"的要求,切实开展好个人、支部和总支党性分析。为找准问题,切实搞好党性分析,学校总支提出了"七找七查"的要求。"七找七查",即找政治纪律问题,查是否贯彻落实党的教育路线、方针、政策和法律法规;找宗旨信念问题,查是否淡化共产党员的理想信念,是否转变工作作风,提高执教能力;找理念问题,查是否牢固树立和落实了科学发展观,办人民满意的教育;找履职问

题,查是否保质保量完成各项工作任务;找廉洁问题,查是否有违规违纪行为;找师德师风问题,查是否存在有偿家教、体罚学生、怠慢学生家长等问题;找团结问题,查班子是否坚持民主集中制,党组织是否有凝聚力、战斗力。

4.组织生活会求真实,民主生活会求透彻。活动本着敢于"亮短揭丑""实话实说"的务实精神,开展批评和自我批评。学校党总支民主生活会在市政协主席魏在禄的指导下召开,市教育局督导组参加了会议,学校党总支成员按照党章和"三个代表"重要思想的要求,严格根据市委"八七六五"规定,对照共产党员先进性标准找差距、对照群众愿望和要求找问题、对照先进典型找不足,逐一认真深刻地分析自身存在的主要问题,分析存在问题的主要原因。领导班子成员开诚布公地开展面对面的、严肃认真的批评,并提出了今后努力的方向。民主生活会得到了市政协主席魏在禄的高度评价,称"这种民主生活会已经很多年没有见过,大家真正做到了畅所欲言、真诚相待,证明前一阶段的工作是实实在在的,没有走过场,取得了明显的效果"。各支部也根据学校要求,务实地召开了专题组织生活会,在专题组织生活会和民主生活会的基础上,分级对党员领导干部和党员的党性分析材料进行了满意度测评。对领导班子党性分析材料的满意度测评结果为:满意占92%,基本满意占8%,没有不满意结果。在市教育局督导组对学校进行的分析评议阶段成效测评中,在"本部门本单位领导班子和党员干部分析评议阶段查找突出问题"和"本部门本单位党组和党员分析评议阶段查找突出问题"两个测评内容中,"基本找准了问题"和"找准了问题"的答卷达100%。

5."回头看"求细致。我们主要搞好三个回头看工作:一是"回头看"学校党总支和各支部及党员是否找准存在的突出问题,特别是有没有搞形式、走过场、弄虚作假的情况,特别是党员领导干部是否严格要求自己廉洁自律;二是"回头看"是否找准涉及教职工和学生、家长的切身利益的突出问题,特别是学生、家长和社会反响强烈的教育质量、教育乱收费、贫困学生就学等涉及学生、家长切身利益的问题是否得到妥善解决;三是"回头看"是否找准影响学校改革发展稳定的突出问题,存在的突出问题是否得到明显改善,学校党总支和各支部、党员、教职工、学生、家长的联系是否进一步密切。通过回头看,进一步巩固了分析评议成果。

三、整改问题是重点,提高质量是目标

"先教"活动的意义不仅在于找出问题,更重要的是解决问题,从而切实提高办学质量。就学校而言就是在明确学生及其家长关心的突出问题的基础上,及时发动全校教职工和学生一起解决好存在的问题。学校按照"与党同心、与师生家长贴心、办人民满意的学校、保持共产党员先进性"主题实践活动的要求,针对学校及整个宜宾教育质量急需提高和部分贫困学生上学难等问题,边学边改,边查边改,开展了系列整改活动,并取得了初步成效。我们的主要做法有以下几点。

1. 完善机制抓管理。学校实行灵活用人机制,对一些在原来岗位上不能充分发挥作用的教职工进行岗位调整;继续加强日常教育教学环节的督查、监控、反馈;进一步落实教学工作各个环节的要求,促进课堂教学质量的提升。

2. 新老帮扶促提高。学校继续推进行之有效的全员再教育工程、名师工程和新星工程;进一步在年轻教师中征求意见,完善年轻教师沙龙活动的实施办法,让老教师对年轻教师进行课堂教学点拨,增强年轻教师的课堂教学能力;鼓励老教师学习年轻教师比较熟练的现代教育技术和一些新的教育教学理念,达到相互促进、共同提高的目的。

3. 走出校门学经验。在全市人民特别关注宜宾教育质量的背景下,2005年8月下旬,学校党总支带领支部委员到四川省筠连县中学进行了创"省示"工作研讨,重点交流了如何提高教育教学质量问题。9月下旬,学校党总支和06届支部到宜宾县一中进行了教育管理、教学科研质量等问题的研讨。

4. 请进学校搞教研。为增强高中阶段教学的针对性,今年9月中旬,学校邀请翠屏区的思坡、李庄、象鼻等7所初中学校的老师到校就如何搞好初高中教学衔接工作进行了深入的研讨,对进一步明确初中教育教学重点、掌握初中学生的身心特点和知识结构现状起到积极意义。学校还将继续深入开展类似的活动。

5. 校内研讨促发展。在走出去、请进来的基础上,学校围绕教育教学质量的提高,先后召开德育工作会、教学科研研讨会、体艺卫工作会和宣传工作会,各部门总结工作中的得失,相互借鉴,并提出改进措施。

6.牺牲休息抓教学。全体党员教职工在"先教"活动开始后,利用休息时间主动为学生进行自习辅导。周六晚上,部分没有回家的学生在校上晚自习也有老师专门辅导。老师们很辛苦很累却没有怨言,原因只有一个,就是全体老师认为:帮助学生成人成才是老师教育教学的出发点和目标。

7.爱心助学解困难。一是发动全校党员教师固定帮扶一个年级中的1~2名贫困生,从经济上、思想上、学习上给予帮助。已有300多名贫困生直接受益。二是不定期开展捐款助学活动。今年9月,学校师生员工慷慨解囊,为慈善社区钟元兄妹上大学捐款近4 000元,同时与桦渊基金会携手赞助18 000元,解决了学校05届林艳等4名同学无钱上大学的困难。三是学校每年发放专项贫困生助学金。贫困生助学金政策在学校已实施多年,学校今年共拨款24万元左右,解决240名贫困生的上学问题。四是多渠道筹措资金,解决贫困生上学难问题。为使更多的贫困生顺利完成学业,学校联系到北京协和医药集团、桦渊基金会以及金龙鱼、丝丽雅等公司开展了特困助学活动。今年学校45名贫困生得到了每次450元的学费帮助。五是设立勤工助学岗位帮助家庭经济困难学生。学校利用图书馆、食堂等设立了多个勤工助学岗位,每个岗位提供每生一年1 000元资助,共计扶助金额6万元,一年有60名学生受到学校的帮助。六是切实关心教职工子女入学问题。今年学校为新招聘的8名教职工的子女联系入学学校,并对每名教职工子女补助100元学费。

另外,学校积极考虑社区群众困难,为社区群众解决就业岗位。今年学校在卫生、保安、公寓管理员等岗位上共解决了社区30多人的就业问题,为社会做出了应有贡献。

由于"先教"活动中各项教育工作的深入扎实开展,全校教职工工作热情高涨,全校学生学习气氛浓郁,学校各项工作推进顺利。

各位领导,同志们,人民教育人民办,人民教育为人民。离开了宜宾人民对教育的大力支持和参与,市委、市政府"科教兴宜"政策落实将无从谈起。学校作为国家级示范性学校,在市委、市政府和市教育局的领导和关心下,在全校教职工的共同努力下,应届生高考上一本线和三本线人数连续九年获得全市第一,一定程度上满足了全市人民对高中优质教育的需求,但是,我们深知工作还做得不够,教育教学质量还有待进一步提高,未来我们将继续牢牢把握"先教"活动的契机,充分发挥教职工党员的先锋模范作用,密切关注学生、家长的需求,激发全校教职工的工作积极性,努力提升教育教学质量,服务好广大学生、家长,让更多的学生受到优质高中教育,提升学校办学层次,办人民满意的学校,为宜宾教育的发展,为"魅力宜宾、活力宜宾、和谐宜宾"的构建做出最大的努力!

(此文系笔者2005年10月11日在宜宾市全市教育系统第二批共产党员先进性教育活动汇报会上发言的主要内容。)

保持先进性　增强战斗力

2005年10月25日,宜宾市一中召开全体党员大会,安排部署保持共产党员先进性教育活动工作。全校保持共产党员先进性教育活动动员大会的主要任务是:传达贯彻市教育局党委保持共产党员先进性教育活动工作会议精神,对学校开展保持共产党员先进性教育活动进行动员和部署。会上,市教育局党委驻学校督导组组长将作重要讲话,学校党总支书记还要讲具体实施意见,希望大家结合学校和个人实际,认真贯彻落实。

一、提高思想认识,把思想统一到中央的部署和要求上来

开展保持共产党员先进性教育活动,是在社会主义市场经济条件下,以实践"三个代表"重要思想为主要内容,党的十六大和十六届四中全会作出的重大部署,关系党的执政能力的提高和执政地位的巩固,关系党和人民事业兴旺发达和国家长治久安,和党在新时期的目标任务紧密相连。"三个代表"重要思想是马克思主义中国化的最新理论成果,反映了当代世界和中国的发展变化对党和国家的新要求,赋予了党的先进性新的内涵,为我们正确理解和坚持党的先进性开启了新的视野和思路。"三个代表"重要思想是在新的历史条件下运用马克思主义的立场、观点和方法的典范,是我们学习马克思主义最现实、最生动的教材。只有认真学习贯彻"三个代表"重要思想,坚持用马克思列宁主义、毛泽东思想和邓小平理论武装头脑,共产党员才能不断提高政治素质,进一步增强坚持党的路线方针政策的自觉性和坚定性,充分发挥主观能动性,做好本职工作。为了保证全党党员都能够接受先进性教育,党中央计划用一年半左右的时间,对全体党员分三个批次进行先进性教育,学校作为第二批进行"保先"教育的单位,在接受了半年的教育后,要在巩固第一批"保先"教育成果的基础上,确保整个先进性教育的实效,使

先进性教育成为"群众满意工程"。为了使学校的"保先"教育达到预定目标,学校党总支根据上级党委的要求,通过学习动员、分析评议、整改提高三个阶段的"保先"教育,着力增强学校全体党员的危机意识、质量意识和责任意识,提高教育教学服务质量,改进教育教学观念,提高教育教学本领,强化校风建设,端正师德师风,树立良好行风。

开展保持共产党员先进性教育活动,这不仅是党中央、省委和市委的要求,同时也是学校工作的内在需要。教育是关系到国家、民族未来的事业,是构建社会主义和谐社会的重要组成部分,是人民致富奔小康、国家和平崛起的必然要求,是"科教兴国"的关键,也是涉及人民群众子女成人成才的大事,关系到千家万户,涉及面宽,影响面大。因此,基层党组织要发挥坚强的战斗堡垒作用和组织协调作用,每一个共产党员更需要体现出党员的先进性,发挥好先锋模范作用,以带领广大教职工高质量地完成各项教育教学工作任务,办人民群众满意的教育,建社会满意的学校,做学生满意的教师。学校基层党组织肩负着学校党组织建设、精神文明建设、廉政建设和行业作风建设的重要职责,这些建设本身就是保证学校完成好教育教学工作任务的基础。这次保持共产党员先进性教育活动的开展,为学校提供了一个增强基层党组织战斗力,促进学校各方面建设,切实抓好党员教育管理,充分发挥党员先锋模范作用的契机。学校一定要充分领会党中央、省委和市委指示精神的实质,以对党的事业高度负责的精神,把开展这次教育活动作为学校工作的"重中之重"摆在突出位置,努力发挥主观能动性,统筹安排好教育任务和其他各项工作,通过各种有效方法进行全面动员,努力提高全体党员和群众的思想认识,组织全体同志不折不扣、卓有成效地完成教育活动的各项任务。基层的每一个党员都要充分认识开展保持共产党员先进性教育活动的重要意义和深远影响,消除模糊认识,把思想和行动统一到党中央、省委和市委的部署上来,统一到教育活动的要求上来,振奋精神,积极参加,认真学习,虚心听取党组织和其他同志的意见,认真进行党性分析,努力查找、切实改进自身存在的突出问题,让教育活动真正触及自己的思想灵魂,激发一个共产党员应有的活力。

二、加强组织领导，确保保持共产党员先进性教育活动的顺利开展

加强组织领导，必须把搞好准备工作与促进各项工作紧密结合起来，做到"两不误""两促进"。开展保持共产党员先进性教育活动，提高党员素质，最终要体现到促进各项工作上来。围绕宜宾市教育事业的发展和学校教育教学质量的提高开展党员先进性教育活动，是教育活动必须坚持的一个重要的指导思想。当前，学校教育教学和管理的任务十分繁重，要做好领导班子和教师队伍建设工作，为促进学校教育教学质量的大幅度提高提供根本保障；要搞好新校区建设工作，扩大办学规模，为市高中教育事业的跨越式发展尽责。在教育活动中，要防止出现把保持共产党员先进性教育活动与学校各项工作割裂开来、对立起来的"两张皮"倾向。各支部要对开展保持共产党员先进性教育活动、促进部门或年级中心工作进行周密部署，制定的方案和计划必须紧密结合党员队伍的思想和工作实际，体现部门或年级中心工作的内在需要。在工作部署上，教育活动一定要紧紧围绕部门或年级中心工作的目标任务来安排、来展开；在工作指导上，要将教育活动与部门或年级中心工作一同来考虑、来督促；在成果检验上，要把部门或年级中心工作的成绩作为检验教育活动成效的重要方面来考查、来衡量。要通过教育活动，真正教育广大党员，把保持共产党员先进性教育活动落实到促进各项工作上来。

学校党总支、各支部要切实加强对这次教育活动的组织领导。要明确整个教育活动的总要求和根本目的，及其各阶段的目标要求和工作任务。要充分结合部门或年级的实际，努力在求实求新上下功夫，高标准、高质量地做好各项工作，抓紧、抓好、切实，抓出成效。根据党中央、省委和市委的要求，这次教育活动的具体责任人是各党支部的书记，党建工作本身就是基层党组织负责人的主要职责。各支部书记要对本支部或年级保持共产党员先进性教育活动负总责，通过加强培训、提高认识、掌握方法，了解和掌握搞好保持共产党员先进性教育活动的基本方法和大体步骤；提前思考，提前谋划，提高结合实际、创造性地开展保持共产党员先进性教育活动的能力和水平。

要充分发挥党员领导干部的表率作用。党员领导干部参加所在党支部的活动,通过发挥表率作用,带动广大党员发挥先锋模范作用。学校党总支要求各支部负责人要全身心投入,切实负起责任;要以身作则,率先示范,在自己学通弄懂的基础上,发动全体支委、党员和职工,积极开拓,精心谋划,高质量地组织好这次教育活动各个环节的工作。学校党总支、支部成员要分工协作,紧密配合,责任到人,共同努力,全力以赴。总之,一定要真正形成主要领导亲自抓、分管领导具体抓、领导班子合力抓、一级抓一级、一级带一级、层层抓落实的工作格局,以确保教育活动各项目标任务的落实。

三、把握指导思想和总体要求,开拓创新务求实效

学校要认真学习党中央、省委和市委提出的教育活动指导思想和总体要求,以邓小平理论和"三个代表"重要思想为指导,紧紧围绕市委"抓住机遇、加快发展、风正心齐、团结奋进"要求,以"提高党员素质、加强基层组织、服务人民群众、促进各项工作"和真正成为"群众满意工程"为总体目标,围绕"加快实施科教兴宜、人才强市战略,培养社会主义事业合格建设者和可靠接班人",以"与党同心、与群众贴心、让学生成才"为主题,结合学校教育教学和管理工作的实际开展教育活动。一是抓住学习贯彻"三个代表"重要思想这条主线,在整个活动中贯穿这条主线,通过教育学习,把"三个代表"重要思想体现在每个党员的工作岗位上,落实到具体行动中。二是抓住提高党的执政能力这个着眼点,在学习中提高党员对加强党的执政能力建设重要性和必要性的认识,增强责任意识、忧患意识,自觉学习教育相关法律法规和知识,提高政治理论水平和业务能力,巩固党的执政基础。三是抓住保持党员先进性这个立足点,让党员明白保持先进性的具体要求,并以此对照检查、身体力行。党员先进性教育需要以提高党员干部思想政治素质为重点,以干部队伍建设为关键点,以推动教育教学和管理工作为落脚点。通过先进性教育,全校党员的教育、教学和服务意识要进一步增强,教育、教学和服务水平和质量要进一步提高,培养社会主义事业合格建设者和可靠接班人的事业心和责

任感要进一步增强,教书育人、服务育人的本领要进一步提高,党员的先进性体现得更加充分,教育质量、内部管理、教育行风、师德师风等方面存在的突出问题得到较好解决,让党群干群关系更加密切,教育教学和管理工作取得新的成效。四是落实党要管党、从严治党的方针,在教育活动中对党员严格要求、严格教育、严格管理、严格监督,帮助有问题党员进行整改提高;加强对活动的组织领导,建立健全规章制度,建立使党员长期受教育的机制,敢于动真碰硬,切实解决存在的问题,处置不合格党员。

对于这次保持共产党员先进性教育活动,党中央、省委和市委都十分重视,强调要积极发挥基层党组织的创造性,加强针对性,结合实际,归纳起来就是要求"开拓创新务求实效"。学校各部门或年级由于各自工作职责不同,其工作制度、工作方式以及各自的人员组成等既有共性,亦有各自的个性,差别比较大。要保证这次教育活动在学校各部门或年级"见成效、出成果",各基层党支部一定要结合部门或年级实际,在不折不扣地完成上级布置任务的基础上,开动脑筋,大胆创新,积极实践,主动加强对一些重点问题的研究和探索。比如:如何进行充分的思想动员,使党员和群众充分认识这次教育活动的重要意义,积极投入和参与教育活动的问题;日常工作量较大、服务事务较为繁杂的部门和教育教学任务十分艰巨的年级,如何解决好工、学矛盾的问题;部门或年级如何结合自己的实际和教职工的真实思想,处理好"保先"教育活动与学校教育教学工作以及教职工所关注的热点问题之间的关系,以确保学习成效的问题;如何在教育活动的民主评议和整改阶段开展好批评和自我批评(尤其是批评)的问题;教育活动如何结合教育行风和师德建设,进一步引导党员发挥先锋模范作用,不断提高全校教职工教育教学和服务的自觉性,强化教育教学和服务质量意识的问题;如何建立开展教育活动的指导、检查和考核机制,以使教育活动真正落到实处的问题;等等。学校要通过对重点问题的研究,回答好宜宾市委提出的发挥共产党员先进性作用的具体标准和要求是什么、教育活动的方式方法是什么、处置不合格党员的政策是什么、如何依靠群众搞好教育等问题,以保证学校的教育活动扎扎实实地开展,取得实实在在的成效。

同志们，党的事业、人民群众的期望，都需要学校各级党组织和每个党员更好地发挥先进性作用，都需要每个党员身体力行地学习、践行"三个代表"重要思想，让我们振作精神，以高度的政治责任感和工作责任心，积极投入这次教育活动，为高标准、高质量地完成党中央、省委和市委交给我们的光荣任务而扎实工作，通过教育活动全面促进学校的党建工作、精神文明建设工作、党风廉政建设工作和行业作风建设工作，促进学校教育教学质量进一步提高，为实现"活力宜宾、魅力宜宾、和谐宜宾"做贡献，为办宜宾人民群众满意的教育做贡献。

（此文系笔者2005年10月25日在宜宾市一中保持共产党员先进性教育活动大会上发言的主要内容。）

学习实践科学发展观　务实推动发展高质量

2009年3月24日,宜宾市教育局党委召开了全市教育系统开展深入学习实践科学发展观活动动员大会,会议部署了教育系统开展学习实践科学发展观活动的各项任务。今天,召开全校开展深入学习实践科学发展观活动动员大会,坚决贯彻市委、市教育局党委的文件精神,践行科学发展观,学校坚持以"公、勇、诚、朴"为核心内容的"三人"办学思想,以抓质量求生存、抓改革求发展为工作主题。学校要求全校党员、教师找差距,明方向,添措施,切实投入到学习实践科学发展观活动中来。

一、充分认识开展学习实践科学发展观活动的重大意义

开展深入学习实践科学发展观活动,是党的十七大做出的一项重大战略决策,是用中国特色社会主义理论体系武装全党的重大举措,是深入推进改革开放、推动经济社会又好又快发展、促进社会和谐稳定的迫切需要,是提高党的执政能力、保证和发展党的先进性的必然要求。开展深入学习实践科学发展观活动,也是加快学校发展、办人民满意的教育的强大动力。各支部一定要深刻认识开展学习实践科学发展观活动的重大现实意义和紧迫性,把开展学习实践科学发展观活动作为应对挑战、解决矛盾、统一思想、加快发展的重大契机。广大党员特别是党员领导干部要积极投身于学习实践中,使科学发展观真正成为指导学校各项工作创新发展的强大思想武器。

二、指导思想和目标要求

坚持以马克思列宁主义、毛泽东思想、邓小平理论、"三个代表"重要思想、科

学发展观和党的十七大精神为指导,紧紧围绕"党员干部受教育、科学发展上水平、人民群众得实惠、'两个加快'见成效"的总体要求和市委"逆水行舟、加快发展、突破工作、确保增长"的工作基调,以及市教育局党委"认清教育市情,增强发展能力,推进职能转变,改善教育民生,创新制度机制,办好满意教育"的工作主题,组织党员特别是党员领导干部认真学习实践科学发展观,着力转变不适应、不符合科学发展观的思想观念,着力解决影响和制约科学发展以及党员干部党风党纪方面群众反映强烈的突出问题,着力构建有利于科学发展的体制机制,着力推进学校教育事业又好又快发展。切实有效地践行科学发展观,为美好新宜宾建设提供强大的精神动力。具体达到以下几个目标要求。

1.深化思想认识有新境界。通过学习实践科学发展观活动,广大党员、干部能准确把握科学发展观的重大意义、科学内涵、精神实质和根本要求,从根本上转变不适应、不符合科学发展要求的思想观念,切实增强加快发展、科学发展、又好又快发展的紧迫性和责任感,增强贯彻落实科学发展观的自觉性和坚定性。着力构建有利于学校科学发展的体制机制,进一步提高促进学校科学发展、校园和谐稳定的能力,努力实现"明确发展思路、解决突出问题、创新体制机制、促进科学发展"的目标。

2.解决突出问题有新突破。通过学习实践科学发展观活动,努力破解影响和制约学校科学发展的以及党员干部在党性、党风、党纪方面存在的,教师在师风、师德建设等方面群众反映突出的问题,进一步科学定位、突出特色、改革创新,进一步加强党性、党风、党纪建设。竭力为群众办实事、好事,解决实际问题,促进学校教育教学工作稳定、协调、健康发展,努力办人民满意的教育。以转变思想观念为突破口,坚持"破立"结合。一是破除忽视质量效益的思想,牢固树立"质量第一"的观念;二是破除忽视道德教育的思想,牢固树立全面发展的观念;三是破除骄傲自满、不求进取的思想,牢固树立与时俱进、勤于学习的观念;四是破除忽视教育教学规律的思想,牢固树立以人为本、为促进学生发展奠基的观念。

3.创新体制机制有新举措。通过学习实践科学发展观活动,进一步研究解决影响与制约学校快速发展、科学发展、又好又快发展的深层次问题,从校风学风建设、师风师德建设入手，进一步完善管理，提高工作执行力，切实提高教学质量。

4.改善民本民生有新进展。通过举办学习实践科学发展观活动，重点解决关系群众切身利益的突出问题。坚持以人为本，做到教育事业发展为了人民，教育事业发展依靠人民，教育事业发展成果由人民共享，自觉把群众的愿望和要求作为想问题、做决策、抓工作的依据，扎实推进学校各项工作向好发展，特别是通过提升教学质量，努力满足人民群众子女能升学、升好学的愿望。

5.践行"四个特别"有新面貌。认真贯彻胡锦涛在十七届中纪委第三次全会上的重要讲话精神，切实加强党员干部党性修养，使党员干部在严格遵守党的政治纪律，树立和弘扬与时俱进、求真务实、密切联系群众、艰苦奋斗的优良作风方面取得新成效。广大党员特别是党员领导干部要坚持讲党性、重品行、做表率，带头践行省委的"特别讲大局、特别讲付出、特别讲实干、特别讲纪律"要求，切实增强驾驭复杂局面、应对突发事件、推动科学发展的能力。

6.推进"两个加快"有新成效。通过学习实践科学发展观活动，学校要紧紧围绕"两个加快"的基本任务，在深化人事制度改革、深化课堂教学改革、强化校风学风建设和师风师德建设、增加工作的执行力度等方面取得新的突破。

三、基本原则

开展学习实践科学发展观活动，要着重把握以下基本原则。

1.坚持解放思想。深入学习实践科学发展观活动，推动新一轮思想大解放，着力在"五破五立"上下功夫，即破小进则满的保守思想，树立追求卓越的赶超意识；破怕风险求保险、无所作为的消极思想，树立敢闯敢干、敢于争先的创新意识；破"等、靠、要"的惰性思想，树立积极主动、自强自立的进取意识；破故步自封、自以为是的封闭思想，树立诚信合作、互利共赢的开放意识；破部门保护主义、管卡压的本位思想，树立胸怀全局、协同配合的大局意识，以思想的大解放促改革的大突破、开放的大推进、事业的大发展。通过思想的大解放，广大党员干部思想和行动更加符合实事求是的思想路线，进一步激励广大党员干部奋力爬坡、引领发展。

2.突出实践特色。紧密联系学校发展实际,坚持把学习实践科学发展观活动与贯彻落实党的十七大、十七届三中全会精神、落实省委"止滑提速、加快发展"的首要任务要求和市委"突破工作年"的要求结合起来,与推动宜宾教育发展结合起来,通过以"比科学态度,看理念是否到位;比方法效度,看举措是否到位;比工作力度,看领导是否到位;比务实程度,看作风是否到位;比提高幅度,看落实是否到位"为重要内容的"五比五看"主题实践活动,努力在学习中推动实践,在实践中深化学习。

3.贯彻群众路线。要开门开放搞活动,带着对群众的深厚感情搞活动,充分发扬民主,把群众参与贯穿于活动的全过程,做到谋划发展向群众请教、查找问题听群众意见、制定措施向群众问计问策、整改落实由群众监督、活动成效让群众评价,使学习实践科学发展观活动成为尊重群众、贴近群众、惠及群众、引导群众、凝聚群众的过程,使人民群众成为科学发展的受益者、推动者和实践者。

4.正面教育为主。坚持高标准、严要求,实事求是地查摆问题,认真开展批评和自我批评,明确努力方向。查找和剖析问题既要严格要求,又要注意保护广大党员干部重发展、谋发展、促发展的积极性,要着力培养和树立先进典型,坚持用科学发展观来统一思想、凝心聚力、促进发展。

四、加强领导,落实责任

学校党总支把学习实践活动摆上重要议事日程,思想上高度重视、工作上落实责任、组织上提供保障,确保学习实践活动各项任务落到实处。

1.提高认识,落实责任。首先,成立领导机构。学校成立学习实践科学发展观活动领导小组,由学校党总支书记、校长任组长,总支委员、副校级干部任副组长,其他党员领导干部任成员。组建领导小组办公室,办公室设在学校党总支办公室。其次,明确工作职责。学习实践科学发展观活动领导小组组长是第一责任人。领导小组的职责是研究制定本校活动总体方案并负责活动的组织实施。学习实践科学发展观活动领导小组要切实加强对学习实践活动的领导,做到认识到位、组织到位、措施到位、工作到位。伍小兵校长联系行政支部、陶冶副校长联系高三支部、葛晓霞副校长联系补习支部、黄滨副校长联系高一支部、郎红副校长联系高二支部。最后,充分发挥党员领导干部的表率作用。领导干部要积极参加领导干部和所在党支部的活动,做到带头深入学习、带头调查研究、带头解放思想、带头分析检查、带头整改落实。

2.接受群众监督,走群众路线。要充分发扬民主,全面贯彻群众路线,请群众参与,让群众知情;请群众监督,让群众检验;请群众评价,让群众满意,努力使学习实践科学发展观活动成为群众关心、群众支持的民心工程。学校要组建党外领导干部、教职工、学生等具有一定广泛性、代表性的先进模范组成群众代表队伍,全程参与学习实践科学发展观活动,使学习实践科学发展观活动更好地成为发扬党内民主、扩大人民民主的活动。

3.坚持良好作风,从实际出发。在坚持学习实践科学发展观活动基本要求的前提下,尊重师生员工的首创精神,大胆探索创新,使学习实践科学发展观活动充分体现时代性和创造性。充分发挥党支部的作用,积极探索有效形式,确保广大党员全员全程参加学习实践科学发展观活动。开展学习实践科学发展观活动要从本校的实际出发,防止将目标定得过低或过高。集中解决突出问题要量力而行,尽力而为。要讲成本、重实效,防止铺张浪费,不搞文山会海。

4.加强宣传,营造浓郁氛围。围绕活动主题,充分利用网站、校园广播电视、校报专栏等宣传阵地,大力宣传科学发展观的科学内涵、精神实质和根本要求,宣传学习实践科学发展观活动的重大意义,宣传学习实践科学发展观的先进典型,宣传学习实践科学发展观活动的部署、要求、做法、经验和成效,努力营造开展学习实践科学发展观活动的良好氛围。

5.统筹兼顾,促进工作开展。统筹安排、协调推进学习实践科学发展观活动,使学习实践科学发展观活动三个阶段的各项工作有机衔接、前后呼应,把深入学习、提高认识贯穿始终,把解放思想、改革创新贯穿始终,把解决问题、完善体制机制贯穿始终,把依靠师生、发扬民主贯穿始终。

同志们,学校广大党员干部一向是讲政治、顾大局、勤奉献、重实绩的,整体素质高,敬业精神强,但与科学发展观的要求相比,与广大人民群众的期望相比,还存在一些不符合科学发展观要求的思想观念。我们还要努力做到"九破九立",即破片面发展思想,立科学发展观念;破应试教育思想,立素质教育观念;破狭隘办学思想,立多元化办学观念;破"人治"思想,立依法治校观念;破计划经济管理教育思想,立中国特色社会主义市场经济管理观念;破因循守旧思想,立敢为人先观念;破"等、靠、要"思想,立"拼、抢、闯"观念;破奢侈浮华思想,立节俭务实观念;破官本位思想,立清正为民观念,使科学发展观真正内化为大家的世界观和方法论,转化为行为准则和自觉行动,不断提高运用科学发展观分析问题、指导实践的本领。我们要通过开展深入学习实践科学发展观活动,进一步增强全体党员特别是领导干部贯彻落实科学发展观的自觉性和坚定性,牢固树立起科学发展的理念,不断提高推进科学发展的能力和本领,推动全校又好又快发展。我们坚信,在上级党委的领导和督导组的指导下,学校学习实践科学发展观活动一定能取得圆满成功!

(此文系笔者2009年3月27日在宜宾市一中学习实践科学发展观活动启动大会上讲话的主要内容。)

研究与心得

牢树科学发展观　以人为本促发展

学习了温家宝在省部级主要领导干部"树立和认真落实科学发展观"专题研究班结业式上的《提高认识，统一思想，牢固树立和认真落实科学发展观》讲话，笔者更加深刻地认识以人为本和全面、协调、可持续发展的科学发展观的重要历史意义。这是我们党在新世纪新阶段从我国国情出发，总结中华人民共和国成立以来特别是改革开放以来的实践经验，并得出的重要启示。科学发展观是立足我国社会主义初级阶段基本国情，总结我国发展实践，借鉴国外发展经验，适应新的发展要求提出的重大战略思想，标志着我们党对社会主义建设规律、社会发展规律、中国共产党执政规律的认识达到了新的高度。科学发展观是指导我国经济社会发展的根本指导思想。

一、学习科学发展观要把握其深刻内涵和基本要求

科学发展观是适合中国国情和顺应时代潮流的发展观，它包括了系统而丰富的内容，其中坚持以人为本，是科学发展观的核心内容；促进全面发展，是科学发展观的重要目的；保持协调发展，是科学发展观的基本原则；实现可持续发展，是科学发展观的重要体现；实行统筹兼顾，是科学发展观的总体要求。科学发展观回答了要不要发展，为谁发展，发展什么，怎样发展，往哪里发展等问题。

坚持以人为本，就是要以实现人的全面发展为目标，从人民群众的根本利益出发谋发展、促发展，不断满足人民群众日益增长的物质文化需要，切实保障人民群众的经济、政治和文化权益，让发展的成果惠及全体人民。这是科学发展观的本质和目的，是回答"为谁发展"的问题。

实现全面发展，就是要以经济建设为中心，全面推进经济、政治、文化建设，实现经济发展和社会全面进步。这是科学发展观的主题，是其中心内容，是回答"要

不要发展"的问题。

实现协调发展,就是要统筹城乡发展、统筹区域发展、统筹经济社会发展、统筹人与自然和谐发展、统筹国内发展和对外开放,推进生产力和生产关系、经济基础和上层建筑相协调,推进经济、政治、文化建设的各个环节、各个方面相协调。科学发展观的根本要求是统筹兼顾,是回答"怎样发展"的问题。

实现可持续发展,就是要促进人与自然的和谐发展,实现经济发展与人口、资源、环境相协调,坚持走生产发展、生活富裕、生态良好的文明发展道路,保证一代接一代地永续发展。这是科学发展观回答"怎样才能保持永续性发展"的问题。

二、树立和落实科学发展观要注意把握好的问题

1.树立和落实科学发展观,必须始终坚持以经济建设为中心,聚精会神搞建设,一心一意谋发展。

2.树立和落实科学发展观,必须在经济发展的基础上,推动社会全面进步和人的全面发展,促进社会主义物质文明、政治文明、精神文明协调发展。

3.树立和落实科学发展观,必须着力提高经济增长的质量和效益,努力实现速度与结构、质量、效益相统一,经济发展与人口、资源、环境相协调,不断保护和增强发展的可持续性。

4.树立和落实科学发展观,必须坚持理论与实际相结合,因地制宜、因时制宜地把科学发展观的要求贯穿于各方面的工作中。

三、用科学发展观来指导群众工作、资源节约工作、环境保护工作应注意的要点

1.要牢固树立以人为本的观念。坚持以人为本,以实现人的全面发展为目标,把人民利益作为一切工作的出发点和落脚点,不断满足人民群众多方面的需求和促进人的全面发展。具体地说,就是要在经济发展的基础上,不断提高人民

群众物质文化生活水平和健康水平，逐步实现共同富裕；就是要尊重和保障人权，包括公民的政治、经济、文化权利；就是要不断提高人民群众的思想道德素质和科学文化素质；就是要创造人民群众平等发展、充分发挥聪明才智的社会环境；就是要尊重劳动、尊重知识、尊重人才、尊重创造，充分发挥人民群众的积极性、主动性和创造性。我们党的立党为公的宗旨和执政为民的执政理念，充分体现了以人为本的本质要求，所以我们理所当然地必须坚持以人为本，一切依靠人民，一切为了人民的路线。

2. 要牢固树立节约资源的观念。树立和落实科学发展观，加快转变经济增长方式是当务之急。改革开放以后，我国经济增长的质量和效益逐步提高，但粗放型经济增长方式仍没有得到根本转变。存在的主要问题是：高投入、高消耗、高排放、低效率。大力推进经济增长方式向集约型转变，必须走新型工业化道路。一是要以提高质量、效益为中心。调整和优化经济结构，是转变经济增长方式的主要途径和重要内容。二是积极推进科技进步，提高经济增长的科技含量。三是努力节约资源，积极保护环境。大力实施可持续发展战略，节约资源，形成低投入、高产出、少排污、可循环的发展机制，全面建设节约型社会。四是要完善自然资源有偿使用机制和价格形成机制，建立环境保护和生态恢复的经济补偿机制，使资源消耗和环境污染得到最大限度的控制。

3. 要牢固树立保护环境的观念。树立和落实科学发展观，发展清洁生产和循环经济。清洁生产就是指既可以满足人们的需要，又可以合理使用自然资源和能源，保护环境的实用的生产方法和措施。循环经济的基本原则是"减量化、再使用、可循环"。减量化是在生产投入端尽可能少地消耗资源；再使用是指尽可能延长产品的使用周期；可循环是指最大限度地减少废弃物排放，力争排放无害化，实现资源的循环利用。为此，要改进产品设计和制造工艺，尽快研究制定促进清洁生产和循环经济发展的法律法规，制定并实行强制性能效标准，大力开发利用各种可再生能源，加强取水用水的定额管理，抓好废水资源化利用，搞好高耗水工业管理、水资源紧缺地区的水资源节约和代替工业。

四、树立科学教育发展观应该注意的要点

树立和落实科学发展观是一个不断探索、不断创新、不断实践、不断形成共识和合力的过程。作为一名教师,学习了温家宝的这篇重要讲话,认识到教育系统落实科学发展观就是要树立科学教育发展观,理解对科学教育发展观的理论基础、深刻内涵、基本要求和指导意义的认识,坚持以人为本,做到统筹兼顾,推动教育全面协调可持续发展。科学教育发展观是关系教育发展的本质、目的、内涵和要求的总体看法和根本观点,它不仅包括要发展教育,而且包括为什么发展和怎样发展的问题。有什么样的教育发展观,教育就会有什么样的发展道路、发展模式和发展结果,教育发展观对教育的发展实践产生根本性、全局性的重大影响。作为一名教师,树立科学教育发展观应该注意以下几方面的问题。

1.要大力推进教育现代化,不断满足人民群众日益增长的教育需求。科学发展观的核心是以人为本。以人为本,就是要不断满足人民群众日益增长的物质文化生活需要,切实保障人民的合法权益。这正体现了"三个代表"重要思想关于发展的要求,体现了立党为公、执政为民的本质。树立和落实科学教育发展观,就是要把实现人民的愿望、满足人民的需要、维护人民的利益,作为根本出发点和落脚点,大力改善办学条件,加快教育现代化步伐,不断满足人民群众日益增长的教育需求。

2.要积极深化教育改革,全面推进教育创新。发展是硬道理,科学发展的根本保证和动力是改革创新。树立和坚持科学教育发展观就要大胆革除阻碍教育发展的体制、机制弊端,积极深化教育体制、办学体制改革和教育人事制度改革,全面推进教育创新,不断将教育事业推向前进,更好地把广大人民群众的教育利益发展好。

3.要建设高素质教师队伍,夯实教育发展的基石。百年大计,教育为本;教育大计,教师为本。教师是先进文化的主要传播者,是推动教育改革与发展的主力军。树立和落实科学教育发展观,就要坚持以人为本的教育思想,全面提高教师队伍整体素质,夯实教育发展的基石,推动教育事业跨越式发展。

4.要坚持以人为本,全面推进素质教育。坚持以人为本,是科学教育发展观的核心内容,促进学生全面发展是科学教育发展观的重要目的。树立和落实科学教育发展观,就必须树立以人为本的教育思想,坚持一切为了学生,为了学生的一切,全面实施素质教育,全面提高教育质量,让每一个学生都成人成才。

对加强普通高中学校党建工作的思考与探索

党的十八大胜利召开,为国家的建设和发展指明了前进的方向,在党的十八大报告中,国计民生被认为是极其出彩的一部分,其中,对于社会建设进行了专题论述:"七、在改善民生和创新管理中加强社会建设。加强社会建设,是社会和谐稳定的重要保证。必须从维护最广大人民根本利益的高度,加快健全基本公共服务体系,加强和创新社会管理,推动社会主义和谐社会建设。加强社会建设,必须以保障和改善民生为重点。提高人民物质文化生活水平,是改革开放和社会主义现代化建设的根本目的。要多谋民生之利,多解民生之忧,解决好人民最关心最直接最现实的利益问题,在学有所教、劳有所得、病有所医、老有所养、住有所居上持续取得新进展,努力让人民过上更好生活。加强社会建设,必须加快推进社会体制改革。要围绕构建中国特色社会主义社会管理体系,加快形成党委领导、政府负责、社会协同、公众参与、法治保障的社会管理体制,加快形成政府主导、覆盖城乡、可持续的基本公共服务体系,加快形成政社分开、权责明确、依法自治的现代社会组织体制,加快形成源头治理、动态管理、应急处置相结合的社会管理机制。"作为关系国家发展、人民幸福的教育,被列为此部分的第一点,即"(一)努力办好人民满意的教育。教育是民族振兴和社会进步的基石。要坚持教育优先发展,全面贯彻党的教育方针,坚持教育为社会主义现代化建设服务、为人民服务,把立德树人作为教育的根本任务,培养德智体美全面发展的社会主义建设者和接班人。全面实施素质教育,深化教育领域综合改革,着力提高教育质量,培养学生社会责任感、创新精神、实践能力。办好学前教育,均衡发展九年义务教育,基本普及高中阶段教育,加快发展现代职业教育,推动高等教育内涵式发展,积极发展继续教育,完善终身教育体系,建设学习型社会。大力促进教育公平,合理配置教育资源,重点向农村、边远、贫困、民族地区倾斜,支持特殊教育,提高家庭经济困难学生资助水平,积极推动农民工子女平等接受教育,让每个孩子都能成为有用之才。鼓励引导社会力量兴办教育。加强教师队伍建设,提高师德水平和业务能力,增强教师教书育人的荣誉感和责任感。"

一、优先发展教育

作为基层普通高中学校的党务工作者,笔者对报告中关于教育的论述印象深刻,认为在理解掌握上要把握三个关键:民生、基石、公平。

"坚持教育优先发展",这就要求我们教育工作者要从人民对教育需求的角度去思考教育、对待教育,坚持育人为本、德育为先,全面实施素质教育,培养德智体美全面发展的社会主义建设者和接班人,让国家的希望、民族的未来、人民的子女具有强大的竞争力,使受教育者成为促使国家兴旺、民族复兴的未来力量,使教育改革成果由人民共享,使人民的教育需求得到进一步满足,这就是"办人民满意的教育"的根本目的。

"教育是民族振兴的基石。"民族要振兴,国家要富强,必须在创新能力、公民素质、社会责任的提高上狠下功夫。首先,应该提高国民的自主创新能力。建设创新型国家是国家发展战略的核心,也是提高综合国力的关键。要创新关键在人才、基础在教育。中小学阶段是一个人思维、习惯、能力、价值观等形成和发展的重要时期,是培养创新型人才的基础阶段。其次,国家的发展,需要社会主义民主政治,这就要求我们不断健全民主制度、丰富民主形式、拓宽民主渠道,而且更为重要的是不断提高公民素质。教育恰恰有引导公民树立社会主义民主法治、自由平等、公平公正理念,培养懂法守法、具有民主意识公民的基础性作用。最后,我们的社会主义事业要发展,必须大力弘扬中华优秀传统文化,引导人们自觉履行社会责任、注重道德修养,而教育就是推动社会主义文化发展和繁荣的基础。

促进教育公平是实现社会公平、构建和谐社会的重要基础。受教育是每个公民受法律保护的基本权利,也是社会发展对人自身发展提出的要求,保证每个人不输在起跑线上关键在于接受教育。而教育公平的核心应该是"两个确保",确保人人享有受教育的权利,确保人人获得适合自己发展的教育机会,真正实现全体人民"学有所教"。

二、加强教师队伍建设

加强教师队伍建设,提高师德水平和业务能力,增强教师教书育人的荣誉感和责任感。这是报告中对教师队伍建设的一个新的表述,一方面表明了党和政府对教育的高度重视以及对师德水平和业务能力的要求,另一方面说明教育的振兴必须要有教师的责任感和荣誉感做支撑,体现了党的十八大报告"关注民生、关注民族素养"的理念,更是对"教育振兴"途径的明确,表明了党对人民教师的殷切希望,有利于各级政府从实际出发搞好教师教育和培训工作,通过教师把教育引向更加健康发展的轨道。

作为基层普通高中学校的党务工作者,党的十八大报告给我们指明的努力方向有:把立德树人作为教育的根本任务,大力促进教育公平,加强教师队伍建设,增强教师教书育人的荣誉感和责任感等。结合学校的党建工作,我们发现有一些亟待解决的问题,主要表现在"四化"。部分党组织的地位和作用"弱化"。由于组织建设不强,没有与具体教育教学结合起来,导致党组织及其负责人"说话无人听,做事无人跟"。部分党组织的活动内容"虚化"。学校党建工作"说起来重要,做起来次要,忙起来不要"。党员发展和管理出现"软化"。部分学校在发展党员时,数量上满足于完成"指标",方式上停留于"坐等",主动要求入党的青年教师人数很少,对党员的教育管理缺少"刚性"的评价管理机制,对不合格党员的处置、教育缺乏力度。部分党员自身形象"俗化"。少数党员"入党前拼命干,入党后松一半",工作中没有起到党员表率作用,在日常工作和生活中,不是按照党员先进性的标准要求自己,没有发挥好带动身边教师、教育学生的作用,而是表现出强烈的媚俗心态,迎合庸俗的文化和思想,把自己混同于群众,甚至思想、行动上落后于群众。

针对以上情况,我们应该在党的十八大精神的指引下,进一步加强和改进学校的党建工作,开创党建工作的新局面,以基层党员的实际行动,促进高中教育向更好发展,切实减轻学生课业负担,提高学生素质,加强教师队伍建设,规范办学行为,实现教育公平。

针对党组织的地位和作用"弱化",首先,应坚持党管人才原则,把各方面优秀人才集聚到党和国家的教育事业中来,加强学校党组织领导班子建设。古语说:"其身正,不令而行;其身不正,虽令不行。"领导干部,一言一行,一举一动,都会对党内外群众产生影响。领导干部,匡正其身,是学校党组织工作中的重中之重,应以开展"六观教育"和"四时教育"为抓手,着力提高领导班子服务意识和业务能力。通过"六观教育",引导班子成员树立科学发展观,正确的政绩观、权力观、群众观、社会主义荣辱观和以人为本的和谐观。通过"四时教育",即岗位发生变动时的岗前教育,重要节日和有婚丧喜庆事宜时的提醒教育,发现问题苗头时的警醒教育,临近退居二线时的晚节教育,帮助干部在理想信念上真正解决好"人生为什么,入党为什么,掌权为什么"这一重要问题,使其确实做到权为民所用,情为民所系,利为民所谋。其次,坚持党管干部原则,坚持民主、公开、竞争、择优原则,形成干部选拔任用科学机制,完善体现科学发展观和正确人才观的学校干部考核评价体系。要坚持正确的用人导向,按照德才兼备、注重实绩、群众公认原则选拔干部,提高选人用人公信度,真正把那些肯干事、能干事、干成事且广大教师公认的党员干部选拔到领导班子中来。要教育和引导学校领导班子成员增强"为大局服务、为师生服务"的意识,对同事心存平易,对事业怀抱忠诚,为人处事力求"公道、厚道",不用感情代替原则。通过强化教育和监督管理机制,使党组织的地位更加牢固、作用更加强大。

针对部分党组织的活动内容"虚化",学校党组织要充分发挥自身的优势和特长,围绕"保证学生安全、提高教学质量",积极做好党组织的建设工作。要落实党建工作责任制,强化组织建设,全面推进各版块基层党建工作,扩大党组织和党的工作覆盖面,充分发挥推动发展、服务群众、凝聚人心、促进和谐的作用,以党的基层组织建设带动其他各类基层组织建设。通过党员的"创先争优"活动,抓好课堂教学、课外活动、社会实践等关键环节的质量,激励党员教师在实际教育教学工作中争当优秀党员、争做模范教师,培养学生的创新意识和劳动观念,丰富课外生活,开展心理健康教育和咨询,培养学生良好的心理素质,把党组织的具体活动和教育教学工作紧密联系起来。通过开展"学校是家庭,学生即儿女"的和谐校园建设活动,进一步发挥学校团委、学生会、工会、妇联等组织的作用,深化"党建带团建、党建带工建"活动,有力地促进教师和学生的自我教育和自我管理。充分发挥群众组织的桥梁和纽带作用,开展社会主义荣辱观教育,把党的组织生活融入对学校发展对学生关爱的具体工作中,促进学生思想道德建设,提高学生的社会主义道德水平。通过开展"平安校园"创建活动,加强对师生的法治教育,努力培养学生的法治意识,提高学生遵纪守法的水平,保证学生的安全。通过丰富多彩的党员"建功立业"活动,把党组织的活动落实到具体的教育教学工作中,使党组织的活动具有更加具体的载体。

针对党员发展和管理出现"软化",胡锦涛指出,一个有远见的民族,总是把关注的目光投向青年;一个有远见的政党,总是把青年看作推动历史发展和社会前进的重要力量。中国共产党只有赢得青年,才能赢得未来。加强党建工作,发展优秀青年共产党员,才能使党永远保持旺盛的生机和活力。党的基层组织是团结带领群众贯彻党的理论和路线方针政策、落实党的任务的战斗堡垒,一定要增强忧患意识,大力加强党员发展工作,努力扩大党在学校的群众基础。要特别注意在优秀中青年教师、教学骨干、优秀高中生中发展党员,不断壮大学校党员队伍。因为参加党组织的同志,对周围的青年必然产生积极的影响,有助于在校园营造和形成崇尚先进、学习先进、争当先进、政治上追求进步的氛围,有助于培育积极健康的校园育人环境。要建立党员激励机制,进一步明确党员责任,特别要加强党员的教育管理,对党员教师,除了要以基本的人民教师标准要求外,还应该更加重视其示范和表率作用的体现,建立党内业绩通报制度,对党员教师的工作实施客观评价,奖励优秀党员教师,教育后进党员教师,在党内形成"比、学、赶、帮、超"的良好竞争局面,带领全校教师有力地提高教育质量。通过有效的管理,提高党员的责任意识,使党组织成为真正的先进组织,让更多的优秀分子积极加入进来,很好地克服党员发展和管理的"软化"问题。

针对部分党员自身形象"俗化",我们要求其加强政治理论学习,坚持用正确的思想武装头脑。以增强党性、提高素质为重点,加强和改进党员队伍教育管理,健全党员立足岗位"创先争优"长效机制,推动广大党员发挥先锋模范作用。严格党内组织生活,健全党员党性定期分析、民主评议等制度。坚持党员定期学习制度，做到学习有目标、有计划、有检查、有总结，落实各项检查措施，严格要求，认真考核，奖优罚差。学习内容上，坚持紧跟形势，与时俱进，要确定定项、定时、定部门、定责任人的"四定"方略，保证学习效果。在做好政治理论学习的同时，我们还要积极探索学习方式，力争将政治理论学习由"让我学"变成"我要学"，通过研讨会、座谈会、时事报告会、志愿者服务队、"一帮一"结对帮困等形式，使党员学习形式更加多样化，牢牢地把党员吸引到一起。学校还需要根据具体的教育教学实际，从全面贯彻党的教育方针、保证学校可持续发展的大局出发，广泛开展以"带好一个班、上好一门课、扶持一名特困生、转化一名学困生、联系一名党外教职工、帮扶一名青年教师"为主题的"六个一"实践活动，为党员教师搭建自我锻炼和施展才华的平台，促进党员教师提高思想素质、教学能力、教学业绩。广泛开展以"爱岗敬业、关爱学生、廉洁从教、为人师表"为主题的师德师风教育活动，使学校重视师德、教师关爱学生、学生尊重教师的氛围更浓，造就一支"师德高尚、学识渊博、教艺精湛、团结协作"的教师队伍，努力以教师的高尚师德和渊博学识"风成化习"，使党组织和党员的形象超凡脱俗，远离低级趣味，风正心齐地实现"办人民满意的学校"的目标。

习近平指出，党的基层组织建设和党员队伍建设在党的整个组织工作中具有十分重要的地位，任何时候都必须高度重视，自觉抓紧抓好。作为衔接大学与义务教育阶段的高中阶段教育，要抓紧抓好基层党组织工作，同群众保持密切联系，促进教育繁荣稳定，为现代化建设提供基础保障，为中华民族伟大复兴提供坚实基础。科技的发展、教育事业的开拓，都要求我们以改革创新精神全面推进党的基层组织建设。全面提高党的基层组织建设的科学化水平，有利于教育的优先发展，党的教育方针的全面贯彻，教育为社会主义现代化建设服务、为人民服务的目标的实现；有利于立德树人教育根本任务，以及培养德智体美全面发展的社会主义建设者和接班人的落实；有利于全面实施素质教育，提高教育质量，培养学生社会责任感、创新精神、实践能力才能得到体现；有利于促进教育公平，让每个孩子都能成为有用之才，师德水平和业务能力提高，教师教书育人的荣誉感和责任感增强。

履行代表新使命　当好代表为人民

自当选区人大代表以来,在区人民代表大会的正确领导和选民的支持下,笔者认真履行法定职责,履行代表职务,依法参与管理地方国家事务、管理经济文化事业和社会事务,尽职尽责地为选民服务,积极提出建议和意见。在实践中,笔者感受到人大代表在社会和广大群众中的威信越来越高,履职的环境越来越好,工作方式、方法能够与时俱进,不断创新。同时,笔者作为人大代表在履职实践中体会到为民办事的喜悦,也产生了一些困惑,并进行了一些思考。

一、履职过程中的困惑

通过履职,笔者觉得宪法和法律赋予人大代表的权利是非常大的,所以说中国人大代表的法律和政治地位是很高的,人大代表作用的发挥与人大代表的结构和个体素质密切相关。而在具体工作中,个人有一些困惑。

一是地方人大代表结构比例不合理,政府党政领导干部、企业领导干部占的比例过多,这就存在监督者同时也是被监督者的角色冲突。由于各级党政领导占代表比例过大,审议有关议程的会议往往成为工作的汇报会、工作布置会,直接影响审议的效果,减弱了人大的监督作用,使人大的权力发挥受到影响。

二是大多数的地方人大代表是兼职的,如果人大代表要非常出色地履行代表的职责,反映民意,那么社会工作与人大代表的本职工作或多或少地发生冲突,特别是企事业单位的代表,矛盾压力更大。当人大代表要了解本地区的居民对政府有何希望和要求时,就要进行现场调研、形成文字、协调各方、追踪落实,有些工作还要反复进行。这就需要耗费大量的时间与精力。同时,人大代表要参与审议人大会议的议程,并提出负责任的意见,就更需要投入更多的资源,而这些资源并不是每一个代表都完全具备的。

三是选民或者地方人大常委会对每个代表的监督机制不够完善,考核也失之于粗疏,代表欠缺履职的足够动力,欠缺竞争机制。有个别的地方人大代表,没有认真参与人大会议的审议、监督活动,很少撰写议案、建议,却不会因此而受到批评、劝诫,对代表的监督标准没有很强的操作性。同时,人大代表履职时,缺乏由常委会、"一府两院"提供的关键信息,知情知政的渠道欠畅通、履职环境有待改善,代表与常委会的联系仍需加强,人大代表的整体活力应更为活跃。

二、思考与建议

1.对于人大代表的结构问题。首先我们应该承认地方人大代表的履职本质上是地方各种群体或阶层的利益在政治上的表达,这种表达越直接、越充分并能够得到公开讨论与回应、有合作或妥协的过程,就越有利于地方社会的和谐与稳定,民主与经济就越有活力,人大代表就越有履职的舞台。在社会主义市场经济条件下,在不同的群体中,利益是分化的,民意也是多元化的。这就需要代表的来源也是多元化的,所以就应该逐步建立和完善人大代表选举的竞争机制,更多地通过各阶层的民意来推荐地方人大代表,特别是区、县一级人大代表的候选人,规范选举的竞争,并使人大代表结构逐步趋于合理。

2.对于人大代表的兼职问题。人大代表本身产生于基层的社区,所以应该把社区工作作为实践工作的主要场所。社区群众在日常生活和工作中碰到需要解决的问题多,而且社区组织和群众一般缺乏解决问题所需的各种资源,这使社区群众常常会有一种无助的感觉。这就需要人大代表去为他们服务,监督"一府两院"善用资源,解决具体的民生问题。这需要花费大量的时间和精力,而且需要许多专业的知识。而兼职人大代表未必一定有相关的专业知识,未必一定有足够的时间和精力,所以,应该适当增加地方人大常委会的人数,并尽快使人大代表专职化,减少兼职人大代表的数量。

3.对于人大代表的履职问题。人大代表为人民,就需要人大代表履行自己的职责。事实上,中共中央转发《中共全国人大常委会党组关于进一步发挥全国人大代表作用,加强全国人大常委会制度建设的若干意见》的通知,有三分之二的篇幅论及发挥代表作用,地方人大可以在代表考核、代表联系选民,对选民述职,公开代表活动记录,奖勤罚懒等方式上制定可操作性强的代表管理办法并严格执行。地方人大应对代表候选人的宣传活动、代表个人持证视察、跨选区履行代表职责、代表的组合形式、代表联名推举上一级人大代表和本级人大常委会及其他职务的候选人、质询案的提出、代表约见同级"一府两院"负责人、代表个人设立办事机构等具体问题,只要有利于人大作用发挥作用就持开放性的和宽容的态度,并切实加强代表议案、建议的督办,支持代表履职。对在履职中不作为者给予相应的批评、劝诫,对有创新、充分表达民意的代表应予表彰。

行政管理篇

XINGZHENG GUANLI PIAN

发言与讲话

加大校务公开力度
全心全意依靠教职工办好学校

宜宾市一中是一所具有500多年历史的省级示范性高中,现有48个高中教学班,有教职工230余人、学生3 600余人,是全国现代教育技术实验学校、全国体育达标先进集体、全国群众体育先进集体、四川省首批校风示范学校、四川省德育先进集体、四川省中小学德育工作先进单位、四川省体卫先进集体、四川省传统项目学校、四川省青少年儿童篮球运动训练点、四川省排球协会指定排球训练点、四川省创新教育实验学校、四川省心理健康教育实验学校、西南师范大学教育实验基地、宜宾市先进集体、宜宾市思想政治工作先进单位、宜宾市德育先进集体、宜宾市科普先进集体、宜宾市和翠屏区两级文明单位和爱国主义教育基地。1999年8月,时任校长侯源发被四川省教育工会评为"全心全意依靠教职工办学优秀领导干部",学校工会工作和教代会工作多次受到上级单位的肯定。学校党总支多次被宜宾市委表彰为"先进基层党组织";学校领导班子连续两次被宜宾市委评为"领导班子创'四好'先进单位";学校被市总工会评为"先进教职工之家",2002年,学校又被市总工会评为"模范职工之家"。目前,学校正在向国家级示范性普通高中迈进。

学校以"公、勇、诚、朴"为校训,以"关注人的需求、致力人的健全、实现人的发展"为办学思想,以"学生素质更高、教师水平更高、学校层次更高"为办学目标,坚持对学生进行"以个人为主体的发展个性特征的教育,以协作为手段的发展合作意识的教育,以全体为目标的发展综合素质的教育"。

学校始终以"高举旗帜,贯彻方针;深化改革,更新观念;建设队伍,强化科研;和谐奋进,提高质量;持续发展,自强争先"为指导思想,以"坚持一个依靠(依靠全校教职工办好学校),加强两项建设(学校领导班子建设和教师队伍建设),强化三项管理(学生日常行为管理、教育科研和教学过程管理、教师的思想教育与管理),增强四个意识(素质教育意识、教育质量意识、自我危机意识、学校全局意识),促进三个提高(教师整体素质提高、学生思想道德水平提高、教育质量提高),达到一个目的(学校工作业绩全市领先,争创全国示范性高中)"为办学基本思路,学校的办学质量不断提高。"坚持校务公开,依靠全校教职工办好学校"这一指导思想是符合学校实际的,这一指导思想的严格执行有力地促使学校的办学效益和社会信誉逐年提高,使一中的品牌价值得到了更大的提高。

为全面贯彻落实《中共中央办公厅国务院办公厅关于在国有企业、集体企业及其控股企业深入实行厂务公开制度的通知》《教育部、中华全国总工会关于全面推进校务公开工作的意见》等有关规定,学校结合自身实际专门安排人员和时间对本校校务公开情况进行了自查。

一、加强学习,抓好宣传,充分认识校务公开制度的重要性

学校十分重视校务公开工作,早在1999年就制定了《宜宾市一中校务公开实施意见》,明确了校务公开的内容、形式和措施,2000年又对其进行了修订,增加了校务公开的责任、实施和监督等内容,并且成立了以校长为组长、工会与各处室负责人为成员的校务公开领导小组。领导小组下设办公室,明确了办公地点,由工会副主席任办公室主任,办公室人事干事和工会专职干事为办事员,保证了校务公开工作的正常开展。尽管学校实行校务公开制度比较早,但是在具体工作过程中仍然遇到了不少问题。针对出现的问题,学校及时组织领导班子和教职工对照学校实际,认真学习了《中共中央办公厅国务院办公厅关于在国有企业、集体企业及其控股企业深入实行厂务公开制度的通知》《教育部、中华全国总工会关于全面推进校务公开工作的意见》等相关文件,召开了党务工作会、行政会、工会工作会、教职工大会等。会议大力宣讲中央和地方各级有关校务公开文件精神,分析校务公开中存在的问题,讲解校务公开开展的目的、意义和重要性,统一全校教职工的认识,促进校务公开工作的全面开展。通过宣传学习,形成了良好的舆论氛围,使领导班子和教职工对校务公开工作有了初步认识,使大家认识到搞不搞校

务公开不一样,通过校务公开可以使自己以主人翁的身份参与学校的民主管理,保障自己的权益;使大家明确了校务公开对于促进学校校务工作决策的民主化、科学化具有重要作用,是学校管理方式改革和创新的实践,是提高管理水平,健全监督机制,加强党风廉政建设,密切党群干群关系,调动教职工积极性和主动性,促进学校改革、发展和稳定的重要途径;使大家认识到校务公开是扩大基层民主的重要制度,是加强民主监督的好形式,是工会履行维权职责的有效机制。校务不公开,教职工的知情权就难以落实,也就谈不上民主决策、民主管理和全心全意依靠教职工办学;校务不公开,教职工的民主监督就会落空,权力就得不到制约,"暗箱操作"就会发生,腐败就会滋生;校务不公开,教代会的职能就不能体现,涉及教职工权益的改革方案、重要规章制度等就会因少数人说了算失去公平、公正,劳动关系和利益关系矛盾就不能在源头上得以协调和化解。通过宣传、学习、讨论,校务公开的重要性、必要性逐渐被领导班子和广大教职工认同,"要不要公开"的思想认识问题得到了很好的解决。除此之外,学校又围绕"公开什么"讨论和明确了公开的内容,围绕"怎样公开"讨论和明确了相关策略。通过讨论增强了领导班子的服务意识,增强了教职工的主人翁意识,增强了工会、教代会的责任意识。通过讨论使大家都充分认识到实行校务公开是深入实践"三个代表"重要思想、加强学校民主政治建设和民主管理的具体体现;是推进依法治校、依法治教,深化学校内部管理改革,建立保障教职工民主权益的具体体现;是密切联系教职工和学校领导班子,增强教职工、学生、家长、社会监督权,提高校务工作的透明度的具体体现。

围绕校务公开进行的"两个讨论",有效地增强了"三个意识",促进了"三个体现"认识的形成,使学校的校务公开工作得以顺利推进。

二、充分发挥教代会的各项职能,努力营造和谐的教书育人环境

宜宾市一中之所以取得优秀成绩,主要原因在于有一个团结协作、民主的领

导班子,有一支高素质的教师队伍,有一个良好的育人环境,有一个团结和谐的工作氛围。学校始终坚持充分尊重教职工的知情权、话语权、参与决策权、批评监督权,把尊重教职工知情权、话语权、参与决策权、批评监督权作为工作的起点,让广大教职工关注学校发展、关注自身发展;把教代会作为与教职工联系、进行校务公开的载体,始终坚定不移地充分发挥教代会的职能,教代会在闭会期间由学校工会和教代会主席团认真履行其各项职能。学校的发展规划、人事分配、财务预决算等重大事项都利用校务公开形式进行公开,给了教职工一个了解学校校务的公平、公正的环境,让广大教职工的权益得到充分保护,营造了一个良好的育人氛围,使广大教职工的聪明才智得到充分发挥,积极向学校提出各类意见和建议,为学校的决策、各项方案的制定提供了依据,减少了领导班子的工作失误,促进了学校的发展。在尊重教职工知情权、话语权、参与决策权、批评监督权的过程中,学校做到了"两个始终坚持",形成了"五共"的民主管理校务新局面。

1.始终坚持民主评议学校中层以上领导干部制度。学校第五届、第六届教代会都坚持对学校中层以上领导干部进行民主评议,评议结果全部都在良好以上;每年年终都由学校教职工对学校中层以上领导干部进行民主评议,结果也都在良好以上。学校还定期召开中层以上领导干部民主生活会,让大家在民主生活会上自查自己的不足,进行批评和自我批评,增强了工作动力。民主评议和民主生活会让学校所有中层以上领导干部都感到自己是被广大教职工信任的,也是受党纪和群众监督的,应该努力工作,回报广大教职工和社会。

2.始终坚持通过教代会讨论重大事项和听取重要事项报告制度。学校各类重大事项的出台都由工会向广大教职工征求意见,听取他们的呼声和建议,然后形成草案交相关处室、教职工大会讨论,听取他们的意见,最后交教代会讨论、修改通过,形成决议。如第五届教代会通过了《宜宾市一中岗位津贴发放方案和奖惩条例》,第六届教代会通过了《宜宾市一中奥林匹克竞赛辅导管理及奖励办法》《宜宾市一中教育科研奖励办法》《宜宾市一中"名师工程""新星计划"实施方案》《宜宾市一中教师竞赛活动奖励办法》《宜宾市一中办学思想、办学目标的说明》等方案。对《宜宾市一中校训、校旗的说明》和《教职工聘任方案》提出了不同的意见,没有通过,目前正在讨论过程中。对学校百年校庆雕塑、活动安排,学校育华建筑公司的生存,高县素质教育基地的筹建等重大事项都在教职工大会上进行了讨论,充分体现了学校民主决策机制。每年学校的财务预决算、相关费用的收支情况、奖金分配方案、招待费开支情况、学校食堂经营的招标、学校中层以上领导干部的任免、学校领导干部的廉洁自律情况等都向教代会进行报告,充分体现学校民主管理。

教代会制度调动了广大教职工参与学校民主决策、民主管理的积极性,给学校的发展带来了生机,形成了"大政共议、制度共定、责任共负、困难共担、利益共享"的新局面。

三、加大校务公开力度,充分发挥教职工的工作积极性

学校是1999年开始实行校务公开制度的,在公开的内容上,根据学校不同发展阶段教职工关注的热点、焦点问题,做到了与时俱进,对于最影响学校的改革发展和稳定,最影响教职工的积极性,最影响学校的廉政建设及时进行公开,做到了"六公开":一是将学校改革与发展的重要规划、决策和实施方案公开;二是对干部聘任、教职工聘任(包括招聘教师)、职称评定、评优考核、晋级晋职等事务公开;三是对学校经费预决算和财务收支情况公开;四是向社会公开收费项目及标准;五是对涉及学生切身利益的有关情况公开;六是对大宗物资采购情况及学校基建工程招标事宜公开。在公开的形式上,学校采取了"八会一栏"的形式,即通过学校教代会、全体教职工会、党政联席会、行政会、社会各界人士座谈会、家长委员会、家长会、学生会公开和开辟校务公开专栏进行公开,保证了被公开对象的广泛性和公开内容的真实性。学校校务公开从原来的"还领导个清白,给教师个明白"上升到"民主办学要还权于民,实施民主管理依法治校"的高度。在三年多的工作实践,对学校的分房、奖金分配等关系教职工切身利益的事,都进行了公开并在征求教职工的意见后才付诸实施,由于一切分配、评优方法充分听取了群众意见,群众知情,所以没有出现一例投诉、上访事件,妥善地处理好了相关问题。又如在筹备

举行百年校庆时,学校准备在校前广场建一座雕塑,在征求广大教职工的意见后,有不少教职工交了图案,最终学校经过反复论证,终于取消了这个方案。再如在上级机关清理整顿建筑行业时,学校的育华建筑公司面临生存困难,学校及时征求广大教职工意见,召开了教代会主席团会议,就是否让其与市教育局建筑公司合并,还是宣布关闭等听取大家的意见,对每一个方案都进行了反复论证,最终大家一致同意与市教育局建筑公司合并迎接检查,这样既保住了校办企业,也扩大了育华建筑公司的规模。在学校食堂建成以后,学校就学生食堂的承包方案向社会做了广泛宣传和公布,欢迎广大市民前来报名投标,当时报名者就达70余人,经过资质考查有5人进入投标阶段,最后经过竞标,有3人获得了承包经营权。在每年教职工职称评定(特别是特级和高级教师评定)中,学校都提前公布名额、条件,然后经过述职、群众评议、全校公示、材料上报等严格程序,使全校教职工都感到学校处理得透明、公开、公正。学校在住房调整、教职工入党、中层领导干部提拔过程中都严格遵照公开、公平原则。在招收择校生过程中,学校严格落实三方参与、相互制约的方针,杜绝了招生过程中"暗箱操作"和腐败的滋生。首先学校公布择校生分数线和收费标准,接着由德育处开出三联单及收费单据,然后到总务处交款,最后到教务处注册学籍,每个关口都检查分数与收款是否相符,如有差异该生就不能被正式录取。在今年的高一分班和高二文理科分班过程中,学校也是在广泛征求广大教职工意见的基础上,一律按照成绩利用计算机系统进行编班,并通过抽签的方式分配班主任,所有的领导干部不得写条子、打招呼,要求高一年级组、高二年级组、教务处进行监督,全校教职工表示非常满意。校级领导虽然感觉来自各方面的压力较大,但为了学校的发展,所有的压力也都被顶住了。正是这些公平公开的处事原则,换来一中领导班子的通力合作,换来了广大教职工的凝聚力,充分尊重和维护了广大教职工的合法权益,切实调动了广大教职工的工作积极性,让教职工自己管理自己的事务,教职工真正成了学校的主人。学校也尝到了校务公开的甜头,学校连续几年取得高考上线率全市第一的好成绩,顺利通过了省级示范校的检查验收,在市教育局组织的督导评估检查中连续两年获得第一名的骄人成绩等。

四、正确处理学校党总支、校长与教代会的关系

学校自1984年实行校长负责制,已历时18个年头。学校校长负责制包括校长全面负责、党组织保证监督、教职工民主管理三个方面的内容,是一个以校长负责为中心,党组织保证监督为关键,教职工民主管理为基础的完整体系。学校党总支、校长、教代会三方面都做到各司其职、各负其责,围绕提高教育教学质量这个中心,密切配合,互相支持,协调和谐地做到"三分三合六不"。"三分三合",即职责上分,思想上合;工作上分,目标上合;制度上分,关系上合。"六不",即校长做到了掌权不独断,用权不单干;学校党总支做到了监督不挑刺,干预不包办;教代会做到了支持不为难,审议不越权。

学校坚持做到重大决策和事项必须经学校党总支集体研究决定,个人不能决定重大问题。学校党总支定期召开民主生活会,开展批评与自我批评,加强对党员干部的监督。学校教代会很好地行使了权利和职责,教代会主席团成员严格按照章程审议《校长工作报告》《宜宾市一中各类人员岗位职责》《宜宾市一中岗位津贴发放方案和奖惩条例》等,涉及教职工切身利益的重大问题都提交教代会进行了认真的讨论、审议。教代会在支持校长工作上重点做三个方面:(1)支持校长正确行使职权;(2)动员教职工,为实现学校管理目标而奋斗;(3)教育职工,服从领导,听从指挥,遵守纪律,正确对待眼前利益与长远利益、需要与可能、局部与全局、个人与学校的关系。教代会实行民主管理,使广大教职工感到他们是学校的主人,大大增强了教师群体的凝聚力,形成了良好的教职工集体。

实践证明,学校党总支、校长、教代会三个方面的关系融洽,互相支持,各司其职,有利于发挥党组织的监督保障作用和教代会的民主管理作用,有利于学校在改革创新中不断前进。

五、认真听取教职工意见和建议,充分发挥校务公开领导组和督查组的作用

为了保证校务公开工作的顺利开展,学校在原成立校务公开办公室的基础上又成立了校务公开督查小组,成员由工会委员和教职工代表组成,主要职责是监督校务公开,同时设立了师生信箱,开通了校长工作热线,使师生的呼声能及时得到回应。校务公开领导小组和工会的同志还经常深入到教学第一线、深入到教职工中听取他们对学校方方面面工作的意见和建议,并对其进行整理上报,提出好的建议,为领导决策提供可靠的依据。对教职工反映较强烈的问题,领导小组能够答复的及时答复,不能答复的及时做好解释工作并明确解决期限。如2001年学校游泳池在假期中对外开放,由于时间关系,没有及时将承包方案向教职工公开,对此,部分教职工有意见,校务公开领导小组同工会同志及时向教职工做解释,让他们了解学校相关原因,消除了他们的误会。2000年4月,有教职工反映学校教工宿舍楼顶有乱搭乱建现象,有的楼层出现了裂缝,校务公开领导小组会同工会、总务处、保卫科同志及时对全校教工宿舍进行调查,发现一幢楼顶的确有这种情况,校务公开领导小组一方面给教职工做好解释工作,一方面责成住顶楼的教职工将违规建筑全部拆除,消除不安全因素。学校及时出台了《禁止在校内乱搭乱建非公用设施的规定》,还了学校一个安宁的环境。校务公开督查组经常了解有关校务公开的内容、形式、范围,对没落实到位的及时提醒,要求纠正、补充,保证了校务公开的实施。这样使广大教职工对学校及领导班子的信任达到了满意程度。

六、问题与思考

通过这次对照检查,校务公开工作在学校得到了充分落实,取得了一定成绩,但我们感到教职工的主人翁意识还有待增强,教职工对校务公开的认识还有待提高,教职工参与校务的意识和能力还有待加强,学校对校务公开的宣传还有待加强。针对以上问题,我们设想可以采取的对策有几方面。

1.抓好宣传,认识到位。提高学校领导和教职工的认识是校务公开的基本前提。学校领导和教职工认识滞后将直接影响校务公开的顺利开展。为此学校应该抓好领导干部和教职工的培训学习工作,大力宣传校务公开的重要性和必要性,使校务公开深入人心。

2.健全制度,保证落实。校务公开要顺利开展,建立健全相关机制是关键,有了良好的机制才能促使校务公开实现科学化、制度化、规范化。我们认为,首先,应该建立健全领导工作责任制:校务公开领导小组负责人应做到分工明确、分工合作、有职有权,坚持集体领导和个人负责相结合的原则,对主要负责人实行责任追究制度。其次,要定期召开教代会,教代会要做到制度化、规范化。教代会内容、议题、决议要体现教职工的知情权、监督权、审议权和决议权,教代会要从源头上对学校重大决策进行监督。

3.坚持原则,突出实效。校务公开关系广大教职工的切身利益,是促进学校长足发展的大事。校务公开要严格执行已制定的各类规章制度,紧紧围绕教育改革与发展的中心工作,切实加强领导班子建设,增强班子成员的民主管理、民主监督意识,使校务公开由"要我公开"转变为"我要公开",进一步明确和规范公开的内容和程序,防止公开的随意性。在公开内容上,要突出教职工、学生、家长普遍关注的热点问题。上级主管部门要根据各类学校的共同性,确定"规定动作",不能随意取舍,同时也要允许不同学校根据自身的特点和问题搞"自选动作"。在公开程序上,要严格规范,不允许随意简化程序,把校务公开工作抓出特点、抓出实效。

(此文系笔者2002年9月12日在宜宾市全市推行开展厂(事)务公开自查和调研检查工作会上发言的主要内容。)

转作风　抓落实　提质量　育新人

　　为认真学习贯彻中央纪委第七次全会精神,进一步加强新形势下干部作风建设,宜宾市教育局根据省委、市委要求,决定从今年二月份起,用三个月时间,在全市集中开展干部作风教育整顿建设活动。宜宾市一中作为市教育局直属学校,认真按照市委、市教育局的工作部署,迅速行动起来,以高度负责的态度在本校组织实施干部作风整顿建设活动,务求取得实效。

一、统一思想,端正态度,深刻认识开展干部作风整顿建设活动的重要性和紧迫性

　　干部的作风,是党风、政风建设的重要内容,事关党的形象,事关党和人民事业的兴衰成败,而教育系统领导干部的作风,更是关系到学生成长、学校发展以及教育质量的提高。中央纪委第七次全会指出,加强领导干部作风建设,是全面贯彻落实科学发展观的必然要求,是构建社会主义和谐社会的必然要求,是提高党的执政能力、保持和发展党的先进性的必然要求,是做好新形势下的反腐倡廉工作的必然要求,并提出要在领导干部中大力倡导"八个方面的良好风气"。市教育局党委书记在全市教育系统干部作风建设活动动员大会上,对全市教育系统干部作风整顿建设工作提出了明确的要求。全校教职工特别是领导干部一定要统一思想,端正态度,深刻认识新形势下加强干部作风建设的重要性和紧迫性,不断增强开展好干部作风整顿建设活动的自觉性和坚定性,确保学校干部作风建设取得明显成效。

　　1.加强干部作风建设,是全面落实科学发展观的重要保证。科学发展观是指导发展的世界观和方法论的集中体现,是推动经济社会发展、加快推进社会主义现代化必须长期坚持的重要指导思想。全校教职工特别是各位领导干部,要牢固

树立科学的教育发展观,切实解决好当前学校教育、教学、服务、管理等方面的矛盾和问题,大力提高教育质量和办学效益,促进学校又好又快发展。

2.加强干部作风建设,是提高党的执政能力、永葆党的先进性的必然要求。各级干部是社会主义事业发展的骨干力量,是现代化建设的"火车头"。干部作风如何,直接影响党的凝聚力、号召力和战斗力,也反映着党的执政能力和先进性。因此,干部的作风,不仅是本人世界观、人生观、价值观、权力观、地位观和利益观的外在反映,还是干部修养、政治品格、道德境界的具体体现,更是党的作风的集中体现。从近年来查处的干部腐败案件来看,不少干部违纪违法都是从作风上出问题开始的。只有坚持不懈地加强干部作风建设,坚持防微杜渐,及早发现和解决作风方面存在的苗头性问题,才能有效防止和减少腐败现象的发生,也才能不断提高党的执政能力,永葆党的先进性。

3.加强干部作风建设,是凝聚人心、建设美好新宜宾和提高学校教育教学质量的迫切要求。实践证明,一个单位能否实现又好又快发展,同这个单位的党风、政风、民风好坏密切相关。党风正、政风清、民风好,就能凝聚人心、聚合力量,就能充分调动和发挥各方面的积极性、主动性和创造性,形成一心一意谋发展、聚精会神搞事业的大好局面。学校要在全市学校排名中一直处于领先地位,要实现全省前20、川南前5的学校排位目标,关键在于各位干部良好的作风,关键在于拥有一支"用心想事、用心谋事、用心干事"和"政治上靠得住、作风上过得硬、工作上有本事、人民群众信得过"的干部队伍和教师队伍。各位干部和广大教职工既是建设"公、勇、诚、朴"一中的领导者、组织者,更是建设和谐一中的指挥员、战斗员。只有坚持不懈地抓好干部作风建设,使各位干部真正做到为民、开拓、务实、清廉,营造和谐的党群、干群和师生关系,才能在学校汇聚起共同建设和谐一中的强大合力。

二、明确要求,突出重点,扎实推进干部作风整顿建设活动

市教育局按照市委的总体要求和部署,紧密结合全市又好又快发展的现实需

要,紧密结合全市教育系统干部队伍建设的现实需要,围绕建设一支"为民、开拓、务实、清廉"的干部队伍,决定在全市教育系统的各级干部中开展作风整顿活动,主要从思想作风、学习作风、工作作风、领导作风和生活作风等方面入手,开展三个月的集中整顿活动,努力使各级干部从不良思想作风中走出来,让科学发展观树立起来;从不良学风中走出来,让各级干部马克思主义理论水平高起来;从不良工作作风中走出来,让党群干群关系好起来;从不良领导作风中走出来,让领导能力强起来;从不良生活作风中走出来,让干部的形象正起来。

1. 干部思想作风方面。我们要注重强化宗旨意识,坚持对上级领导机关负责、对全校教职工负责和对全体学生负责的原则,不提不切实际的口号和目标,不搞违背群众意愿的强迫命令,把"送温暖、亲师爱生"活动制度化、经常化、长期化,坚持每年集中解决一批师生关心的热点、难点问题,办成几件明显改善师生教学和生活条件的实事好事。要切实增强干部的政治意识、大局意识和执行力,对需要抓紧落实的事项,要有具体措施作保障,要坚持过程管理,坚决杜绝上有政策、下有对策的行为,确保学校各项政策和工作部署得到不折不扣地执行。

2. 干部学习作风方面。要坚持集中学习,强化个人自学;坚持学习考评,交流学习成果,努力成为学习型干部,建设学习型学校。要学以树德,增强理论素质,切忌蜻蜓点水般的学习。要学以明理,增强科学观念、法纪观念和民主观念。要学以致用,积极吸收新思想、新经验、新成果,紧密结合教育教学工作实际,不断推陈创新,不断增强贯彻落实科学发展观的能力。

3. 干部工作作风方面。要加强调查研究,各位干部要深入师生中,深入班级中,深入实际中,了解问题,指导工作,解决问题。要密切联系师生,热情接待来访家长和认真处理学生家长来信。要杜绝"脸难看、话难听、事难办"以及互相推诿、扯皮现象。要加强学校年级、处室效能建设,务必做到该办的事坚决办,不拖;能办的事立即办,不等;难办的事想法办,不推;牵涉其他处室的事协调办,不靠。要积极支持各位干部创造性改革和探索,允许探索中有曲折,宽容实践中有失误,鼓励干部大胆地管理,大胆地干事。

4. 干部领导作风方面。要坚持科学办事、依法办事和民主办事,认真解决民主不够与集中不够的问题。对于重大决策，要加强调查研究，充分发扬民主，广泛征求各方面意见；对于日常工作，按照谁主管，谁负责的要求，大胆决策，敢于负责。必须强化干部的政治纪律意识，不准公开发表和散布有悖党的路线方针政策和不利于学校发展的言论。要强化肯干意识，在解决教育教学、师德师风、服务管理等实际困难时要敢碰硬。

5.干部生活作风方面。要严格执行廉洁从教各项规定，不该拿的钱坚决不拿，不该介入的非法利益活动坚决不介入。要带头发扬艰苦奋斗、勤俭节约的作风，讲操守、重品行，注重培养健康的生活情趣，保持高尚的精神追求，摆脱低级趣味。要自觉接受组织和群众监督，以平和的心态认真对待群众的批评和举报，做到有则改之，无则加勉。

作为一中行政主要负责人，笔者严格按照中央纪委第七次全会提出的树立"八个方面的良好风气"和市委提出的"为民、开拓、务实、清廉"的要求，加强和改进作风建设。在思想作风上，坚持解放思想，反对因循守旧，做到真抓实干，务求实效；在学风上，坚持理论联系实际，反对本本主义，做到勤奋好学，学以致用；在工作作风上，坚持密切联系师生，服务师生；在领导作风上，坚持党的民主集中制，反对影响和破坏团结的不良现象，做到发扬民主，团结共事；在生活作风上，坚持清正廉洁和艰苦奋斗，反对贪污腐败，做到生活正派，情趣健康。

三、加强领导，落实责任，确保干部作风整顿建设取得实效

作风建设是一项系统工程，是一项长期任务，必须常抓不懈。学校党总支要切实加强领导，强化监督检查，严格责任追究，切实把干部作风整顿建设工作抓紧、抓实、抓出成效。

1.加强组织领导。学校干部作风整顿建设领导小组成员要认真按照党中央、省委、市委部署和市教育局党委的要求，切实把干部作风整顿建设活动纳入党的建设工作中，认真研究和细化方案，狠抓落实，真正做到干部作风整顿建设的目标不动摇，标准不降低，措施要具体，责任要到人，问题要解决。

2.注重整顿实效。集中整顿只是手段,促进干部作风根本好转、促进教育教学工作向好发展才是目的。要坚持把开展干部作风整顿建设活动与当前学校狠抓教育质量、强化内部管理等工作结合起来,将整顿活动转变为推动学校工作向好发展的有效力量,切实做到两手抓、两不误、两促进。从学校工作的实际来说,干部作风整顿的最大实效就是教育教学质量的全面提高,就是促进学生的成长成才。在具体工作中,我们要抓住关键点,在找准问题上下功夫,要紧密联系个人思想、作风和工作实际,对照"八个方面的良好风气"要求,认真检查有没有作风不正、纪律松弛和行为失范等方面的突出问题。要在查找问题原因上下功夫,从世界观、人生观、价值观、权力观、地位观和利益观等方面认真分析、深入剖析,多找主观原因、少找客观原因,多找自身原因、少找其他原因,切实做到剖析深刻、切中要害,进行自我教育。要在抓好整改落实上下功夫,针对查出的问题,制订整改措施,确定整改目标,落实整改责任,明确整改时限,切实做到未整先改、边整边改、立改立行、即知即改。要在建章立制上下功夫,把制度建设贯穿于作风整顿建设的全过程,认真研究和探讨新时期加强干部作风建设的规律、特点及对策措施,对反复出现的问题要从规律上找原因,对经常出现的问题要从制度上找原因,逐步建立健全预防和治理干部作风问题的长效机制。

3.加强督促检查。学校党总支已成立干部作风建设活动领导小组,领导小组将对学校干部作风整顿情况进行督促检查。对整顿活动开展成效显著的,要及时总结经验,给予表彰;对重视不够、行动迟缓、措施不力、搞形式、走过场的,必须责令查找原因,限期整改;对师生家长意见大、投诉多的干部要重点督查,查找原因,严格问责。

干部作风整顿建设活动是新时期党中央开展的一次重大整风活动,学校全体教职工务必按照党中央、省委、市委和市教育局党委的要求,通过共同的不懈努力,力争使学校干部作风整顿建设活动取得明显效果。

(此文系笔者2007年2月27日在宜宾市一中全校开展干部作风教育整顿建设活动动员会上讲话的主要内容。)

强化使命意识　全心立德树人

2012年7月23日，宜宾市召开高考工作总结会，按照大会安排，宜宾市一中作了"如何培养、造就拔尖创新人才"主题交流发言。2012年宜宾市一中参加高考学生4 225人，重本上线351人，本科上线总人数2 535人，单校上本科线人数位列川南第一、全省第三。其中，2人被清华大学录取，2人被北京大学录取，58人被国家"985"工程大学录取。宜宾市一中取得了优异的成绩，分享其中一些经验，供大家参考。

一、明确历史使命，增强责任意识

创新是一个民族进步的灵魂，是一个国家兴旺发达的不竭动力。党的十七大报告指出："提高自主创新能力，建设创新型国家。这是国家发展战略的核心，是提高综合国力的关键。"提高国民的创新能力，实现中华民族伟大复兴，这是我们教育人的历史使命，是我们责无旁贷的义务。宜宾市一中领导班子正是基于这种意识，全力以赴地投入到创新人才培养的机制、体制建设中并取得了一定成绩。

二、深刻理解指示，统一队伍认识

宜宾作为四川教育大市，如何发展成为教育强市，拔尖创新人才的培养是其重要的组成部分。把更多宜宾人民的子女造就成为拔尖创新人才，这既是宜宾人民的期望，更是市委、市政府"办人民满意的教育"的要求。市委书记和市长在不同场合多次强调，宜宾教育需要自加压力、加快转型工作，并多次到一中视察与指导工作，为我们指明了拔尖创新人才培养的奋斗方向。学校领导班子组织干部教师认真学习，深刻领会市委、市政府指示精神，形成了集中优秀教师力量培养创新人才的认识和合力。

三、加强内引外联，提升创新水平

培养创新人才，必须要有正确的创新人才培养认识。地处四川盆地的宜宾，在创新人才培养方面既有优势，更有不足。立足本地实际，我国先进发达地区的创新人才培养观是我们必须学习的。为此学校加强了与北京大学、清华大学、复旦大学、上海交大、西南大学等学校的联系，强化了沟通，引进相关教学资源，共同研究拔尖创新人才培养方法，使我们自己培养拔尖创新人才的思路更清晰、方法更科学。

四、针对教师实际，转变教学方法

思想是行动的指南，认识是效果的内驱。我们在选拔培养拔尖创新人才教师时，首先说明了拔尖创新人才的培养机制、体制、方法、要求和奖励措施，采取自愿报名、集中考察的办法在全校教师中选拔优秀教师。这些教师因为有正确的创新人才培养意识，有愿意为培养创新人才无私奉献的意愿，能够严格执行学校创新人才培养要求，比较彻底地实现了教学方法的转变，成功地引领学生向拔尖创新人才方向发展。

五、落实因材施教，转变学习方式

潜能是成长的基础，虚心是成才的条件。我们在选拔创新人才培养对象时，充分向学生和家长说明了我们的培养目标、手段、方法和措施，在自愿进入创新班的所有学生中进行文化测试、心理测试、情商测试和逆商测试，在尊重学生意愿的基础上，注重培养学生的学习能力、合作能力、情绪稳定性和抗挫折能力，使他们既具有成为创新人才的基础，又转变了学习方式。通过转变学习方式，学生的学习能力、探究能力、迁移能力和创新能力都得到了明显提升，成为能学习和善学习的学生。

尊敬的各位领导、各位同仁，我们深切地感觉到，作为宜宾教育人，要把国家发展、民族进步放在首位，把人民群众的需要作为行动指南，在市委、市政府的坚强领导下，增强责任感和危机感，加强战斗力和执行力，通过社会各界的全力支持和师生家长的共同努力，就一定能完成教育赋予的历史使命，为国家培养更多更好的拔尖创新人才。

（此文系笔者2012年7月23日在宜宾市全市高考工作总结会上发言的主要内容。）

德育管理篇

DEYU GUANLI PIAN

发言与讲话

探索学校教育新路子　增强德育工作实效性

长期以来，宜宾市一中积极探索学校教育的新路子，努力培养社会主义"四有"新人。学校把德育工作放在十分重要的位置，在抓德育工作的内容、形式、方法、手段和制度等方面进行了一系列探索，特别是在增强学校德育实效性上狠下功夫，从而促进了学校的全面发展。近年来，学校先后获得了"全国现代教育技术实验学校""全国群众体育先进集体""四川省德育先进集体""四川省首批校风示范学校""宜宾市思想政治工作先进单位""领导班子创'四好'先进单位"等一系列荣誉。

一、加强教师队伍建设，塑造良好师德风范

学校是培养人的场所，是育人的园地。要培养高素质的学生，教师是关键。因此，学校把教师的思想政治教育工作作为德育工作的关键来抓，要求教师成为学生的楷模、先进教育思想的倡导者、育人的模范和教改教研的带头人。

1.加强政治理论学习，提高教师思想素质。学校坚持领导班子带头，定期组织全体教职工参加政治理论学习的制度，并在每一个假期都安排学习培训。学习培训采取全校性学习、年级组学习、教研组学习和自学等方式。近年来，学校的政治理论学习做到了以下五点。一是形成制度，坚持学习。校级领导除参加中心组学习外，还同中层干部利用间周一次的学习时间进行学习。二是保证资料供给，自觉学习。学校每年都积极订阅党报党刊、各种时事政治学习材料和教育资料，基本做到了各类学习资料人手一份。三是明确内容，系统学习。学校根据上级有关部门的安排，及时安排布置学习内容，分重点、热点和难点，分别组织学习。四是联系实际，结合学习。针对学校工作中的实际情况，我们在开展思想政治教育过程中，理论联系实际，边学边用，学用结合。五是疑难问题，辅导学习。对于一

些理论和现实中的疑难问题,我们邀请有关理论专家和领导来学校做专题报告,从而使全校教师对这些疑难问题有一个正确的认识,提高分析问题、理解问题和解决问题的能力。

2. 提倡敬业奉献精神,加强师德师风建设。"为师之道,贵在学养,重在师德。"国家教委、全国教育工会颁布《中小学教师职业道德规范》六条后,学校当即组织学习,进行宣讲,围绕"敬业、奉献、爱生、善导"进行了深入的学习讨论,并提出了"三个联系":一是要求将学"六条"与自己的日常言行联系起来,对照检查,不符合规范的立即改正;二是要求将学生遵守日常行为规范与教师带头、率先垂范联系起来;三是将年终总结评估与平时的工作业绩联系起来。同时规定把"师德六条"作为评选"十佳青年"和先进教职工的重要参考标准。2000年暑假期间,学校组织教师回顾总结了近几年自己在教育教学中的表现,细细对照,认真分析,总结经验,弘扬师德,有16位教师做了师德交流报告。他们对事业无怨无悔的奉献、对学生无微不至的关心、对学校情真意切的热爱,让全校教职工深受鼓舞。学校还加强了弘扬师德师风的宣传,获得了良好的示范效果,受到学生、家长、社会的好评。

3. 抓好班主任工作,强化德育队伍建设。学校德育工作的有效开展必须依靠每一位教师。班主任是班级的组织者、教育者和领导者,班主任在学生、各科教师和学校、家庭之间起着桥梁和纽带作用,因此,学校十分重视抓好班主任的管理工作。一是严格挑选班主任。学校一直坚持选拔思想进步、作风正派、工作积极、敬业爱岗、富有热情的教师担任班主任工作。二是加强对班主任的培训。定期召开班主任会,组织学习教育管理理论,并请德育工作经验丰富的教师做专题讲座,展开讨论,交流经验,取长补短,共同提高。三是严格考核评比。学校制定了《班主任工作手册》和《班主任工作考核条例》,设计了班主任工作记事簿并要求班主任及时填写,由德育处定期定时对记事簿进行检查,把班主任工作作为年终工作考核的重要依据和评比条件,从而使学校班主任工作开展得有声有色。

二、努力培养学生成才,扎实开展德育工作

中学阶段是一个人的世界观、人生观、价值观形成的重要阶段,这一时期的学生有两个显著的特点:一是排斥心理强,容易自满,对思想政治教育有逆反心理;二是主体意识明显增强。针对此种情况,学校遵循"区分层次、循序渐进、生动具体、重在养成"的原则,对学生进行思想教育。我们以做人教育为基础,对学生进行基础道德教育;以成才教育为主线,对学生进行世界观、人生观、价值观教育,使之树立远大的理想和抱负;以爱国主义教育和日常行为规范教育为主要内容,常抓不懈,培养学生的爱国主义精神、集体观念和文明行为习惯。

1.坚持主题班会制度。各班每周举行一次主题班会,在组织召开班会时,充分调动学生的主动性和创造性,发挥他们的才干,让他们真正成为班会的主角,班主任只是进行适当的引导。主题班会的内容形式多样,除了跟课程学习相关的内容外,还包括法制教育、安全教育、环保教育、文明礼貌教育等内容。长期坚持班会制度,不但给学生提供了施展才华的机会,而且对学生的自我教育起到了积极的作用。

2.坚持举办业余党校。学校成立了业余党校领导机构,每学年坚持举办业余党校培训班,在每期培训班开班时,都要认真地制订教学计划,确定任课教师,有效地保证了培训质量。每期业余党校都有一百多名学员参加培训学习,有的学生还连续几期都主动参加学习。通过业余党校的学习,学生提高了对党的认识,增强了对党的感情,提高了对中国特色社会主义理论的认识,坚定了共产主义理想信念,踊跃地向党组织递交入党申请书,以实际行为向党组织靠拢。近三年,学校发展了19名学生共产党员。

3.坚持丰富多彩的教育活动。对学生的思想教育,我们注意避免空洞地说教,开展丰富多彩的教育活动。如:组织学生观看爱国主义和革命传统教育影视作品;参观爱国主义、法制教育基地;举行"18岁成人宣誓仪式";开展"学雷锋、树新风"教育周活动;为"希望工程"和抗洪救灾地区捐款。我们每年邀请已经毕业、升入名牌大学的优秀学生给母校写公开信,谈学习方法、成长经历、人生价值追

求,还请著名生物学家,两次获诺贝尔生物学奖提名的校友刘次全教授到校为师生做报告。通过丰富的教育活动,思想教育工作做到了"课堂内与课堂外相结合,校园内与校园外相结合",充实了教育的内容,增强了德育的实效性。

三、突出抓好校风建设,营造良好育人环境

校风建设是学校德育工作的重要内容,良好的校风是提高办学质量的重要保证,也是一所好学校的标志。近年来,学校在抓学生思想政治工作中,以思想教育为核心,以校风建设为重点,努力营造良好的育人环境,促进办学质量进一步提高。在工作中我们把抓好校风建设与"三优一学"活动结合起来,与"三让一树"教育实践活动结合起来,与学校的建设和发展结合起来,有力地推动了学校德育工作,促进了学校的全面发展。

1.加强班风建设。班级是学校管理最基础的单位,也是教学工作的前沿阵地,抓好班风建设是搞好校风建设的前提。在班风建设方面,学校要求各班级做好班干部的培养教育工作,强化对班委、团支部工作的指导。建立健全了《学生操行评分办法》《文明班级、优秀班级评选条例》《三好生、优干生、创三好积极分子评选条例》《余受之夫妇奖学金评选条例》《宜宾市一中违纪学生处分条例》等一系列规章制度。通过条例与制度的实施,使班风建设有章可循,增强了班风建设的可操作性,促进了校风建设。

2.加强校园建设。校园环境建设是搞好德育工作的重要条件,也是全面育人的基础,是潜在的教育课程,是学生心理健康发展的外部条件,它对学生成长有着潜移默化的影响。优美的校园环境,有利于学生优良品质和行为举止的养成,有利于陶冶学生的情操,提高学生的综合素质。多年来,学校致力于校园环境建设,努力创建优美、和谐、高雅、文明的校园环境。修建了学生食堂、学生公寓,建成了多功能的运动场、标准化的语音实验室、计算机室和图书阅览室。校园绿化、美化、净化、亮化都有了明显改善。与此同时,学校还增设了阅报栏、宣传栏和黑板报,利用校内广播、校园电视台、校报校刊,加强对时事政策、科技知识、学校大事、

好人好事的宣传。物质条件的改善,保障了德育工作的顺利开展,为宣传弘扬主旋律创造了必要的条件。

3.优化育人环境。学校领导班子十分重视营造和谐的育人环境,充分调动师生的主动性、积极性。几年来,学校领导班子认真学习新时期党的知识分子政策,通过实实在在的工作,把党对知识分子的关心和温暖送到教职工的心坎上。学校明确地提出了"三心换一心"的口号。即:领导班子对待教职工在政治上要诚心,在业务上要关心,在生活中要尽心,以此"三心"换来全校教职工办好一中的"同心"。学校积极为教职工办实事、办好事,大大地增强了一中教师群体的凝聚力,形成了和谐的育人环境。目前,学校政通人和,教师人心稳定,工作干劲足,教育教学质量一年上一个新台阶:自1998年以来,学生巩固率达到95%,毕业生合格率达到99.5%,从1995年起,高考上线人数每年以近百人的速度增长,2000年已达到534人。

总之,学校结合自身实际,坚持德育为先,在探索学校教育新路子,增强德育工作实效性方面做了一些工作,取得了一定的成绩。但是,成绩属于过去,离上级对我们的希望和要求还有一定的距离。在新世纪的征途上,我们有决心和信心把宜宾市一中建设得更加灿烂辉煌!

(此文系笔者2001年3月12日在宜宾市全市学校德育工作会上发言的主要内容。)

感动

眼看着创建国家级示范性普通高中(简称"创示")倒计时牌上的数字一天天减少,心中的沉重感越来越强;随着检查评估时间的日益临近,心中的恐慌感愈来愈明显。

"创示"进程中,老师们的爱校热情得到充分的体现,学校为了实现"创示"目标而推出的各项改革措施也逐渐得到了大家的理解和认同。全校教职工都积极投身到"创示"活动当中。

人人都做课改探索者。在课堂教学改革方案的出台和稳步推进中,笔者感受到了每一位普通老师、备课组长、教研组长、中层干部、校级领导都在尽自己的努力提高自己、充实自己、完善自己。在实践改革方案的过程中,大学又在不断地给学校提出合理的意见和建议,不断地丰富和完善学校的课堂教学改革方案,使课堂教学改革不断深入。最令人感动的是,学校里年长的老师们,他们教学经验丰富,与年轻的老师们一道按照学校的要求不折不扣地执行着改革方案,共同实践着、探索着、进取着,没有太多的怨言,也没有太多的不屑,表现出更多的是理解、爱护和积极参与。

人人都做体制改革者。班主任月考核方案、教研组长月考核方案、备课组长月考核方案的出台,标志着学校向精细化管理迈出了坚实的一步,其实施也得到了班主任、教研组长、备课组长的信任和支持。循环滚动的课堂教学改革实践课让大家感到压力巨大,肩负最基层的德育工作的班主任们尤其要承受更具体、更繁杂的常规教育工作,从最基本的言行举止到更高级的思想引导,无不体现着班主任们对学生的关爱、对学校工作的负责;肩负着领导最基层的教学工作任务的备课组长们,除了完成本身的教学工作外,还需要对本备课组的全体同仁进行悉心地指导和进行教学研究,负责本学科教学质量的提高,体现了备课组长们对教学质量的清醒认识和对学生的高度负责任;肩负着领导学科教学研究工作任务的教研组长们,正在为更多的老师能够成为"研究型"或"学者型"教师忙碌着,鼓励大家寻找研究课题、学习研究方法，并带领大家进行研究，让大家在进行研究的过程中提升职业的素质，这种默默奉献的精神让人感动。在"名师工程"和"新星工程"的实施过程中，一中老师高尚的精神追求、积极参与的热情，给学校的发展增添了无限希望和动力；对两个"工程"方案提出良好建议，参照方案落实自己的工作，无不让人感到我们老师的执着追求和进取精神。这是一中的一笔巨大财富，无论"创示"成功与否，毕竟大家正在向"师德高尚、学识渊博、教艺精湛、团结协作"方向追求、奋斗，这种积极进取的工作态度让人感动。

　　人人都做德育工作者。德育工作大会召开之前、之后，更多的教职工真正参与到了德育工作者的行列。大家愿意弯下腰拾起了散落在地上的废弃物，大家愿意用普通话教学，主动检查自己的胸牌是否已经佩戴，不再仅关注自己教学班的学生，愿意关心更多的学生……校园的环境开始变得更加清洁，校园的秩序开始变得更加井然，校园的"生日歌"开始变得更加嘹亮，"老师好""你好"开始变得更加自然而亲切……

　　老师们、职工们为学校"创示"所做出的努力已经让人感动，3月12日晚上的9：20左右的经历让人更感动。笔者在巡查校园的时候，取下了挂在24号教师宿舍门前的铁栏杆上的一个空塑料袋，沿路巡查到篮球场，场中散落着一些纸飞机和碎纸片，笔者弯腰开始捡，一只，一片……就在这时，从场边厕所里出来一位男同学，俯身拾起一只纸飞机放入塑料袋中，一只又一只，一片又一片，笔者感动了，不停地说着"谢谢""谢谢"，我们不停地拾，直到我们将篮球场上的废弃物拾完。当笔者满怀感动地看着他离去之后，才想到没有问他的姓名（估计是大校门口某一个班的学生），笔者被深深地感动了。突然，一阵惊喜涌上心头。这不正是学校所倡导的"三动（心动、行动、互动）"行动中的"行动"和"互动"吗？感谢这位同学的"行动"，笔者更喜欢这种"互动"的感觉，而笔者也深信，这位同学也喜欢这种感觉。

　　如果说老师、职工的行为让人感动是正常的，那么，这位不知名的同学的行为让人的感动有些异常了，因为学校太需要这种感动了！

　　我们已经被老师感动，也已经被职工感动，但更希望被同学们感动！

　　（此文系笔者2003年3月17日在宜宾市一中升旗仪式上讲话的主要内容。）

其实并不难

开展"创示"工作已经有一些时日了,眼看着"创示"测评的日子一天天临近,心中的沉重感越来越强。看到周围的一些景象,总觉得有一些话想给大家说。

在第三期的《宜宾一中报》上,有笔者的一篇文章叫作《渴望"老师好"》。为什么要写这篇文章呢?因为笔者觉得在我们校园里太缺乏亲情,太缺乏人文气息。在老师为学生教授知识、奉献爱心之后,却连一句最基本的问候都得不到,这算不算老师的悲哀呢?在文章中,给了所有同学一个明显的信号,那就是:老师是很容易满足的,仅仅是一声"老师好"就够他们欢喜一辈子了。尽管老师已经开始体验被问候"老师好"的感觉,但是很多同学还很羞涩,还没有启齿,还没有开口响亮地叫一声"老师好",所以希望同学们,张开你甜蜜的嘴,用你充满真诚的心,勇敢地自豪地大胆地呼喊一声:"老师好!"

在第五期的《宜宾一中报》上,有一篇叫作《感动》的文章,希望大家能够认真地看看,在一中开展"净化校园"行动之后,学校的生活环境确实更加清洁了,但是还不能满足学校的目标要求,在道路上、在垃圾桶旁边、在花园里还有被乱扔的废弃物,尽管保洁的老师在不断地打扫,尽管我们在不断地捡起垃圾,但整个校园仍然显得脏兮兮的,看到这些,就让笔者产生揪心般疼痛。看到这些,你们会不会产生这样的认识:这不应该是我们的校园,这也不应该是我们学习、生活的地方。由此可以说,我们并没有成为校园环境的真正的保洁者,相反,我们中部分人正在有意或无意地成为环境卫生的破坏者。其实,将我们用过的废纸巾扔进垃圾桶、将我们手中的果皮扔进垃圾桶、将我们手中的包装袋扔进垃圾桶并不会耽误我们太多的时间,同样将散落在道路上的、垃圾桶旁边的、花园中的废弃物拾起来放入垃圾桶,也不会让我们没面子。之所以有《感动》这篇文章的产生,是因为一位同学的行为让笔者感到我们一中的学生其实是很棒的,是完全可以成为文明人的。3月12日晚上9:20左右,笔者在巡查校园的时候,取下了挂在24号教师宿舍的门前铁栏杆上的一个空塑料袋,沿路巡查到篮球场,场中散落着一些纸飞机和碎纸片,笔者弯腰开始拾起,一只,一片……就在这时,从场边厕所里出来一位男同学,俯身拾起一只纸飞机放入塑料袋中,一只又一只,一片又一片,笔者感动了,不停地说着"谢谢""谢谢",我们不停地拾,直到将篮球场上的废弃物拾完。当时,笔者被感动得一塌糊涂,竟然没有问这位同学的姓名。由此,笔者感觉到我们的每一个同学都可以像他一样,做一个环境卫生的保护者。

其实,做一个合格的一中学生并不难。碰到老师问候一声"老师好",这是文明的表现;不乱扔废弃物,或者拾起废弃物,这也是文明的表现。当然,作为一中的学生,还应该做得更好,可以在升国旗仪式上展示我们的气质,可以在做广播操的时候体现我们的精神,可以在学习的时候表现我们的执着。

另外,还要感谢大家对学校的信任,在最近一段时间,不断有同学打电话反映学校存在的问题,给学校提建议、出良策,这充分体现了大家对学校工作的支持,也体现出大家对一中的热爱。在此,学校对大家表示感谢。希望大家继续关心学校发展,并参与到学校的建设中来。为了认真倾听大家的意见,我们设置了校长信箱,请大家提出良好的建议和中肯的意见,为把一中建设得更加美好做出最大的努力。

(此文系笔者2003年3月31日在宜宾市一中升旗仪式上讲话的主要内容。)

让虚伪变得真实

看了一位同学的文章《哪怕只要你虚伪的一句话》之后,产生了共鸣,文中所述的一些现象,在我们的校园里、在我们的身边的确存在,让人产生了一些不愉悦感,幸好那并不是普遍现象,这才让人又感觉到一丝慰藉。

的确,一中的部分人有一些刻薄、有一些自私、有一些冷淡,也有一些傲慢甚至是虚荣和虚伪。刻薄者让我们感到语言的尖酸,如背有芒刺;自私者让我们感到言行的唯我,行事以我为圆心,以己为半径;冷淡者让我们感到寒意,如身坠冰窟,难觉暖意;傲慢者让我们感到千里的距离,如缥缈的圣人,难于接近;虚荣者让我们感到炫耀的可悲,如山间竹笋,嘴尖腹空;虚伪者让我们感到难言的恶心,如腐物当头,翻肠倒肚。这些与我们所倡导的人文关怀是格格不入的。

当然,人的这些弱点并不是与生俱来的。任何人肉胎凡身降临这个世界的时候,是纯真无邪的,是一张白纸,但是由于出生以后的成长环境不同,受到的教育和熏陶不同,人才变得千姿百态起来,于是有了刻薄、自私、冷淡、傲慢、虚荣和虚伪等缺点。事实上,刻薄者没有宽容仍然希望自己被他人理解,自私者不会慷慨仍然希望自己得到他人的大方,冷淡者没有温暖仍然希望得到他人的温情,傲慢者没有傲骨仍然希望得到他人的尊重,虚荣者没有底气仍然希望得到他人的崇敬,虚伪者没有真实仍然希望得到他人的真诚,只不过自己的所作所为恰好是与希望背道而驰罢了。

客观地说,一中人身上可能存在这样或那样的问题,与我们所希望的一中人的性格和气质有差距,但是,绝大多数一中人是宽容的、温暖的、体面的、真诚的和真实的。只要我们用善意的眼光观察,就会发现其实在我们的身边,仍然有很多感人的人与事。我们在渴求宽容、渴求温暖、渴求体面、渴求真诚和渴求真实的时候,是不是应该首先反思,自己对同学、朋友、老师做了些什么呢?我们为什么不可以从我做起、从现在做起呢?当然,也许一开始的热情、宽容、问候和关心是不自然的，但是当我们习惯了这种热情、宽容、问候和关心之后，都会逐渐地感到这当中的滋味和感觉越来越好。当我们不断地暗示自己努力做好某一件事情的时候，这件事情就会变得越来越自然、越来越真切，最终这件事情就会变成自己的需要和要求，从而使得这种行为成为自己人生的一个部分，并真真实实、真真诚诚地体现在我们的行为之中。

所以，让虚伪变得真实起来，应该有两种方法：一是睁开我们的双眼，改变我们的视角，让更多的真实进入我们的视野；二是从自己做起，通过自己的真实行动使所有一切真实起来。

虚伪可以变得真实！

（此文系笔者2003年5月26日在宜宾市一中升旗仪式上讲话的主要内容。）

十八岁　我为祖国成长

今天,在这里举行成人宣誓仪式,参加这个仪式,本身就意味着你们已经长大成人!

朋友们:

十八岁,是一个充满朝气、激情澎湃的年龄;

十八岁,是一个拥抱理想、瞭望世界的年龄;

十八岁,是一个拼搏奋斗、努力进取的年龄;

十八岁,是一个敢于负责、勇担重任的年龄。

十八岁,意味着你们逐渐告别幼稚走向成熟,同时,更意味着你们应该对自己负起责任、对家人负起责任、对师长负起责任、对集体负起责任、对社会负起责任、对民族负起责任和对国家负起责任,各位朋友,你们做好承担这些责任的准备了吗?

朋友们,为了实现自我发展和完善,为了肩负起你们作为成年人应该肩负的责任和使命,你们必须学会求知、学会做事、学会共处、学会做人。为此,亲爱的朋友,你是否经常作自我反思?明白今天学习的意义吗?你在不断努力地学习吗?课堂上你认真努力地听老师讲课了吗?按时交作业了吗?你今天有没有说脏话?有没有撒谎?有没有乱扔废弃物?你有浪费的习惯吗?你有盲目攀比的心态吗?你考虑过自己的家庭条件吗?你有不尊敬长辈、老师的言行吗?父母和老师对你的希望是什么?你如何回报他们对你的付出呢?你自己的事都自己做了吗?你周围的人有困难需要你帮助吗?你有自私自利的不良心态吗?你能以平常心态关心别人、理解别人吗?你能够遵纪守法吗?你有社会公德心吗?对于这些问题,大家可曾问过自己,并努力做到向更好的方面发展呢?

同学们,老师们已经看到,你们自从跨进一中,成为一中学生开始,一直在"承公之胸怀,炼勇之精神,修诚之品质,扬朴之美德",你们已经在用实际行动诠释着

"公、勇、诚、朴"的一中精神的深刻内涵。你们的学习水平在不断提高,知识结构在趋向完善,道德修养在与日升华,并在今天实现着人生发展道路上的重要跨越。虽然在学习生活中出现许多问题或不足,等待着大家去努力纠正,但这是人在成长过程中必然会面对的问题。因此,老师和家长们有足够的理由相信,跨入成年门槛的你们,未来的路将越走越宽阔,国家和民族的明天一定会因为你们的健康成长而更加美好!

最后,预祝大家成为一个真正有责任感和使命感的现代人!

(此文系笔者2005年5月9日在宜宾市一中学生成人仪式上讲话的主要内容。)

决战高考　接受挑选

今天的升旗仪式,对于老师们和06届、07届的同学来说,只不过是一次平常的升旗仪式,但对于05届的同学来说,就是高中生涯中的最后一次升旗仪式了。因为从下周开始,05届的同学将进入全天自学阶段,将不再参加学校正常的升旗仪式;而15天之后,05届的同学就要参加高考,展现自己的才能,成就自己的梦想。此时此刻,不知道05届的同学是一种什么样的心境,也许是对迎接高考的激动,对未来的渴望;也许是对过去的追悔,对光阴的憎恶……总之,这种感觉应该是莫名的、无言的、复杂的,但更应该是积极的、阳光的、幸福的。因为,你们即将顺利走完令人难忘的高中三年的时光,意味着你们即将跨入大学校门进一步深造、跨入社会为国家民族贡献才能。

各位05届的同学,在你们的艰苦不懈的努力下,在全校老师,特别是高三老师的悉心引导下,在家人和亲朋好友无微不至的关心和鼓励下,你们的身心更加健康了,学习能力更强了,知识结构更加合理了,协作意识更强了,进取精神更加强烈了……之所以能够肯定大家,原因在于在历次大考中,大家都经受住了考验,都考出了比其他兄弟学校更加优异的成绩,证明了大家的优秀。每次全市统考,进入"一本""二本""三本"线各段人数均大大超过另外两所国家级示范性学校,特别是进入"一本"线和全市前10名的人数,学校均大大超过另外两所国家级示范性学校的总和。这样优秀的成绩,既为学校争得了荣誉,更证明了大家的实力。

各位05届的同学,由于进入高中时你们的基础不同,在高中学习过程中投入的时间和精力也有差异,以及家庭等对你们学习的影响不同,三年高中学习之后,你们的发展状况呈现出了一定的差异性,体现在高考中也必然会出现一定的差异性。这种差异性,在各行各业、在人生的每一个时段,都是存在的。也许有的同学目前的学习状况很好,也许有的同学目前的学习状况不太好,但这些都不应该成为你们积极或消极的理由。如果你们的努力还不够,那就应该在未来的两周、在未来的日子里努力拼搏；如果你们已经尽力了，那就没有什么值得内疚的。高考的差异并不意味着人生未来的差异，因为高考毕竟不是你们的全部，它仅仅是你们人生中的一次可贵的体验而已。然而，高考既然是你们不得不经历的一场体验，你们就应该以积极的姿态迎接。无论你们获得怎么样的成绩，都应该直面人生、直面未来。

目前学习状况不是特别理想的同学，现在也许你们在学习上感到了巨大的压力，甚至偶尔会产生放弃的念头。我想说的是，请不要放弃，虽然高考的压力让你们感到压抑，但是你们不应该有"放弃"的想法，老师和同学以及你们的亲人都是你们艰难跋涉的见证人。你们曾经的每一个前进的脚步，都凝聚着你们的辛勤劳动和对未来美好人生的憧憬，曾经的一点一滴付出，都代表着你们坚韧不拔的毅力和对成功的渴望。现在你们的坚持付出，将会为自己今后的发展搭建更高的平台。我们清楚地知道，也衷心地希望，你们会在坦然的微笑中，以强烈的进取心和惊人的耐力勇敢地面对未来15天的挑战，继续有针对性地加强复习，以最佳的状态体验人生中的一次考验。在此，让大家以热烈的掌声来表达对你们的敬意，祝你们取得属于你们的最大成功！

目前学习状况较好的同学，你们通过近三年的艰苦努力，已经较好地掌握了基础的知识和技能，为迎接即将到来的高考奠定了比较坚实的基础。当前，你们需要继续保持平和的心态，不要给自己施加压力，不要过分追求太难太深的知识，要敢于放弃"偏、难、怪"题，安排好作息时间，调整好生物钟。只要大家坚持住这剩下的15天时间，属于你们的胜利一定会到来。在此，让大家以充满美好祝愿的掌声表达对你们的信任和期待！

老师们，高一、高二的同学们，高三的同学已经用他们的辛勤劳动和聪明智慧给学校的发展注入了强劲的活力，同时也为高一、高二的学弟学妹做出了榜样。在15天之后，他们将在高考考场上尽情展示他们的才华，以满意的答卷书写人生中美丽的华章。在此，请大家再次用最热烈的掌声将最美好的祝福送给高三的同学们，祝他们在高考中获得最大的成功！

（此文系笔者2005年5月23日在宜宾市一中升旗仪式上讲话的主要内容。）

冲刺高三　不负韶华

今天的升旗仪式,对于全体老师和07届的同学来说,只不过是一次平常的升旗仪式,但对于06届的同学来说,却是具有极其重大意义的一次升旗仪式。因为,从今天开始,06届的同学事实上已经进入了高三学习阶段。在新的学习阶段,需要新的角色意识;在更高的学习阶段,需要更积极的学习态度;面对更繁重的学习任务,需要更符合自己学习特点的学习计划和学习方法。

各位06届的同学,你们是否已经清醒地意识到,还有360天,你们将进入高考的考场,接受国家的挑选,成就自己的梦想。如果扣除相应的假期和各种各样正常的干扰,大家将只有200多天的学习时间,大家有没有认真地反思过自己在过去两年高中阶段学习和生活上的得失,并且为自己拟订了高三阶段的学习和发展计划呢?

各位06届的同学,由于你们进入高中之前的学习基础不同,进入高中后在学习过程中投入的时间和精力有差异,以及在学习过程中来自家庭的支持力度不同,在经过两年高中学习生活后,同学们取得进步的程度也有所不同。面对高三繁重的学习任务,为了进一步提高学习水平,从而以优异的学习成绩面对高考的激烈竞争,成功地实现人生中重要的过渡,你们必须冷静地对自己的过去、现在和未来做最充分的分析和评估,反思学习生活上的得失,分析自己学习的优势和不足。

各位06届的同学,过去两年,通过你们的刻苦勤奋,凭借你们的聪明智慧,你们较好地完成了高一、高二的学习任务,取得了良好的学习成绩,年级的整体竞争实力得到大幅度提高,个体进步明显,已经为高三阶段的学习奠定了坚实的基础。因此,老师们有充分的理由相信,你们在高三阶段无论在学习还是在生活上都会取得更多的成果和更大的进步!同时,大家也清楚地看到,在06届同学的学习生活中,或多或少地存在着这样或那样的问题。06届的同学,你们可以问自己下面这些问题。每天来学校读书的动力仅仅是因为父母亲的要求吗？过去两年上学经常迟到吗？在课堂上经常睡觉吗？老师要求的作业有敷衍的现象吗？每次考试前都尽了最大努力复习准备吗？考试时有作弊的行为吗？考试过后都自觉地做试卷分析并及时弥补知识上的缺陷吗？有把当天的问题遗留到明天再来解决的吗？学习成绩不够理想，有奋起直追的想法和行动吗？玩电脑游戏挤占了正常学习时间吗？每天都按要求佩戴校牌了吗？有翻越栏杆、随地吐痰的行为吗？有不听从老师教育的坏脾气吗？有随意辱骂同学、满口脏话的情况吗？……

各位06届的同学，为了能够顺利地完成高三阶段艰巨的学习任务，我们非常有必要随时针对这些问题来做自我反思，只有通过认真审视自我，才会不断进步！在此，学校郑重地向06届的同学提出要求，从今开始，要继续经常性查找自己学习生活中的不足，扬长避短，从小事做起，从自我做起，严格要求自己，严格遵守学校的纪律，在生活上谦恭礼让，学会尊重和宽容，懂得团结协作，从而使自己具有健全的人格；在学习上虚心好学，学会知识和方法，掌握自学能力，从而使自己具有终身学习的能力。最终以健康的身心、扎实的知识功底、优异的学习成绩迎接高考的挑战！

各位06届的同学，胜利的希望总是催人奋进，激烈战斗的号角已经吹响。面对学习上的各种困难，只要我们把智慧和毅力当作炸弹砸向困难，把书本和笔墨当作枪炮轰炸困难，我们一定会迎来胜利！预祝你们获得圆满成功！

（此文系笔者2005年6月13日在宜宾市一中2006届学生冲刺高考仪式上讲话的主要内容。）

新年新希望　　每天新形象

今天的升旗仪式,是2007年的第一次。大家在寒冬里精神抖擞地参加新一年的第一次升旗仪式,使人精神振奋。过去一年,大家为了学校的建设发展做出了艰苦卓绝的努力,值此,学校党总支、校行政表示最衷心的感谢!同时,真诚地祝愿每一位老师、每一位同学新年快乐,工作顺利,学习进步!

在新的一年开始的时候,要对我们的老师,特别是对我们的同学说上几句心里话。一中的老师,为了学校的发展,为了学校的荣誉,更为了让每一个学生获得最大进步付出了很多,他们作为父母、作为子女、作为丈夫或者妻子没有尽好职责。每一天,在教室里,老师忘却了生活的艰辛,面对求知若渴的学生,激情飞扬,满腔热忱;在公寓里,老师放弃了家庭的温馨,面对远道求学的莘莘学子,嘘寒问暖,关怀备至;在办公室里,老师抛开了付出与收获的计较,面对堆积如山的作业,认真批阅。就算是回到家里,我们的老师也要挤占休息的时间,反思工作得失,努力探寻教导同学们的最佳办法。各位同学,正是我们的老师用平凡的言行,造就大家的进步,创造了学校的成功。正是因为有老师辛劳付出,学校才成功地战胜了各种挑战,在各方面获得进一步的发展,取得了辉煌的办学业绩:十年来,学校高考上重点线人数全市第一,高考获文理科状元人数全市第一,被评为四川省优秀学生人数全市第一,学生出国留学人数全市第一,学生考上艺体院校人数全市第一,学校获得市级以上表彰的次数全市第一,学校在国家级示范性普通高中学校排名全市第一……各位同学,正是站在你们身边的有时候被你们气得话都说不出来的老师,或者有时候被你们认为不懂时尚不懂生活的老师,或者有时候因为你违反纪律而苦口婆心教育你的老师,或者有时候被你们认为态度不好、好像不喜欢你们的老师,无私付出时间、付出心血、付出健康,引领着大家克服一个又一个的困难,取得一个又一个的进步;正是这些你们认为有这样或那样缺点和不足的老师,用脊梁撑起一中的旗帜,使大家走进大学的殿堂,使大家不断地得到发展！各位同学，请大家仔细想想，你们该用什么样的方式对待他们？是感激还是抱怨？

  各位同学，你们的老师不是不知道你们的辛苦，但是，所有的成功案例无一不充分地证明，不付出艰辛的劳动就不可能有满意的收获，所以，努力学习就成了你们不得不面对的生活，作为高中学生的你没有别的选择。所以你就没有理由责怪纪律的严厉、没有理由指责老师的高要求、没有理由漫骂学校的管理。在学校、老师的管理和严格要求下，你难道没有感觉到你的进步？经过一学期、三学期、五学期的学习，你不觉得你已经掌握了更多的知识吗？你不觉得你更会与同学相处了吗？你不觉得你更能控制自己的情绪了吗？你不觉得你的独立生活能力更强了吗？各位同学，请不要否认你的进步，请不要否认你的成绩，更不要因为考试成绩不好就自暴自弃。因为老师已经清楚地看到，你们的学习能力真的提高了，你们的言行举止真的变样了，你们的知识水平真的更高了。这些成就的取得，既是大家辛苦努力的结果，也是老师们无私奉献的结果。所以，各位同学，请大家把欣赏的目光投向你们自己，说一声："我自信，我成功！"

  新年岁首，是一个美好的开始。个人的进步就是学校的进步，个人的成功就是学校的成功。各位老师、各位同学，让我们每天都拥着艰苦、怀着自信、揣着希望，把所有的艰苦都看成必须，把所有的自信都充分展现，把所有的希望都化为行动吧，因为我们所有的付出都能得到更加丰厚的回报！

  让我们更加自信、更加成功吧！

（此文系笔者2007年1月4日在宜宾市一中升旗仪式上讲话的主要内容。）

我已经成人 我应该负责

十八岁,是人生旅程中非常重要的阶段,它不仅意味着希望,更意味着责任,意味着个人对家庭、对社会、对国家的责任!十八岁,是人的体力、智力、创造力逐渐进入高峰的时期;十八岁,也是立志"齐家、治国、平天下"的时候。古人云:少年心事当拿云。在人类发展的历史长河中,创造奇迹的青年比比皆是:伽利略十八岁发现钟摆原理;伽罗华十八岁构建了群论的数学分支;肖邦年轻的时候前往维也纳,推出了使整个音乐世界如痴如狂的专场音乐会;青年王勃写出了著名的《滕王阁序》;青年郭沫若发表了如号角惊天、似战鼓动地的诗篇——《女神》;李硕勋十八岁已经扛起反帝爱国的进步旗帜,掀起宜宾、四川乃至全国学生运动的热潮。面对这些人和事,在场的年轻朋友们,你们的心情不激动吗?热血不沸腾吗?

"成人",是一个普通的字眼,但它分明在及时地告诉你,你已经长大成人,不再是顽童,不再是孩子,不再需要太多的看管与叮嘱,不再需要太多的呵护与帮扶。你有了理智的头脑,有了健康的体魄,有了公民的权利,更有了公民的责任和义务。你要自信地昂首面对社会,你更要用心思索:今天该怎样求知,怎样做事,怎样与人共处,怎样做合格公民,怎样做优秀学生?成年人的深刻含义是责任、奉献、奋斗、关爱、包容和吃苦。十八个冬夏过去,你们在风雨中成长;十八个春秋过去,你们得到了父母许多关爱,又感受了老师许多谆谆教诲。十八岁后,不应再让父母操无谓之心;十八岁后,不应再以少年的标准要求自己。因为你们已经而且必须懂得公民的权利和义务,人生的责任和价值,祖国的尊严和荣辱。

年轻的朋友们,天下兴亡,我的责任。在纪念"五四运动"88周年和中国共青团成立85周年之际,在共建社会主义和谐社会这一美好愿景的感召下,作为成年人的你们,更应以主人翁的姿态关心社会,热爱祖国,遵守公德,服务他人,努力使自己成为一个对社会、对人民、对国家有用的人。

年轻的朋友们,十八岁是憧憬美好未来的年华,是人生发展的黄金时期,现在,你们在读高二或高三,一中是你们从现实通向理想未来的桥梁。万丈高楼平地起,走向理想的征程,需要你们努力付出,你们要像早上八九点钟的太阳,以只争朝夕的精神,用如火如荼的青春,书写你们壮丽的人生。家长支持你们,一中支持你们,社会支持你们!

年轻的朋友们,在一中长达500多年的办学历程中,你们只是浪花一朵,但正是像你们一样无数的浪花,汇集成一层层巨浪,推动了一中这艘育人的航船不断前进。所以,今天,你们以一中为荣;明天,一中以你们为荣。同学们,请记住你们的青春誓言,在"公、勇、诚、朴"的一中精神引领下,在老师、家长、社会关切的目光中激扬青春、追求崇高、放飞理想!用你们的青春、汗水、智慧和力量谱写出无愧于时代的壮丽篇章!

(此文系笔者2007年5月14日在宜宾市一中升旗仪式上讲话的主要内容。)

责任　我们的脊梁

　　责任，是无数饱学之士终身恪守的行为准则。它太简单,简单得连咿呀学语的孩童都能叫出它的名字。它又太复杂,复杂得连精明能干的成年人也难以完全理解它的价值和真谛！有了它,才有了"天下兴亡,匹夫有责"的承诺。《现代汉语词典》是这么定义"责任"的：①分内应做的事；②没有做好分内应做的事,因而应当承担的过失。责任不是凭空产生的,既然是"分内应做的事",那么,就要求责任人具有完成"分内事"的力量,也就是"行动"。行动是"责任"的表现形式,责任是行动的动力,责任是一个人的精神、意志、品格的集中体现。因为责任,胸怀君主期望和国家利益的壮士在"风萧萧兮易水寒"中"一去不复返"；因为责任,诸葛亮辅佐幼主鞠躬尽瘁,死而后已；同样是因为责任,嘉兴南湖的微波最终汇集成滔天巨浪,井冈山头的星火最终燃烧成熊熊烈火,进而席卷了整个神州大地,一个年轻的政党带领人民群众走上了新征程……

　　《把信送给加西亚》,写的是美国和西班牙战争期间发生的故事。当时的美国总统迫切希望与古巴的起义军首领加西亚将军取得联系,了解西班牙军队的情况,为古巴军队提供帮助并联合作战,以取得战争的胜利。可是当时加西亚将军在古巴广阔的山脉里作战,没有人确切地知道他在哪里,也没有任何其他通信方法可以联系到他,于是美国总统命令罗文中尉把信送给加西亚。罗文中尉没有问任何问题,把信藏在胸口就出发了。他经过4天的船程到达古巴,再经过3个星期的徒步,历经千难万苦,冒着生命危险,终于把信送给加西亚将军。然后,罗文中尉又历经千险回到美国,将加西亚将军的情报报告给他们的总统,为美国最后取得战争胜利做出了重要贡献。这个故事,为我们塑造了一种精神：忠于上级的安排,迅速地采取行动,全力以赴地完成任务。这样的事例不胜枚举。责任心不是空泛的口号,而应是实实在在的行动——不管面对什么条件,都要想方设法把自己该做的工作做好。近几年,由于学校发展迅速,教育教学管理服务工作任务相当繁重,面对工作中的种种压力,我们始终保持奋发有为的精神状态,忠实履行岗位职责,扎实工作。我们应该明白,热爱教育事业,热爱学校,具有高度的责任感,在工作中发挥最大主动性,不仅可以使我们在各方面都取得进步,而且我们的人生价值也将得到更好的体现。我们的责任是光荣的,也是艰巨的。我们不能满足于宜宾高中之林中自立,而要木秀于长林;我们不能满足于一中先贤留给我们丰厚的革命和文化传统,而要把它发扬光大,办好未来一中的教育。

　　责任是使命,责任是目标。把责任放在心中,从点点滴滴做起;把责任放在心中,从诚信敬业做起;把责任放在心中,从不讲任何借口做起!这样,责任心就会加强,随之而来的就是更大的收益。人总是要有一点精神的。如果我们每一个人都能做一个顽强的人、一个无私的人、一个正直的人、一个有责任心的人,那么,我们的人生就会像鹰隼展翼,青春试芒;我们的事业就会像红日初升,其道大光;我们的一中就会有潜龙腾渊,鳞爪飞扬的未来。

　　(此文系笔者2008年1月28日在宜宾市一中升旗仪式上讲话的主要内容。)

一中兴亡　我的责任

　　大家都应该知道,"天下兴亡,匹夫有责"这句古语。而这里要表达的是"天下兴亡,我的责任"。孟子告诉我们"以天下兴亡为己任"。

　　"一中兴亡,我的责任",唯有抱定这个思想,一中才有希望。一中每个老师如果都能说:一中效益不好,是我的责任;学生纪律不好,是我的责任;学校卫生不好,是我的责任……人人都能主动负责,一中怎么可能不兴盛。所以说,每个老师都应该把责任揽到自己身上来,而不应推出去。如果办公室很脏,不应该问"怎么回事?"而是认为:"这是我的责任。"然后马上打扫。路灯坏了、窗户玻璃坏了,老师看见了,主动给总务处说一声,总务处马上安排人安上……这样才达到一中是每个人的一中,不把责任推出去,而是把责任揽过来的良好状态。也许有些人说这是多管闲事,大家要知道,一中没有闲事,都是正事,众人拾柴火焰高,这个道理要牢牢记在心里,这应该是我们每个一中老师做人做事永远不变的指南!

　　一中全体老师要树立"一中兴亡,我的责任"的思想。一中出现的大小事情,就应该是大家的事情。试想,这么大的一个一中,你认真负责,他也认真负责,学校就肯定能够兴旺!一中人应该有良好的团队思想。大家应该都知道狼的精神——在非洲草原上雄狮是百兽之王,谁也不敢与它们敌对,但它们却惧狼三分,为什么?狼一旦见到敌人就仰首嗥叫,周围的狼只要听到自己同伴在呼唤,即迅速地聚集到一起,成群地与劲敌搏斗。如果校园里垃圾满地,而你对此漠不关心,并认为:"那不是我的事,那是体卫艺处的事。"这是错误的。事情不可能绝对分成是那个部门的,都是一中的事。粉笔不捡,开关不关,乱浪费,事不关己,高高挂起,总是觉得:"反正是一中的,不是我自己的!"这样的思想也要不得。大家千万不能这样想,如果每人每天为一中省一点,一年省下来就是一个可观的数。爱一中有两种,一种是积极的爱,一种是消极的爱。积极的爱是为一中创造财富、创造效益、创造荣誉。消极的爱是天天喊口号"爱一中",对一中的事睁一只眼闭一只眼,甚至损耗财富、诋毁声誉。一中的老师都不想把一中做好，怎么能期望政府、家长、学生把学校做好做大呢？所以大家要从自我做起，积极践行"一中兴亡，我的责任"。

另一点，一中的老师要有"勿以善小而不为，勿以恶小而为之"的敬业观念。集小恶则成大恶，集小善则为大善。培养良好的道德，要上尊下爱、团结同事，从很小很小的事做起。良好的道德是慢慢养成的。走廊里有很多废纸，如果我们都想："又不是我扔的，等清洁工来捡，这可是清洁工的工作呢！"这种思想是错误的。老师们，捡起自己脚下的废纸，这就是热爱一中的表现。细节决定成败，有两个关于渍纸的故事值得学习。

福特是一个美国人，他大学毕业后，去一家汽车公司应聘。和他同时应聘的三四个人都比他学历高，当前面几个人面试之后，他觉得自己没有什么希望了。但既来之，则安之。他敲门走进了董事长办公室，进门后他发现地上有一张纸，弯腰捡了起来，发现是一张渍纸，便顺手把它扔进了废纸篓里。然后才走到董事长的办公桌前，说："我是来应聘的福特。"董事长说："很好，很好！福特先生，你已被我们录用了。"福特惊讶地说："董事长，我觉得前几位都比我好，你怎么把我录用了？"董事长说："福特先生，前面三位的确学历比你高，且仪表堂堂，但是他们眼睛只能'看见'大事，而看不见小事。你的眼睛能看见小事，我认为能看见小事的人，将来自然能看到大事，一个只能'看见'大事的人，他会忽略很多小事。能看见小事的人注定能做好事情，所以，我才录用你。"福特就这样进了这个公司，这个公司不久就扬名天下，后来福特经过不断的努力成了这家公司的老总，他把这个公司改名为"福特"公司。当他成为美国的超级富豪时，他想到的不是如何将赚来的巨款挥霍享受或买个大官做，而是想到要让他的工人能买得起他公司生产的小轿车，每天上下班能坐自己生产的小轿车。福特也相应改变了整个美国国民经济状况，使美国汽车产业在世界占据鳌头。看见小事的人能看见大事，但只能"看见"大事的人，不一定能看见小事，这是很重要的教训。

1994年，当亚运会在日本广岛结束的时候，六万人的会场上竟没有一张废纸。就是因为没有一张废纸，使全世界为之惊讶。不同的故事，表达相同的意思，从小事做起。大家看有哪一次飞机失事是翅膀或者头掉下来的？都是一节油管不通，一个轮胎放不下来才失事的。一个人的死，哪一个是全身完全溃烂死掉的？都是肝坏了，或心脏有毛病等一个小器官不正常而导致死亡的！所以，老师们，我们要从现在开始，我们要有敬业观念。一中的成败兴衰取决于每个人，取决于我们怎样工作，我们怎样与自己的同事相处、怎样与学生相处。同时我们每个老师还要加强学习，不断提高自身素质，要不断地学，不断地想，不断地做，这样才能成为真正的优秀老师。

一中为大家提供了一个发挥才能的平台，我们可以和同事互相学习、互相提高，把我们的知识和能力奉献给学生，让他们比我们更有出息、更能干，更能为国家出力做贡献。

假若有一天我们去旅行，忽然间天气骤变，电闪雷鸣，狂风暴雨即将来临，大家使劲地向前跑，看见前面有个草棚，大家一下子冲了进去，一冲进去大雨就来了。此时，大家肯定好高兴，"哇，今天运气不错哟，刚刚找到草棚，大雨就来了。太幸运了！"大家也不顾虑草棚干不干净，有没有人住过，只要能避雨就很满足了。但如果这个草棚在风雨中摇摇欲坠，大家一定会想尽办法扶住它，不能让它倒塌，因为它可以为我们遮风挡雨。在这种状况下，我们思考一下：是我们需要草棚呢，还是草棚需要我们呢？

（此文系笔者2008年3月3日在宜宾市一中升旗仪式上讲话的主要内容。）

惜时如金　妄言放弃

2008年5月5日,宜宾市一中集会,为即将参加今年高考的全体同学加油!再过32天,高三的全体同学将带着父母和老师的殷切期望、带着坚定的信心和对成功的渴望,走进考场、迎接挑战。在此,学校对辛勤教导高三学生的老师们致以崇高的敬意! 对即将参加高考的全体同学,表示亲切的问候!

送同学,踏征程,五月校园满豪情。三年前你们带着对知识的渴望,怀揣着梦想,迈进了一中的校园。三年后你们带着父母的期望,带着老师的重托,将跨入人生的考场。十几年的潜心苦读,你们已经打下了扎实的基础,积蓄了振翅腾飞、鱼跃龙门的能量。十几年的孜孜追求,你们终于临近了向往已久的高考。那喜庆的高校录取通知书已近在咫尺,晴空大道凌绝顶,骏马高天我为峰! 人生中最辉煌的时刻即将到来! 同学们,相信自己,抛弃焦虑,轻装上阵吧,拼搏才能胜利;同学们,相信自己,沉着冷静,从容应对吧,梦想在你手中!

在最后的32天里,你们还有很多事情要做,在此,给高三的全体同学提三点建议,与大家共勉。

一、希望同学们惜时如金,珍惜时间

"天道酬勤",考场如战场,战场不相信眼泪,战场不接纳懦夫。高考就是一场激烈的战斗,胜利属于强者。若想成为强者须抓紧每一分每一秒苦练本领,做到课堂上认真听讲,认真完成作业,认真地对待考试。在仔细查找自己学科漏洞的基础上,合理分配复习时间,回归教材、回归基础,将基础问题一个不漏地解决。同时,调整好自己的心态和作息时间,以最好的状态迎接高考。

二、坚持到底，决不放弃

十年磨剑，今朝雄关跃马试青锋；一月冲刺，六月蟾宫折桂逞英豪。高三后期是检验毅力、恒心、耐力的时候，是检验手中之剑的时候。高三后期你也许会很烦恼，你也许会遇到许多困难，但这些都不是放弃的理由。今天多学到一点知识，明天就多一些机会，今天的放弃就意味着过去的所有努力将付诸东流。苏轼曾说："古之立大事者，不惟有超世之才，亦必有坚忍不拔之志。"须知"天下事有难易乎？为之，则难者亦易矣；不为，则易者亦难矣。"趁得青春年少时，会当击水三千里。愿大家挥洒青春，让六月的检验见证你们的坚持。请你们牢记今天的集会，胸中盟誓：坚持到底，决不放弃。

三、合理定位，认清形势

高三后期，同学们在努力学习的同时，还需要认真审视自己，只有知己方能平和。成绩的差异是必然存在的，每个同学必须正视差异，认同差异。成绩优异的同学应该瞄准北大、清华，成绩中等的同学就要瞄准理想的学校和专业，成绩就算不理想的同学也不能放弃，注意力应该放在各类高等职业技术学院上，从二诊成绩来看，全体高考生95%以上的都上了职业技术学院的分数线。大家应该知道，高等职业教育作为我国高等教育体系的一个重要组成部分，经过多年的发展，已取得了历史性的发展和跨越式的突破，从规模上占据了我国高等教育的半壁江山，现在国家更是高度重视职业技术学院的建设，因为它是培养高技术人才的关键阵地，也是中国提升制造能力和创造能力的关键阵地，所以给予了强大的政策支持。目前中国非常缺乏技术性人才，有关数据显示，全国数控机床操作人员缺60万人，汽车维修人员每年需求30万人，护理人员每年需求15万人。在就业竞争日渐激烈，普通高校就业困难的今天，可见其良好的就业前景。所以，希望同学们努力到最后，打好基础，迎接高考。

各位高三的同学，今天，我们为你们壮行；明天，我们为你们祝福；将来，我们为你们骄傲！愿你们用青春和智慧，在高考中为自己描画出一幅理想的蓝图，为父母感受永久的欣慰,为母校再创一次历史的辉煌。相信自己,超越极限,超越自己,你们将是第一!

　　高一和高二的同学们,更希望你们利用好比高三学长们更多的在校学习时间,鼓舞自己挥汗如雨,坚信自己拼搏必定能够赢得胜利、创造奇迹!

　　让我们激情呐喊:"我存在,我自信,我努力,我成功!"

　　(此文系笔者2008年5月5日在宜宾市一中升旗仪式上讲话的主要内容。)

内化誓词　外显素质　珍惜现在　成就未来

"我是优秀的一中学生,面对校旗,我庄严宣誓,我感激父母关爱,我谨遵老师教诲,我珍惜学习平台,我自信潜力无穷,我磨砺拼搏意志,我创造幸福人生!"这是一中学生的宣誓词,这是学校根据办学目标和培养方向,在对学生进行感恩教育、养成教育、信心教育的过程中,要求大家每天谨记的成长信条。在与学生相处的过程中,老师发现部分同学漠视父母的养育恩情,在家庭生活中处处以自己为中心,常常以代沟为借口,呼吁被理解,却不理解父母的言行,不体谅父母的艰辛;在学校学习生活中,不体会老师的关怀,不听从老师的教育,不接受老师的批评,与老师直接顶撞甚至出手殴打老师;对学校的学习和生活环境横加指责,以家庭生活的要求来要求集体生活,以零过错来要求学校的学习生活条件,以圣人的标准要求老师,却不注意规范自己的言行和提升自己的素养,不爱护公物环境,乱涂乱写;部分同学在学习中自卑心强,不相信自己的持续付出会有收获,对人生缺乏明确的目标,没有年轻人应有的朝气和自信;在遇到困难和挫折的时候悲观失望,不能积极面对困难,甚至混天度日,玩乐之心有过,刻苦努力不足,逆反心强;部分同学没有认真思考生活和生存的价值,总对现实不满,很少思考自己的不足,没有不断地完善自我、提升自我。

各位同学,大家都应该知道,再过两天,宜宾市委、市政府将在我们学校举行李硕勋、阳翰笙雕塑的揭幕仪式,并同时颁发李硕勋教育基金,你们作为李硕勋、阳翰笙的学弟学妹,究竟应该以什么样的心态来面对他们的先进事迹?他们在一中读书的时候,也不过是十多岁的孩子,在那个国难当头的年代,连一张平稳的书桌都没有,根本无法奢求明亮的教室、宽阔的运动场、足够的饭菜、安全的寝室,而就是在如此艰苦的条件下,他们一边努力学习,一边参加革命运动。仔细想想,如果他们不感恩父母,怎么可能选择兼善天下的道路?如果他们不尊重老师的教诲,又怎么可能走上革命的征程?如果他们不珍惜当时的学习条件努力学习,又怎么可能成为优秀的指挥员和文坛泰斗？如果他们不高度自信，又怎么可能愿意为自己的理想奋斗？如果他们不努力拼搏磨砺意志，又怎么可能在那种艰难的情况下仍然坚持斗争？如果他们没有高尚的人生价值追求，又怎么可能在今天还获得万人的景仰？

各位同学，你们生长在新时代，拥有良好的学习生活条件，还有什么理由不按照你们宣誓的誓词规范你们的行为呢？你们应当端正心态，严格要求自己，不推卸责任，不怨天尤人，在每一次宣誓的时候，在内心不断强化责任意识：孝敬父母，是我的责任；服从老师，是我的责任；爱护学校，是我的责任；相信自己，是我的责任；刻苦拼搏，是我的责任；幸福学习，是我的责任！在此，希望同学们微笑面对父母，真心向自己的父母请一个安；快乐对待老师，真诚地向老师问一声好；深情地爱护学校，自觉地为学校尽一份力；不断鼓舞自己，自豪地对自己的表现说一声行；坦然面对困难，勇敢地对困难骂一声滚；不断地充实人生，真情地为自己的人生喝一声彩！

请全体同学起立，并用心宣誓："我是优秀的一中学生，面对校旗，我庄严宣誓，我感激父母关爱，我谨遵老师教诲，我珍惜学习平台，我自信潜力无穷，我磨砺拼搏意志，我创造幸福人生！"

（此文系笔者2009年11月16日在宜宾市一中升旗仪式上讲话的主要内容。）

我的未来我做主

各位同学，你可知道，随着光阴的流逝，我们的过去又增加了一年，我们的未来又减少了一年！各位同学，在紧张充实的学习之余，大家是否冷静地思考过："我的未来谁做主？"谁做主？相信绝大部分同学都会回答："我做主！"这非常好，说明大家已经知道对自己的人生负责任了。那么，同学们明白这个"主"如何做吗？也许有的同学已经很清楚，也许有的同学还不明白，在此，给大家分享一些想法，希望对大家有所帮助。

一、要做好自己的主，首先需要完善品行

古人说，人需要一日三省。所以希望同学们时刻反省自己，完善自己的品行。其实我们不是认识不到自己的不足或缺点，如上课迟到、走神，不完成作业，休息时影响别人，走道内打闹嬉戏，在学习时间内玩手机，乘车、购物、就餐不排队，男女同学交往不当等，这些违反学校纪律甚至法律的事情大家都清楚不该做，可就是不愿意改正。从心理学的角度来说，这是"抵触心理"和"负面从众心理"在作怪。所以大家要给自己设置一个底线，看见别人的行为不当，就告诉自己"坚决不那样做"。这个底线可以保证我们尽量不去做不该做的事情。只要我们刻意反思自己的不当行为，有意学习良性行为，每月养成一个好习惯，改掉一个坏习惯，我们的行为很快就会文明起来。这些刻意付出获得的收获会进一步强化我们的文明行为，增加文明的成就感和信心，这样我们也就逐渐养成了良好品德。同学们愿意反思吗？愿意改进吗？学校希望大家积极行动起来，做文明的现代青年！

二、要做好自己的主，需要丰厚的知识积淀

学生的第一要务是什么？是努力学习还是安乐享受？学校是学生成才的沃土，绝不是休闲娱乐的场所。三年获得最大发展、三年考上理想大学是师生的共同愿望。要实现这一共同愿望，必须厘清影响成绩提高的几个因素。

1.智力因素。智商的高低很大程度上是天生的，研究表明，正常人的智商相差并不大，它可以影响学习成绩，但影响程度有限。而我们可以改变的、掌握的是影响成绩的非智力因素：责任意识、勤奋行为、学习方法等。

2.责任意识。我的未来我做主，这种责任意识是一种驱动力。巴顿将军说得好："做好自己不愿做的事情。"查尔斯王储也说："有很多事情我们都不喜欢做，但我们不但要做，而且要做好，这就叫作'责任'。"同学们，你们不能以自己的好恶对待学习，因为学习是你们的责任。大家要知道，在你们每天的学习、生活中，甚至在你们的一生中，值得你们"热爱"，能让你们"热爱"的事情太少了，所以，同学们，你们做自己应该做的事吧！

3.勤奋行为。它既是一种意识，也是一种行为，其包含三个层次的递进含义：一是勤奋，二是拼搏，三是挑战极限。那么各位同学，扪心自问，你达到了哪一个层次呢？中国体育界长期流传着一个由绝对不可能变成了可能的故事，身材矮小毫无天赋的邓亚萍本来是绝对不可能拿世界冠军的，结果不但拿了，而且还开创了"邓亚萍时代"，原因就是她比任何人都勤奋。所以没有勤奋、没有拼搏、没有挑战极限的意识和行为，怎么可能成就更好的自己！作为学生，要争做第一个去吃早餐的人，最后一个去吃晚餐的人。

三、要做好自己的主，必须具有坚强的意志

美国教育家戴尔·卡耐尔在调查了很多名人的经历后指出："一个人事业上成功的因素，其中学识和专业技术只占15%，而良好的心理素质要占85%。"坚强的意志是十分重要的精神支柱，也是行为的内在动力。面对残酷的现实，坚强的意志能让你看到美好的明天；面对坎坷的道路，坚强的意志能帮你顺利地走过困境。

坚强，意味着遇到艰难险阻时勇敢面对，勇于战胜困难，不放弃，不沮丧，不灰心。在学习上，如果缺少了坚强的意志，就会丧失对学习目标的追求；在生活上，如果缺少了坚强的意志，就会丧失对美好生活的追求。

　　所以，各位同学，即使目前的成绩不是很理想，即使目前的生活不是很愉快，但是，没有关系，因为你们有鲜活的生命，你们有足够的时间，只要你们不断地反思改进自己行为的不足，不断充满信心地勤奋拼搏，挑战极限，用坚强的意志应对所有学习生活中的困难，你们的未来一定会牢牢掌握在自己的手中！同学们，相信自己吧！

　　（此文系笔者2009年12月21日在宜宾市一中升旗仪式上讲话的主要内容。）

我存在　我自信　我努力　我成功

在每周的升旗仪式上,同学都会大声高呼:我存在,我自信,我努力,我成功!在学校发给大家的《成功从这里开始》读本里,这十二个字是作为誓词列入的,并给出了简单的诠释。相信同学们会根据自己的实际,对这十二字的内涵进行理解。今天在这里,就和大家一起分享学校的理解。

于同学们的现在而言,存在即意味着现实,同学们是有快乐、有痛苦、有感觉且有知觉、活生生的人,这就是现实!大家应该知道,你们的存在给了父母、老师多少快乐,多少希望,多少压力,多少无奈?从你们的妈妈小心翼翼地怀胎十月,到冒着生命危险痛苦分娩;从你们在襁褓中无理哭闹影响父母睡眠,到牙牙学语让父母无限欢心;从父母紧握你们的小手学走路,到如今已与父母一般高……你们的父母为你们付出了多少劳动、多少艰辛、多少汗水甚至泪水?再说你们的老师,从字到词,从规律定理到天文地理,从做事到做人,他们起早摸黑、含辛茹苦、呕心沥血,硬是把你们从一张白纸培养成了有知识、懂道理、会相处、能容忍的学生。各位同学,请大家叩问自己的心灵,你们的父母、你们的老师容易吗?

于你们的出生来说,本身就表明了你们的自信!更何况,在成长过程中,你们难道不是战胜了一个又一个的困难才走到现在的吗?各位同学,你们在学习走路的时候没有摔跟头?有,但你们放弃了吗?没有!所以你们现在可以健步如飞!你们在学习知识的过程中没有遭遇失败?有,你们放弃了吗?没有!你们仍然在坚持,哪怕是痛苦的坚持!所以你们现在站在这里!各位同学,在一次次挫折中,你们已经体会到了自信的力量,所以为什么要沮丧呢?也许你们今后没有辉煌显赫的地位、没有富冠世界的财宝,但作为一个普通公民,你们也要做一个优秀的公民,一个有头脑的乐观对待社会的人,一个"富贵不能淫,贫贱不能移,威武不能屈"的充满自信的人!

于你们的人生来说,就是学会挑战困难,不相信天上会掉馅饼,努力是生存的必然路径。人一旦出生就必须面对人生的挑战和苦难,必须努力学会平衡才能走路,必须努力学习使用筷子才能吃饭,必须努力学习才能获得知识,必须努力克服困难才能得到一个又一个的进步!也许人的基因不同,会导致不同的人在有些方面突出而有些方面不足,会导致不同的人在面对生活、面对学习的时候表现出不同的天赋,但只有努力才能克服不足。人们努力学习拼音语言知识,所以能够熟练用语言进行沟通;努力理解科学原理,所以明白了世界的有机联系;努力挖掘人文与社会的内涵,所以知道了历史的发展和人类的进步!也许你们的学业成绩还不理想,但努力,永远是解决问题的根本,是取得进步的保证。

于你们的目标而言,成功是每个人都在追求的。问题在于什么叫作成功?成功没有标准,每个人都有自己心中的梦想,都有自己理解的成功。你可以是一个优秀的工人、优秀的农民、优秀的司机……当然,没有人能随随便便成功,不把握好生命里的每一分钟,不经历风雨,全力以赴地追求心中的梦,成功不会到来。而目前,你们需要尽最大的努力去学习应该学习的东西,不管是生存的基本技能,还是文化科学知识,这些都是你们成功的阶梯!你们现在储存的知识越多,储备的知识越丰富,以后就越可能成功。

各位同学,既然你们已经勇敢而英勇地来到了这个世界,既然你们已经战胜了无数生活学习中的困难走到了现在,既然你们选择坚持并希望不断改变自己,获得属于自己的成功,那么,为什么不充满自信努力拼搏呢?尽管未来的道路上充满荆棘,但任何人都是在与困难的斗争中成长和进步的,所以各位同学,请你们怀揣感恩的心,坚持努力,充满自信地战胜困难,创造属于你们的成功吧!请大家再一次高呼:我存在,我自信,我努力,我成功!

(此文系笔者2010年5月24日在宜宾市一中升旗仪式上讲话的主要内容。)

当我们老的时候

2010年10月16日,农历九月初九,重阳节,是我们不能忘记的节日!在网络上,有这样一篇文章,也许很多同学都看过,文章的题目是《当我们老的时候》。为了让大家更好地理解文章内容,先和大家一起分享原文。

孩子,我们都老了,不再是原来的我们,请你们做儿女的理解我们,对我们要有点耐心,不要嫌我们终日唠唠叨叨、前言不搭后语,其实还不都是为你们好。常言道:"不听老人言,吃亏在眼前。"

当我们吃饭漏嘴的时候,把饭菜留在衣服上时,千万不要责怪我们,请你想一想:我们当初是如何把着手,给你们喂饭的。

当我们大小便失禁的时候,弄脏了衣服,不要埋怨我们迟钝,请你想一想:你们小的时候,我们是如何为你擦屎擦尿的。

当我们说话忘了主题,请给我们一点回想的时间,让我们想一想再说。其实谈什么并不重要,只要有你们在身边,听我们说下去,我们就心满意足啦!

孝敬并不是非物质和金钱不可,在力所能及的范围内,时常牵挂着我们就行了,饭后给我们老两口端杯热茶,阳光灿烂的日子,陪我们出去散散心和邻居聊聊天,等你们结了婚、生了孩子,常回家看看,我们就十分开心。当看着我们渐渐地变老直到弯腰驼背、老眼昏花的时候,不要悲伤,这是自然规律使然。要理解我们,支持我们。当初我们引领你们走上人生之路,如今,也请你们陪伴我们走完最后的路,多给我们一点爱心吧!我们会回馈你感激的微笑。这微笑中凝聚着我们对你无限的爱。

同学们,或许你们很难对这篇文章有很深的体会,但请你们相信,你们的父母一定会有更深的体会,因为他们的父母都已变老。作为孙辈的你,有发现过你的祖辈已经有了文章中描述的现象？如果你发现了，说明你已经开始关注老年人了；如果你还没有发现，那么，你应该细心地体会老年人的行为并改善自己的言行！孝敬老人，古今中外概莫能外。看看大富豪比尔·盖茨吧！《机会》杂志社的记者要采访比尔·盖茨，好多次都没有约成功。有一次，两个记者在飞机上遇到了他，记者问比尔·盖茨：人世间最不能等的是什么？没有想到比尔·盖茨说的不是机会，也不是什么商机，而只说了一句话：世界上最不能等的莫过于孝敬父母！

同学们，还记得我们同声高呼的"十二字"誓词吗？我们誓词的第一句就是"我存在"，请问我们为什么会存在？凭什么能存在？那是因为父母生育了我们，所以我们有了生命；那是因为父母和长辈养育了我们，所以我们有了今天。还记得我们每天宣誓的誓词吗？"我是优秀的一中学生，面对校旗，我庄严宣誓，我感激父母关爱，我谨遵老师教诲；我珍惜学习平台，我自信潜力无穷，我磨砺拼搏意志，我创造幸福人生！"誓词的第一句就是感激父母、服从老师。为什么要包括老师呢？所有的同学都知道"一日为师，终身为父"这句话，把老师视为自己的父母，所以孝父母、敬老师也应该是每一个同学应该做到的。

同学们，你们都逐渐长大了，已经不再是原来无知的小孩，都有了自己的思维，所以请你们认真思考老师、父母为你所做的一切。

当父母早上叫你起床上学的时候，请不要对他们大声嚷嚷，请你想一想：对于你来说，也许已经对父母的话语感到厌烦，但是你知道有多少孩子由于父母外出打工或者亡故，而渴望这种关爱吗？

当老师让你认真读书的时候，请不要对他们的意见满不在乎，请你想一想：对于已经进入学校读书的你来说，也许已经厌倦了老师的说教，但是你知道世界上还有多少你的同龄人无书可读吗？

当老师要求你们排队就餐时，请不要对他们的要求置若罔闻、心存怨气，请你想一想：对于同样都要吃饭的同学，大家排队是很正常的，难道你愿意其他人在你的前面插队吗？

当老师让你吃完饭后收拾餐盘的时候，请不要对他们的希望不理不睬，请你想一想：你愿意坐在一个满是残羹剩饭的餐盘的位置上吗？你坐过的位置对下一位同学来说是清洁的空间吗？

当老师要求你跑操锻炼身体的时候，请不要对他们的口令不以为然。也许你还没有意识到强健体魄的重要性，但是你知道躺在病床上不能正常生活的滋味吗？

当老师要求你规范言行和仪容仪表的时候，请不要对他们的要求心怀不满，请你想一想：那是因为他们不希望你们看起来没有教养，甚至被别人鄙视。

同学们，你们将来也会成为父母成为长辈，现在父母师长关爱你们、帮助你们，那是他们的义务。不要以为他们很啰唆，他们只是希望你们少走弯路。他们之所以没有更优秀，也许正是他们当初也讨厌父母、师长的教育。你的父母给了你顽强的生命，给了你学习的条件，你有资格去践踏你的生命，浪费你的条件吗？你有权利去指责你的长辈，辜负他们的期盼吗？你有理由抱怨他们的要求，伤害他们的苦心吗？同学们，尝试着回顾父母、老师对你的恩情吧！从你能记事开始，父母给你洗了多少衣服？父母背你上了多少次医院？你生病时父母为你多少次熬红了双眼？你闯祸时父母为你多少回流下无奈的泪水？从你上学起，老师为你放弃了多少陪伴家人的时间？老师为提高你的成绩解答了多少的问题？你犯错误时老师花费了多少心血来帮助你？所以，同学们，做父母、当老师，容易吗？行孝父母、尊敬老师，难道不应该吗？

所以，同学们，从现在开始行孝吧，不能再犹豫和任性了，在大家这个年龄，最好的孝敬方式之一就是努力学习，就是品德优秀，就是成绩出色。要相信自己通过努力一定可以进步，是一定可以无愧于父母、老师的期望。我存在是因为父母的生养，我自信是因为父母的鼓励，我努力是因为父母的希望，我成功是因为与父母的一同努力！

（此文系笔者2010年10月18日在宜宾市一中升旗仪式上讲话的主要内容。）

光荣之路——做成功的自己

生命,对于每一个人来说都是奇迹,更是唯一。我们在父母的抚育下,逐渐成长。十几岁的我们不谙世事,对现实充满好奇,对未来充满憧憬;几十岁的我们,忙于生活与工作,有时显得老成持重。每一个人都拥有生命,但并非每个人都懂得生命,乃至于珍惜生命。不了解生命的人,生命对他来说,便是一种惩罚。常听人们感叹:"生命如果能重来一次该多好啊!"可惜,人生没有回头路。我们光荣地来到世间,就应该光荣地走完我们的人生之路。

成功,对于任何人来说,都是值得期望的,但是,大多数人又觉得成功遥不可及,总觉得机会太少,总觉得条件不够,总觉得自己不行。事实上,我们只需要改变观念、调整思维,对成功认识也就完全不同。在《现代汉语词典》里,"成功"有两个解释:①获得预期的结果;②指事的结果令人满意。我们扪心自问,在这两个解释当中,难道我们没有做到过其中之一吗?我们的存在,本身就是我们顽强生命力的成功表现。可见,我们不是没有成功,我们曾经成功并拥有成功!对于我们大多数人而言,成功是成功之父,失败是失败之母!所以我们需要做的是,享受我们已经拥有的成功,并不断努力,决不放弃,而获得持续的成功!

昙花的开放美得让人心醉,让人迷恋,让人震撼!昙花一现,常被用作一个贬义词,但我们曾思索过它背后的生命意义吗?虽然昙花开放的时间极为短暂,但是它并没有因此而放弃开放,没有因为生命的短暂而气馁,而是在生命的存续期间,傲然开放,向世界展示其灿烂的生命历程。昙花,在有限的生命里盛开,它无限喷薄的热情、惜时如金的努力、拼命怒放的精神和惊艳世俗的光彩,使它的存在有着其他花无法类比的独特的意义,因为它懂得生命的价值、明确生命的意义,从而积极地、毫无遗憾地走完了它的光荣之路。作为自然精灵的人类,有什么理由不争取自己的成功,走完我们的光荣之路呢?

在调整了我们的成功观念之后,要成功其实很简单,关键在于我们的坚持。

不管是老师还是学生,都必须立足自己现实的情况,找到发展自己的突破口。不要被目前的困境所困扰,要积蓄力量,集中精力,突破困境的最薄弱点,实现点的成功,多个点的成功必然形成线的成功,多条线的成功必然形成面的成功,多个面的成功必然形成立体的成功!很多时候,我们困惑的是整体的不足,便困扰于整体,痛苦于现状,郁闷于过程,却没有深入思考从哪里入手突破困扰。所以从方法论的角度看,每一个人,都需要认真思索,自己成功的突破口究竟在哪里?按照成功学和心理学原理,我们可以动手画出我们目前存在的问题树,将大问题分解为很多很多的小问题,然后找出解决的办法并付诸实际行动,积累点滴成功,最后成就整体的成功。

当然,就像一中的校园十大金曲中的《真心英雄》中所描述的一样,没有人能随随便便成功,我们必须把握生命里的每一分钟,全力以赴地追求我们心中的梦。不经历风雨怎么见彩虹,逆境是每个成功必经的过程,我们勇于接受逆境的磨砺,生命就会日渐精彩,光荣之路才会无限延伸。所以在迈向成功的道路上,我们起码要做好三件事情。

首先,要带着责任感学习和工作。责任虽然没有形状,难于触摸,但力量巨大,影响深远。老师的责任就是教育和帮助学生,教会学生学习;学生的责任就是配合和理解老师,学会学习。有责任感,就是有积极主动的态度、深入扎实的作风、认真负责的精神;就是有不甘落后的志气、百折不挠的勇气、奋力开拓的锐气;就是有信心、有决心、有恒心;就可以出思路、出办法、出成绩。我们的工作和学习是平凡、具体、琐碎的,看似简单和容易,然而把认为简单的事情年复一年地都做好,就是不简单;把认为容易的事情一件一件地落实好,就是不容易。

其次,要带着激情学习和工作。灵感可以催生不朽的艺术,激情能够创造不凡的业绩。激情是吹动船帆的风,没有风,帆船就不能行驶;激情是工作学习的动力,没有动力,工作学习就难以成功。从生理学和心理学的角度来说,崇尚成功,就会产生内驱力,就会努力面对存在的问题,就会努力寻找解决问题的办法,就会努力行动获取成功。事实上,在我们自己有限的人生中,有很多条件和很多机会能促使我们成功。尽管有人说,等待机会的人是愚者,创造机会的人是勇者,但如果我们没有带着激情工作和学习,没有足够的准备,即使机会来了我们也无法抓住,那就是愚不可及,更别奢谈成为勇者,甚至成功。

最后,要带着感恩学习和工作。我们的存在,我们的学习,我们的工作,这一切都值得我们感恩。心态决定一切,它能够左右一个人的思想、影响一个人的行为,甚至决定一个人的命运。感恩的心态会让我们宁静而安详,感到生活的温暖;会让我们充满激情,渴求成功的到来;会让我们迸发干劲,努力工作、学习;会让我们积极行动,扫平成功的障碍。因此,要不断学会以感恩的心态对待学习、对待工作、对待同伴、对待父母、对待集体、对待社会。明代的方孝孺的《送伴读朱君之庆府序》有言:"与贤者同志则光荣,与愚者同事则污辱。"只要我们用感恩的态度来对待生存和生命,别人就一定能给我们关心和帮助、给我们支持和鼓励、给我们提醒和教导,让我们感受到真诚、感受到友谊、感受到温暖,反过来激励我们成功。

各位老师,各位同学,我们的人生之路究竟是光荣之路还是屈辱之路,应该由我们自己选择。掌握未来,必须把握现在;有光荣的生命,必须做成功的自己!在此,我祝愿每一位老师、每一位同学都取得属于自己的成功,走出自己的光荣之路。

(此文系笔者2010年12月13日在宜宾市一中升旗仪式上讲话的主要内容。)

做一个真正的一中人

在日常生活中,你肯定会遇到这样的情形。当作为老师的你在社会交往的过程中,一定会有人问及你在哪儿上班,作为老师的你也许会很骄傲或很淡然地告诉他们:"在一中。"别人可能很真诚或很敷衍地告诉你:"这个单位不错。"当作为学生的你在被同龄人或长辈问及在哪儿读书时,你也许会很自豪或很勉强地告诉他们:"在一中。"别人同样也可能很由衷或很应付地告诉你:"这所学校不错。"通过别人的神态和语气,也许你能辨别出他人的真实想法,如果你发现他人是真正地赞赏一中,你一定会对他有更多的好感;如果你发现他人在虚情假意地肯定一中,你一定不会对他有更多的好感。为什么?因为你现在是一中的一员,所谓儿不嫌母丑,即使你对目前的一中有这样或那样的看法,但在那一瞬间,你会不由自主地产生维护一中的情感,因为你知道,你是一中人。

一中人,是我们值得骄傲的称谓,是我们不能摆脱的现实。一中人,一个简单的代名词,究竟应该有哪些内涵呢?什么样的外在表现和内在素养才是一中人应该具有的特质呢?又以前面的回答为例,在你回答"在一中"三个字的时候,如果你是很骄傲或很自豪的,那么,恭喜你,你是一个优秀的一中人;如果你是很淡然或很勉强的,那么,对不起,你离合格一中人还有差距,而且,可以猜想,你在一中的工作和学习是不愉快的,你自己也是茫然和纠结的。原因在于你的现实情况和你的认识有矛盾,让你时常在烦恼和不快中挣扎。

随着时代的发展,一中人的内涵,演变到我们这一代,应该包括胸怀祖国、一心为公的人,积极进取、勇担责任的人,用心做事、诚信待人的人,崇尚自然、俭朴生活的人等意思。他具有的特质一定是会爱人的,爱自己,爱家人,爱学生,爱老师,爱同事,爱同学,爱朋友,爱学校,爱事业,爱祖国;一定是有文化的,讲文明,懂礼貌,知传统,明道理,腹有诗书,行有气度;一定是讲质量的,严格要求自己的教和学,明确自己的职和责,追求服务的完美和执行的到位;一定是爱学习的,学而不厌，不断学习新知识，学习新技巧，学习新方法，学习调整心态，学习管理知识；一定是愿争先的，把该做的做到最好，把能做的做到更好，把会做的做到极致，始终让自己思想积极，行动领先。概括地说，一中人就是恪守"公、勇、诚、朴"信条，有爱心、有文化、讲质量、爱学习、敢争先的人。

回过头来说，为什么现实中部分一中人在回答别人问题的时候，会很淡然或很勉强呢？那是因为一中和一中人自己还不够强大。为什么别人在知道我们是一中人时会很敷衍或很应付呢？那同样是因为一中和一中人自己还不够强大。为什么我们一中不够强大？归根结底，是因为一中人自己不够强大。为什么一中人自己不够强大？因为我们还没有完全成为我们认为的真正的一中人。尽管通过一中人多年的共同努力，学校的形象和声誉在最近几年得到了极大的提升，高考成绩达到了川南第一、四川第五，学校领导班子成为全市教育系统唯一的"四好"班子，学校也是四川校风示范校，体育艺术加分人数也是全市第一，男子排球、篮球和田径项目也是全市第一甚至全省第一，但是，我们还没有完全做到人无我有、人有我精、人精我新。

那么，我们应该怎么做呢？做到"十二个第一"就是我们的努力目标。作为领导核心和战斗堡垒的党组织和党员，必须起好带头和示范作用，所有党员同志在自己的教育教学服务和管理工作中，必须走在群众的前面，成绩必须是优秀的，而且要对口帮助一名群众，把组织建设成为"宜宾第一"；每个周一的朝会，是展现一中人精气神的最佳时刻，每一个老师和学生都应该按照学校的要求，严格规范自己的行为，体现万人团队强烈的集体意识和震撼的精神力量，逐步向"四川第一会"迈进；学校国旗班，作为学校爱国主义教育的范式和所有学生优秀品质的代表，必须严格按照《中华人民共和国国旗法》的规定，执行最严格的规范，尽快成为"四川第一班"；校园清洁卫生是全校师生的素养体现，维护校园环境应该是每一个人的责任，目前师生的不良卫生习惯，乱扔垃圾现象，成为打造校园清洁卫生"宜宾第一"的瓶颈；午休是人正常的生理需求，学校鼓励学生刻苦学习，但同时要求合理科学地休息，学校要着力打造午休秩序"宜宾第一"；学校教育教学管理服务中存在的诸多问题，需要我们去发现去研究，我们坚决反对为做课题而搞研究，我们极其需要的是为解决问题而搞研究,所以搞这类研究"宜宾第一"是我们强大起来的根本,必须得到全力推进;学案导学作为成功进行新课改的有效方式,已经得到实践的充分证明,学会运用学案导学,减轻学生学习负担,加强针对性学习,保证教学质量的提升,这是老师必须学习和学会的技能与方法,我们要成为学案导学"宜宾第一";身体是学习工作的本钱,锻炼是增加本钱的唯一途径,学生课间跑操不仅能锻炼学生强健的体魄,更能体现学生的精神风貌,增强同学们的自信和团队意识,那震天的口号和整齐的步伐,就是激情和青春的光芒,"四川第一操"让学生精神状态和身体素质都得到了改善;学校是一个充满活力的教育园地,每月一个主题的群众性文体活动,不仅让校园气氛活跃、师生言行举止高雅、师生关系和谐,更使学校充满了吸引力,文体活动"宜宾第一"是师生共同的身体和心灵的需要;校园安全是社会、家长、师生的共同愿望,校门是为保护我们的安全而设置的,所以每一个老师和学生都必须文明出入校门,文明门禁"宜宾第一"势在必行;有序而文明地就餐,是每个人都希望的,所以每个人都有遵守规矩的义务,我们不能为了尽快吃到饭而插队,不能自己有了座位就不考虑后面的同学而占座位,不能只管吃饭而不回收碗筷和清理桌面,就餐规范"宜宾第一"是靠我们每个人员的行为构成的;方便、快捷的工具为我们的工作添加了有力的翅膀,计算机基本使用技能是现代人工作生存必备的技能,身为现代社会从事教育的教师,要提高计算机使用能力,数字校园"宜宾第一"已经不仅是硬件优越的体现,俨然成为效率和现代化的标志。

也许大家会说我们的目标过于远大,也许达到目标也未必强大,但是,起码我们在不断地靠近强大。历史和现实无情地告诉我们,落后必然挨打。我们已经有了逐步强大起来的目标,为什么不立即行动起来?既然我们已经是一中的一员,为什么不投入到目标的实现中?既然我们已经通过努力取得了一些成果,为什么不再努力一些取得更大的成功?所以,各位老师、各位同学,让我们凝神聚气、全力以赴,向目标努力吧。我存在,我自信,我努力,我成功!

也许大家会怀疑我们的目标,也许大家觉得执行起来困难,但大家看到,我们的干部已经行动起来。就在前三天,学校组织了所有的干部到武警支队进行了严格的军训,这不仅是宜宾第一、川南第一、四川第一,甚至可能是全国领先。上至50多岁的老同志,下至20多岁的青年,没有一人退缩,没有一人请假,没有一人叫苦,没有一人喊累,我们训练了所有学生军训必须的必练项目,早上6:40跑操,晚上上晚课,晚上10点就寝,一项也没有拉下。各位老师,各位同学,看看你们身边还穿着训练服的人吧!他们就是我们学校的干部,他们就是我们管理的中坚力量,他们就是我们的学习榜样。他们能够做到的,我们每个老师同样能够做到,每个同学就更能够做到!让我们把掌声送给他们吧!他们将上台给大家展示他们的训练成果,也许他们的动作不是很完美,也许他们的步调不是很一致,但请大家不要见笑,因为他们的精神、他们的灵魂、他们的境界,已经上升到了崭新的高度,他们的工作必将更到位、必将更有效、必将更给力!

最后,为我们能成为真正的一中人,让我们再一次振臂高呼:我存在,我自信,我努力,我成功!

(此文系笔者2011年4月11日在宜宾市一中升旗仪式上讲话的主要内容。)

创造你的奇迹　30天足够

带着不断成长的喜悦,今天,我们在这里举行2011年中考、高考壮行仪式。在此,学校向即将迈向考场的全体同学表示诚挚的祝福!向为同学们的成长倾注了所有爱心与热情、汗水和智慧的老师们和家长们表示衷心的感谢!

各位同学,青春是一本精彩而又无法重新回看的书,多少个日夜就这样匆匆翻过,一去不复返。你们带着自己青春的梦想和父母热切的期望,加入了一中人的行列,从此,金沙江畔回荡着你们的欢声笑语,翠屏山麓传来了你们的琅琅书声,运动场上活跃着你们的矫健身影,课堂内外是你们学习知识的家园。学校和老师们忘不了军训场上你们唱起的嘹亮军歌;忘不了每次大考你们力挫群雄、力压群芳,名列全市第一;忘不了竞赛场上你们过五关斩六将,捧回一项项大奖。你们顽强拼搏,尽显一中学子的自信与坚强;你们屡创奇迹,谱写出川南名校的骄傲与辉煌。打造"五个一中"有你们的辛勤汗水,争创"十二个第一"有你们的智慧行动。各位同学,学校要感谢你们,因为是你们丰富了校园的生活,是你们助力了学校的事业。老师们欣然,为你们学业的收获和生命的怒放;老师们无悔,为你们青春飞扬和茁壮成长!你们,每一位同学,都是一中的一面旗帜,都是一中的骄傲!

饮水不忘挖井人,时刻不忘亲与师!各位同学,看看你们身边的恩师和父母吧!头上是否又添了几丝白发?脸上是否又添了几道皱纹?在学校的深刻记忆里,总有挥之不去的一幕幕:开学时分,你们的父母汗流浃背地替你们拎着行李来到了学校;家长会上,你们的父母因为你们的进步而展露出的欣慰笑脸……多少堂课,老师引导你们游弋于知识的海洋;多少次谈话,老师用发自肺腑的话语教给你做人的道理和处事的良方;每次遭遇挫折,老师成为你们的脊梁和肩膀。各位同学,你们的父母伟不伟大?你们的老师辛不辛苦?那么,请你们将内心的感激献给含辛茹苦的父母和无私奉献的老师吧!

各位高三、初三的同学,今天,距离毕业考试还有30天。30天,对你们曾经经历的求学生涯来说，很短暂，但也许是决定你们人生的30天。而成败，更多地决定在你们的手里，所以希望大家负责任地对待这难忘的30天。人世间有各种各样的责任，有的责任可以被分担或转让，唯有对自己的人生的责任，只能由自己来承担，一丝一毫不能分担和转让。一个人唯有对自己的人生负责，建立了真正属于自己的人生目标和生活信念，他才可能由此出发，自觉地选择和承担起对他人、对社会、对民族的责任。而目前，你们的责任，就是在老师的帮助下，在父母的关爱中，全身心地投入到知识的学习、巩固和强化中。不管你们过去的成绩如何，在30天的冲刺阶段都应该有明确的目标和良好的心态。初三的同学，高中部的大门永远为你们敞开，只要你们愿意，一中永远是你们的第一选择，即使你目前的成绩不是很理想，但只要努力，一中将把你带到理想的彼岸；高三的同学，你们的二诊考试，夺得了全市文科、理科状元，全市前十名你们占据半壁江山，重点本科人数超越排名第二的学校135人，一般本科人数超越排名第二的学校380人，成绩已经说明，你们每个人都可以跨入大学的校门，只要你们面对现实，在现在的基础上不断加油，众多的大学一定会有你的位置。请相信：一中是一片创造奇迹的热土，一中人有创造奇迹的热情。你的奇迹你做主，不要犹豫，创造你的奇迹，30天足够，今天就可以起航！

　　高一、高二、初一、初二的同学们，尽管离你们还有一年或者两年的时光才参加高考、中考，但一年不短，勤学苦练有希望，两年不长，爱拼爱搏赢梦想。决胜考场，取决于你们现在的付出，天道酬勤，付出就一定能铸就辉煌。坚信老师的指导，坚守自己的梦想，坚定必胜的信心，就一定能实现未来的理想。拿出你们的豪情，亮出你们的利剑，一起加油！

　　（此文系笔者2011年5月9日在宜宾市一中2011年冲刺中考、高考仪式上讲话的主要内容。）

结束只是开始

  全体师生共同打造的翠屏书院办学530周年、宜宾市一中建校110周年庆典活动已经圆满结束,老师和同学们辛勤排练的成果展示得到了各界参会人士的高度赞赏和广泛好评,大家的艰苦努力换来了难以忘怀的人生体验,也换来了学校形象的提升和声名的远播。在此,向在舞台演出中付出艰苦劳动的老师和同学表示真诚的感谢,谢谢你们,你们辛苦了!向在演练、彩排和巩固强化中顶风冒雨、精益求精的全体班主任、全体教职工、全体同学表示真挚的问候,谢谢大家,你们受苦了!向在资料编写、展板陈列、氛围营造、联系策划、接待保管等各项工作中熬更守夜、热情联络和友善接送的全体老师和志愿者同学表示真诚的感激,谢谢大家,你们受累了!向在庆典过程中全力配合、努力展示、热情奔放、激情飞扬的全体老师和同学表示真切的谢意,谢谢大家,你们成功了!

  著名教育专家、教育部课程改革委员会顾问、成都市政府参事姚文忠教授如此评价庆典活动:"没有想到,在这样的现实背景下,能把庆典做得如此厚重,亮点甚多,值得宣传。我参加了很多校庆,从来没有看到能把全校师生都融入其中展示的,很有气势,值得肯定。"

  著名矿物学家、校友何知礼院士这样感慨:"现在的娃娃能这样尊重科学,欣赏科学家,很不容易,能与我热情沟通、亲密互动,实在难得。母校的小弟弟、小妹妹们能展现出这样品质和气势,母校这艘航母一定大有希望。"

  著名生物学家、校友刘次全院士这样评价:"我感激过去教育我、帮助我的老师,我更看到了今天一中的气度,老师、学生精神面貌都很好,活动很感人,我为母校感到骄傲!"

  现代著名教育家、重庆大学党委书记、校友欧可平教授认为:"这样的校庆很有意义,很有价值,它绝不仅仅是为了校庆而校庆,而是把老师、学生作为主人、作为主体来展现,让我感觉到很新颖、很独特。老师、学生都很努力、很真挚,热情很高,气势很足。"

宜宾市政协主席、校友尹德宏表示:"一中发展很快,师生精、气、神都很不错,校庆活动很质朴,很有校园气息,很有学校味道,老师、学生都很努力,喊声震天,富有感染力,学校未来的发展一定会更好。"

四川省校长协会秘书长邓义初校长、川渝十六校联谊会会长卢健全校长更是给出了高度肯定,他们说自己从来没有想到校庆可以被这样演绎,整个校庆充分展现了一中的深厚文化积淀,充分展现了一中的优秀成绩,充分展现了一中的师生精神面貌。如此宏大的场面能如此友善而有序,台上台下浑然一体,配合默契,可见一中师生的素养已经达到了难得的境界,这样的队伍一定会取得优异的业绩,值得兄弟学校学习。

受邀前来参加校庆典礼的家长陈德铭说,以往只是听说一中的历史和成绩,今天真正见到了一中毕业的众多优秀校友,感觉到一中的确培养了很多人才。特别受感染的是一中师生很有朝气。跑操很不错,这么多的学生跑出这样的效果,老师和学生肯定都付出了很多努力。

前来参加校庆的年轻校友的表达更为直接:"好吓人啊!这么多的学生,这么大规模的演出,我们那个时候想都不敢想,太给力了!"

这些认同和肯定都值得一中所有的老师和学生骄傲和自豪,因为这些肯定和赞扬,是通过我们长期艰苦的努力换来的,是通过我们克服诸多困难换来的,是通过我们齐心协力奋勇争先换来的。老师们,同学们,这就是我们,这就是努力的我们,这就是追求卓越的我们,这就是值得肯定、应该自信的我们。我们的同学棒不棒?很棒!我们的老师棒不棒?很棒!我们的学校棒不棒?很棒!我存在,我自信,我努力,我成功!

过去大家齐心协力打造"五个一中",争创"十二个第一",学校在很多方面的确取得了长足进步,校庆上成功展示了学校发展成果。同时,我们应该注意到,在我们的"爱人一中"上,老师、学生和学校的相互关爱、相互提升还不够,三者的关系还可以更加和谐;在我们的"文化一中"上,校园文化内涵还可以进一步丰富;在我们的"质量一中"上,老师和学生还可以更加努力,德智体美素质还可以进一步提升；在我们的"学习一中"上，老师和学生还可以更加自觉，学习行动还可以更加积极；在我们的"争先一中"上，老师和学生还可以更有追求，工作学习上可以表现得更加优秀。"四川第一班"的建设和宣传还需要大力加强，"四川第一会"还需要大力完善，"四川第一操"的质量还需要大力提高，"组织建设宜宾第一"的党员先锋模范作用还需要大力体现，"数字校园宜宾第一"的建设需要大力加强，"清洁卫生宜宾第一"的乱扔、乱涂、乱贴等行为还需要大力整顿，"午休秩序宜宾第一"的休息环境还需要大力营造，"文明门禁宜宾第一"的出入检查还需要进一步加强，"研究普及宜宾第一"还需要大力推进，"学案导学宜宾第一"还需要大力打造，"文体活动宜宾第一"项目还需要大力打造，"就餐规范宜宾第一"还需要长期坚持。凡此种种，都说明我们还有很多方面需要努力改进、努力提高，唯有在推进学校各项工作中，我们的老师才能真正体现从事教育事业的价值，才能体会从事教育工作的意义；我们的学生才能真正学会关心他人、与人相处，才能学会感恩、自信和完善素养，也才能够收获幸福的快乐人生。希望老师们能够更加投入，以自己强烈的使命感培育我们的学生，我们的同学能够更加自觉，以自己强烈的责任感升华我们的人生。因为育人的老师以育才为天职，求学的学生以求知为本分。

  感谢大家，是你们的宽容、理解使学校的各项要求得到了执行，是你们的努力、拼搏使学校的实力得到了提升，当然更是你们的忠诚、责任使学校的声誉得到了提升！

  校庆结束只是新征程的开始！一中名标，责在吾曹！

（此文系笔者2011年10月8日在宜宾市一中升旗仪式上讲话的主要内容。）

营造书香校园　构建高效课堂

莎士比亚说过:"书籍是全世界的营养品。"高尔基说过:"我扑在书上,就像饥饿的人扑在面包上。"书籍,是人类智慧的结晶,是走向未来的基石,是文化传承的通道,是人类进步的阶梯。读书,是打开智慧大门的钥匙,是攀登科学高峰的工具,是通往成才路上的桥梁,是渡向成功彼岸的航船。所以,在这金秋送爽、丹桂飘香的季节,我们举办宜宾市一中首届读书节,目的是进一步激发全校师生读书的兴趣,进一步提高全校师生学习的热情,把"五个一中"之中的"学习一中"落到实处,营造书香校园,构建高效课堂。

如何处理好教师发展与学生发展、素质教育与升学成绩的关系,一直是摆在我们眼前的重大问题。为了更好地解决这个问题,学校积极推广与学习"271"高效课堂模式。它的主要理论支撑来自"金字塔"学习理论,学生通过预习、研习和温习,达成学习、记忆、掌握、运用的最佳境界,它的完全实施,可以实现学生自主学习、高效学习,可以实现教师组织学习、指导学习。要体现"271"高效课堂的价值,其中一个重要的环节就是海量阅读。著名教育家朱永新先生曾说,一个人的精神发育史就是他的阅读史;一个民族的精神境界取决于这个民族的阅读水平;一个没有阅读的学校永远不会有真正的教育;一个书香充盈的城市才会是一个美丽的城市。可见,读书,对于一个人、一个学校、一个国家、一个民族的重要性是不言而喻的。为了使我们的精神发育正常,为了使我们学校有真正的教育,我们应该多读书进而精读书,即在广泛阅读的基础上,深入阅读、反复阅读,从而提升大家在课堂上分析问题、解决问题的能力,将教室真正变成"学室",提升大家学习的动力。读有所得,当然学有所成;学有所成,当然事有所兴。同学们,读书是你们现在要完成的重要事项之一,你们只有通过读书,才会变得睿智,才会"下笔如有神",才会有"书痴者文必工"的喜悦,才会有更多机会实现自己的梦想。对教师们而言,读书是其专业发展的基础,教师们只有坚持读书,才能引进源头活水,才能不断增长智慧,才能完善工作状态,才能体验职业幸福。于学校,师生共同读书,就有利于实现教学相长,就能提升精神境界,就能造就书香校园,就能构建高效课堂。只要全校师生共同努力,积极参与到读书节活动中,我们就一定能成功地建设书香满园的一中,就能够构建高效课堂。

为展现读书节的效果,完善我们的读书行为,希望大家做到以下四点。

一、要把读书变成习惯

唐代书法家颜真卿告诫我们:"三更灯火五更鸡,正是男儿读书时。黑发不知勤学早,白首方悔读书迟。"所以大家要珍惜眼前难得的青春时光,发奋读书。毛泽东曾说:"饭可以一日不吃,觉可以一日不睡,书不可以一日不读。"可见,读书是一辈子要做的事,大家一定要爱读书、好读书,让读书成为自己的习惯。

二、要用心读书

朱熹说:读书有三到,谓心到,眼到,口到。心不在此,则眼不看仔细,心眼既不专一,却只漫诵浪读,绝不能记,记亦不能久也。三到之中,心到最急。心既到矣,眼口岂不到乎?所以大家要忠于目前的职业读书生涯,用心读书以成就未来。

三、要反复深入读书

苏东坡说:书富如入海,百货皆有,人之精力,不能兼收尽取,但得其所欲求者尔。故愿学者每次作一意求之。在知识猛烈发展的今天,泛读可以培养阅读能力,而精读才能发展我们的志趣。

四、要结合实际读书

古语有言:"纸上得来终觉浅,绝知此事要躬行。"就是告诉我们,要把从书上学到的知识与生活实际联系起来,学以致用。"学而不思则罔",要善于将书本知识和独立思考结合起来,将读书与培养自己的各项能力结合起来。

老师们、同学们,目前,学校正在推广和学习"271"课堂教学模式,已经涌现出了一大批优秀的老师、优秀的同学、优秀的班级和优秀的小组,他们已经从这种自主学习、研讨学习、巩固学习中取得了很大的收获,并喜欢上了这种释放师生潜能的教学方式。读书节的开展,就是要让大家自主地学习阅读,在阅读后相互研讨,在研讨后进行巩固。老师们,同学们,让我们捧起书本,与书为友,与经典为友,让我们的心灵自由地翱翔于"学海""书山"之间,使我们的心灵更加纯洁高尚,让我们的思维更加活跃。我们相信,凭借我们大无畏的改革精神,凭借我们的创新意识,凭借我们的团队智慧,我们的课堂一定会更加和谐高效,我们的校园一定会更加充满书香!

老师们,为了实现学校"十二个第一"的目标,请大家举起右手面向国旗一起宣誓:"我是光荣的一中教师,面对国旗,我庄严宣誓,我公正无私,胸怀祖国未来,平等对待学生;我勇担责任,肩负一中使命,全面发展学生;我以诚待人,和谐同仁家长,真情感化学生;我朴实尚简,严谨工作生活,人格熏陶学生。"

(此文系笔者2012年9月24日在宜宾市一中第一届"读书节"活动启动仪式上讲话的主要内容。)

感恩　让我们坚定前行

今天,是2012年的最后一天,明天,我们将迎来崭新的2013年。辞旧迎新之际,带着光荣与梦想,我们相聚在三江口、长江头,迎来了宜宾市一中第四届"与爱同行·感动校园"十大人物颁奖典礼,共同见证一中人爱的感动。在此,学校向万名师生,向出席典礼的各位领导、来宾、家长朋友们表示最热烈的欢迎!向获得本届感动校园十大人物提名候选人的所有家长、教职工和同学们表示最热烈的祝贺!向全校师生致以最诚挚的新年问候和最真诚的感谢!

爱人为本,改革创新,科学发展,奋勇争先是宜宾市一中的优良作风。2012年,学校按照自己的"十二五"规划和"五个一中""十二个第一"的工作目标,把"改革"和"质量"作为学校建设发展的主题。一年来,学校以科学发展观为指导,促进学校教育发展,引导教师实现可持续发展,重视提升教师的综合素养,通过组织教师军训、职业培训、干部拉练和教师赛课等活动,锻炼了教师攻坚克难的意志,激发了教师探究进取的职业精神,提升了教师养育英才的职业技能。目前已经有27位教师获得硕士学位,有85位教师考取和正在攻读博士或硕士学位;在全国优质课展评中2名教师荣获一等奖,4名教师获二等奖,所有学科在全市赛课中均获一等奖,获奖等级、人次居全市第一,川南领先。学校坚持改革创新,走大德育发展道路,每月一个主题的"八大活动"成功开展,强化了学生的自主意识,提升了学生的人文素养,强健了学生的体魄,丰富了学生的艺术情趣;男子篮球队蝉联全省冠军,男子排球队跃居全省冠军,田径队三个项目获省级金牌;在省艺术人才大赛中,音乐类获奖人数居全市第一;高考艺体本科上线229人,较去年增长25%,居川南前列。学校坚持开放进取,走大教学提质道路,按照新课程改革要求,开齐了各学科课程,强化了综合实践活动课程的落实,认真学习借鉴先进教育理念和教学方法,大胆进行优效课堂的探索并取得了阶段性实效,在今年高考中,重点本科上线人数稳居川南第一,本科上线人数跃居全省前三,4名同学考上清华北大,居川南之首。学校因此获得宜宾市委、市政府颁发的教育教学成果特别贡献奖。根据因材施教的原则,学校成立了符合教育教学规律、符合家长学生需求、符合名牌大学要求的硕翰学院,经过师生努力,在宜宾市的诊断考试中,已经有20多名同学考出了600以上的高分。老师们、同学们,师生强则学校强,师生进步则学校进步,师生成功则学校成功,让我们为自己努力进取所获得的成绩高呼吧:我存在、我自信、我努力、我成功!

老师们、同学们,昨天的荣耀,可以让我们更加自信;但明天的辉煌,更需要我们全力以赴。国家的富强,需要我们去行动;社会各界的援助和支持,需要我们去感恩;呵护我们的父母和亲人,需要我们去回报;我们自己的目标和誓言,需要我们去实现!

我们要感恩祖国的日益强大和民族的伟大复兴。因为,这种强大与复兴让我们获得了安全感与自信心,让我们有一个安定的生活环境与学习的书桌!

我们要感恩党和政府的智慧与气魄。因为,这种智慧与气魄让封闭落后的中国走向改革开放,与时俱进,上下一心,攻坚克难,让贫穷的中国人民不断获得改革的红利,解决温饱,奔向小康,走向富强!

我们要感恩社会的爱心与帮助。因为,这种爱心与帮助让更多的人获得温暖和力量,感受到了热情与真诚。今天,在现场的同学中,就有不少正在接受社会各界朋友的帮助,并因此实现求学梦,正在努力学习,全力以赴追逐人生的理想!

我们要感恩家人的坚强和理解。因为,正是这种坚强和理解,包容了同学们的任性与幼稚,让同学们感到身心温暖,为同学们的学习生活注入了无穷的动力!

我们要感恩老师们的大爱与敬业。因为,正是这种大爱和敬业,老师们放弃了陪伴家人的时间,放弃了自己的诸多兴趣与爱好,时常起早贪黑地忙碌在教学一线,并对教育教学工作无怨无悔!

我们要感恩同学们的努力与拼搏。因为,正是这种努力与拼搏,才使同学们的价值观念更正确、思维方式更科学、行为习惯更规范、知识能力更全面、学习成绩更优秀!

父母养育我们,我们应感恩;师长教化我们,我们应感恩;社会关爱我们,我们应感恩；领导关心我们，我们应感恩；祖国需要我们，我们应感恩。感恩需要用心去体会，感恩更需要我们全力以赴地对待工作学习，让我们不断自励吧！

老师们、同学们，每天，我们都被身边的平凡生命所感动。今天，我们颁奖典礼现场的感动人物候选人，就以他们平凡而又伟大的爱心与坚持、责任与坚强，感动着我们现场的每一个人！他们是在大力弘扬民族精神和时代精神，深入开展爱国主义、集体主义、社会主义教育，倡导富强、民主、文明、和谐，倡导自由、平等、公正、法治，倡导爱国、敬业、诚信、友善，积极培育社会主义核心价值观的过程中涌现出来的优秀分子。他们中，有每天拼命工作挣钱养家的家长，有每天悉心教导陪伴着同学们健康成长的老师，有每天一起学习生活交流理想一同拼搏的同学，有每天服务于我们的各种日常生活需要的学校员工。他们的事迹并非惊天动地，也不直接关乎国家民族的前途命运，但是，他们点点滴滴的感人事迹，净化着我们的灵魂，让家变得更温暖，让团队变得更和谐，让社会变得更文明。在感恩这些平凡的生命和平凡的事迹的同时，我们自己更应该积极行动起来，让我们在工作、学习和生活中，更加努力，更加刻苦，为使我们的校园更温馨，为使我们的祖国更美丽，让我们激励自己：我存在，我自信，我努力，我成功！

最后，祝各位领导、来宾、家长和师生朋友们新年快乐、万事顺意！

（此文系笔者2012年12月31日在宜宾市一中升旗仪式上讲话的主要内容。）

研究与心得

德育工作者的本职工作

教育工作承载着"百年树人"的历史使命,党和政府在"重教""兴教"的过程中极其重视学校的德育工作,《中共中央国务院关于深化教育改革全面推进素质教育的决定》中明确提出:"各级各类学校必须更加重视德育工作,以马克思列宁主义、毛泽东思想和邓小平理论为指导,按照德育具体目标和学生成长规律,确定不同学龄阶段的德育内容和要求,在培养学生的思想品德和行为规范方面,要形成一定的目标递进层次。要加强辩证唯物主义和历史唯物主义教育,使学生树立科学的世界观和人生观。要有针对性地开展爱国主义、集体主义和社会主义教育,中华民族优秀文化传统和革命传统教育,理想、伦理道德以及文明习惯养成教育,中国近现代史、基本国情、国内外形势教育和民主法制教育,把发扬中华民族优良传统同积极学习世界上一切优秀文明成果结合起来。高等学校要进一步加强邓小平理论'进教材、进课堂、进学生头脑'工作。职业学校要加强职业道德教育。进一步改进德育工作的方式方法,寓德育于各学科教学之中,加强学校德育与学生生活和社会实际的联系,讲究实际效果,克服形式主义倾向。针对新形势下青少年成长的特点,加强学生的心理健康教育,培养学生坚韧不拔的意志、艰苦奋斗的精神,增强青少年适应社会生活的能力。加强民族团结教育,规范国防教育,提高学生的国家安全意识,继续搞好军训工作并使之制度化。加强校园的精神文明建设,严禁一切封建迷信和其他有害于学生身心健康的活动及物品传入校园。加强共青团、少先队和学生会工作,在培养和提高学生素质方面发挥更大的作用。社会各方要为青少年提供优秀的精神文化产品和德育活动基地,形成学校、家庭和社会共同参与德育工作的新格局。"由此可见,党和政府不仅重视德育工作而且对开展德育工作的方向、方式方法都有明确的要求。学校的德育工作,只有把党的教育方针落实到位,才能真正做到"以德育人",才能把学生培养成为全心全意为社会主义现代化建设服务的"四有"新人。

作为培养祖国建设者和接班人的学校教育，必须把德育作为工作的重点，从小事抓起。要做好学校的德育工作，必须从两个方面着手：一是要有一支思想道德素质过硬的德育工作队伍，二是德育工作的方式方法要得当。

一、努力改进学校德育工作，要有一支思想道德素质过硬的德育工作队伍

在我国传统中，对教育的作用是很看重的，认为"善政不如善教之得民也。善政民畏之，善教民爱之""以德服人者，中心悦而诚服也"。对教师的地位和作用也是很看重的，认为教师是礼法或礼仪的化身，认为"礼者，所以正身也；师者，所以正礼也。无礼何以正身？无师安知礼之为是也。""人无师无法而知，则必为盗；勇，则必为贼；云能，则必为乱；察，则必为怪；辩，则必为诞。人有师有法而知，则速通；勇，则速威；云能，则速成；察，则速尽；辩，则速论。故有师法者，人之大宝也；无师法者，人之大殃也"。道德是由一定的经济关系决定的，以善恶为标准，依靠人们的内心信念、社会舆论和传统习惯来调整人与人、个人与社会之间的行为。《中共中央国务院关于深化教育改革全面推进素质教育的决定》中明确提出："教师要热爱党，热爱社会主义祖国，忠诚于人民的教育事业；要树立正确的教育观、质量观和人才观，增强实施素质教育的自觉性。"很明显人民教师应具备热爱祖国、热爱人民、热爱科学、热爱社会主义等基本道德，有坚定的社会主义信念和远大的共产主义理想，并在教育中教育学生形成正确的世界观、人生观和价值观，树立为人类的伟大事业奋斗的信念，由于教书育人是一个有机的整体，教书以育人为目标，育人以教书为基础，教师对学生的道德教育应该贯穿于知识教育的全过程。

教师的一言一行、一举一动都对学生产生着深刻的影响。榜样的力量是无穷的，教师以身作则就是一种巨大的教育力量。我们常讲的"教育无小事，事事在育人"就是这个道理。孔子曾经说过："其身正，不令而行；其身不正，虽令不从。""不能正其身，如正人何？"道德不是美丽的语言，而是实实在在的行动，在某种程度

上,道德的实践比道德的理论更重要。如果教师只重言教,而不注重身教,说教就能变得很空洞,就会失掉教育的力量,甚至会使学生感到教师是口是心非,言行不一。行动源于思想,教师要有过硬的思想道德素质。

二、努力改进学校德育工作,要有恰当的德育工作方法

道德教育与一般的知识教育有着共同的教育规律,但也有其特殊的要求,不仅要有道德认识,而且要有道德情感、道德意志,尤其要有道德行为。在德育教育中,首先,要教育学生确立人生的远大理想和宏伟目标,正确处理远大理想与眼前利益的关系,精神追求与物质享受的关系。即所谓"朝闻道,夕可死矣。""无欲速,无见小利。""君子谋道不谋食,君子忧道不忧贫。"要教育学生"持志养气",保持健康的情绪和情感,既不要"心昏意乱"也不要"利令智昏"。教师应该通过多种途径让学生了解众多实实在在优秀共产党人的人生经历,在潜移默化中使学生树立远大的共产主义理想,使学生知道高尚的道德情操的形成需要经过长期的培养和艰苦的磨炼,需要有恒心和百折不挠的精神,要能经受困难的考验,做到"富贵不能淫,贫贱不能移,威武不能屈"。即"岁寒,然后知松柏之后凋也"。其次,教师要明白,个人行为要符合社会准则和规范,所以要求学生在进行道德修养时要从自我做起,要"躬自厚而薄责于人",遇事要善于进行自我反省、自我监督、自我评价,"见贤思齐焉,见不贤而内自省也。"教师要通过学生感兴趣的案例培养学生辨别是非、善恶、美丑、荣辱的能力。再次,在对学生进行道德教育的时候,要让学生明白,道德成于内而形于外,道德修养的高低要见诸行动。学生应该"讷于言而敏于行",要多干实际事少说漂亮话,要做到"言必行,行必果",做不到的事,就不要说大话。要让学生知道,道德修养要打好基础,时时处处身体力行,"君子务本,本立而道生""君子无终食之间违仁,造次必于是,颠沛必于是"。最后,对学生进行道德教育的过程本身就是一个发扬优点、长处和克服缺点、错误的过程。世界上没有完美的人,克服缺点与发扬优点是相辅相成的,关键是如何让学生对待自己的缺点和错误,要让学生"闻过则喜""见善则迁",此所谓"君子之过也,如日月之食

焉。过也,人皆见之;更也,人皆仰之。""不贰过"。只有善于发现学生的优点,并不吝鼓励和赞扬,才能帮助学生肯定自己、树立自信。

  学校的德育工作,只要我们能配备道德素质过硬的德育工作队伍,采取恰当的德育工作方法,就能把党的教育方针落实到位,就能真正做到"以德育人",就能把我们的学生培养成为全心全意为社会主义现代化建设服务的"四有"新人,从而将"以德治国"思想真正贯彻落实,使我们的民族振兴,国家富强。

渴望"老师好！"

依学校的教学惯例，任课老师在正式上课前要对着五六十个学生，充满责任感而又例行公事地问候"同学们好"，随之回应的是或响亮或略带拖沓或略带无可奈何的"老师好"，鉴于此，部分老师取消了这一基本的、已经逐渐失去人文意义的仪式，于是"老师好"便变成了可有可无的东西。而在课余，师生邂逅，老师能够被问候一声"老师好"，已经感觉是人生的一种享受。笔者是凡人，不是老学究；笔者想适应问候的可有可无，但又想维系一些必要的礼仪。特别是作为一名教师，笔者仍然希望乃至于渴望被深情地问候一声"老师好"。

道德在生命中居于主导地位，古有"道涵天地，神统百形"之说。社会道德规范应该反映一定社会政治经济制度的要求、科学技术和生产力的发展水平。在食不果腹的年代，人们之间的问候语大多为"吃饭没有"。随着经济的发展和人们物质文化生活水平的不断提高，温饱的问题得到基本解决之后，人们见面的问候语通常为"你好(Hello)"了。记得当初试用或被试"你好"的时候，还存在着些许不好意思的感觉。人类在跨入崭新的21世纪之后，人们见面问候"你好"已经是司空见惯，精神文明的进步由此略见一斑。所以由不得笔者不感慨，从"吃饭没有"到"你好"所反映的是时代的发展与进步！当然更由不得笔者不感慨的是，不论是食不果腹的年代还是已经进入温饱的时期，课堂上的"老师好"的问候语始终没有改变，相反随着物质文明的进步，学生对老师的亲切问候"老师好"变得不再那么悦耳，甚至有些不情不愿的意味，师生之间似乎有了距离感，所以笔者渴望"老师好"。

笔者时常在思考，学生也许早已明确，新的时代已经对中学生的全面发展提出了新的更高的要求，良好的素养、文明的行为既是中学生成长成才的目标，也是每一位中学生全面发展的内在要求。笔者常想，现在的学生从出生以来，他们的头脑中就灌输着很多文明用语，但学生们是否真正使用了这些文明用语呢？以平和的心态来看,学生遇见老师恭谨地问候一声"老师好",老师微笑着回应一声"你好",那应该是一幅多么友善而又和睦的情境;以传统的视觉来看,学生恭敬地问候一声"老师好"应该是学生应尽的义务也是学生的权利,因为那是一种师生情谊的传播和文明行为的体现。当然,作为学生,可以喜欢某位老师,也可以不喜欢某位老师,不喜欢他不等于可以不尊重他,因为尊师不单指尊重个体的人,还指对他所承担的工作、对他的职业的尊重。所有的学生都可以设想,一个无私奉献的教师能听到一声"老师好"时,肯定会有如沐清风、如嗅花香的感觉,如同清澈的甘泉滋润着园丁的心田。为师之乐无非乐乎此!

笔者时常在反思,文明礼貌是我们的传统美德,我们都知道,一句问候会令人心情舒坦,一声祝福常使人感动万千,作为老师常为课堂上的一声"同学们好"倍感责任重大和意义深远,因为他们觉得"爱生"不需要理由。那么学生"尊师"需要什么理由吗?学生对老师说上一声"老师好"需要什么理由吗?在遇到普通朋友的时候都可以问候一声"你好",为何在遇到老师的时候就不能将"你"替换为"老师"呢?

作为一名老师,笔者总想维系一些必要的礼仪,所以渴望听到"老师好!"

学校是学生的校园　治理是同学的自治

某某的同学们:

你们好!

能够与你们以通信的方式交流,我感觉很充实和满足;能够得到你们的信任,我感到万分高兴;当然我特别希望你们获得更大的进步,那将使我快慰平生。

鉴于我的时间的确比较紧张,所以只好采用一问一答的方式来与你们交谈,但是由于书面表达的局限性,可能很多地方会词不达意,请原谅。

学校在"创示"工作中还存在着很多问题。在老师方面,还存在对学校校训认识不够、对学校的办学思想理解不深入的问题,没有很好地在具体的教育教学工作中真正体现办学思想和办学目标,现代教育观念还需要进一步增强,德育的内容、方式、方法还不能为所有同学所接受,师生间的平等、民主、和谐的关系还没有达到理想状态,老师对学生的亲和力还不够,师生之间存在一些障碍或鸿沟,直接影响学校管理工作的开展和管理成效的体现。另外,老师的教学能力和水平也还有很大的拓展空间,如何更好地发挥同学们的主观能动性和主体地位,让同学们积极投入学习当中,并在学习中找到乐趣,都需要老师们更多地进行研究,如何真正体现学校的课堂教学改革精神,还有待于老师们进一步探索,使得课堂更具有吸引力,让同学们积极参与到学习当中,而且学得更加轻松和愉快,这是老师们奋斗的方向。在学生方面,主要存在的问题是同学们的自我教育意识还不到位,对自己的行为要求不是特别明确,对自己的学习精神和态度的要求不是太高,具体体现在对公民基本道德规范的遵守不是很好,没有自觉地严格要求自己的言行,距离学校的校训要求太远,言行举止不像一个一中学生,没有修身养性的意识,动辄以武力、恶言解决问题,乱扔乱吐乱写乱画乱说乱吼现象比较普遍,迟到早退天天不断,公共意识和人文精神极其淡薄,自私自利有我无他心态普遍,站无站相,坐无坐相,走无走相,吃无吃相,没有良好的精神风貌;在学习上,没有积极学习精神和态度的同学相当多,得过且过的现象很普遍,积极上进、刻苦求学、勤学好问的精神缺失严重,抄袭作业、考试作弊司空见惯,这些与一中所倡导的治学之风是完全不相容的,也是我最为忧心的。

在05届文理分科的问题上,我对分科的要求比较简单,学自己喜欢的学科。当然在目前的考试体制下,文理不分不太现实,要学好所有学科变得越来越不可能,所以只能在偏重某个方面的前提下尽可能地学好其他学科,使自己在没有明确自己特长的情况下能够发展得更加全面。文科也罢、理科也罢,只要自己喜欢就要全力以赴。

对于青年教师的问题,学校一贯的态度都是"能者上",给所有教师发展的机会,但关键还在于青年教师自己把握机会,所有的机会都是留给有准备的人的。任何青年教师只要热爱教育、热爱学生,而且有能力搞好自己的本职工作,我们都愿意让他们快乐地成长并达到自己的目标。青年教师的最大优势就是更容易与学生交流,更能够理解学生,和学生有更多的共同语言,但是他们最大的不足就是在把握教育学生的"度"上尚欠火候,往往在对待学生的行为时放得太宽或收得太紧,只有那些具有较高的情商和人格魅力的青年教师才能够被学生所接受和喜欢。在一位很有经验的老教师和一位受学生喜欢的青年教师之间,学校会尽量根据其特点安排工作,如果老教师有经验适合做班主任,为什么不可以发挥他或她的特长呢?如果青年教师受学生喜欢,但对学生很纵容,那又有什么理由让他把学生惯坏呢?事实上,学校在安排班主任的时候,已经考虑了学生对于个别老师的反映,但是要考虑到某一位老师是不是被所有的学生接受或欢迎,那的确是很困难的事情,在现实中是极难做到所有学生都喜欢某位老师的。

"校长热线"在一中也许是首创,但在全国范围内也许不是。这个想法的产生实际上是同学们给我的启迪,因为在此之前已经有个别同学采取这种方式向我反映学校管理中的问题,再说,学校的管理本身就需要同学们的参与,既然大家都是一中人,就应该为学校的建设和发展献计献策,关心我们共同的家园。学校的管理永远不可能达到尽善尽美的境界,但没有任何理由让我们不去追求完美。"校长热线"开通了接近一个月,让我与同学们有了更多的交流和接触,使我得到了很多的启发，也使得学校的管理有了改进，我不能说目前已经达到了我所希望的效果，但是起码让更多的同学知道，学校真的很关心大家，很愿意与大家共同发展和进步，使大家觉得一中真的具有强烈的吸引力和希望，让大家感觉到教育的平等与公正，让大家有主人翁的意识和感觉。当然，其效果的体现还需要所有同学的支持，没有学生，一中将不复存在，一中之所以是一中，那是因为一中拥有一批像你们这样关注学校建设与发展的学生，所以我要感谢你们的支持与配合。

　　草草数语，无法道清我所欲言，还请你们原谅。另外，你们所提建议，我会要求相关部门改进。谢谢！

　　祝学习进步！

你们的朋友 伍小兵

2003年5月14日

教学管理篇

JIAOXUE GUANLI PIAN

发言与讲话

积极推进现代教育技术　全面提高教育质量

21世纪,是竞争的世纪,国际竞争的实质是科技的竞争,科技的竞争也就是人才的竞争,人才的竞争归根到底是教育的竞争。先进的教育思想决定着教育发展的方向,先进的教育模式和现代教育技术决定着教育的质量和效益。加强现代教育技术应用,有助于全面实施素质教育,全面提高教育质量。

一、更新观念,提高认识

百年大计,教育为本;科研兴校,教师为本。实施素质教育,积极开展现代教育技术,教师是关键。教师要提高素质,首先要更新观念,没有观念的更新,思想就会保守落后,就会偏离现代教育发展的方向,就会影响素质教育实施,就会影响现代教育技术的应用。为此,学校领导班子首先统一了思想认识,明确了实施素质教育,积极推进现代教育技术,全面提高教育质量等目标。面对挑战,学校确立了"加强改革是前提、转变观念是根本、抓好科研是动力、创办特色是突破、建设队伍是关键、完善设施是保障"的工作思路。学校组织教师认真学习《中共中央国务院关于深化教育改革全面推进素质教育的决定》和教育部《面向21世纪教育振兴行动计划》,认真学习中央、省、市领导对素质教育的讲话精神,认真学习《现代教育技术简明教程》,在教师中展开"实施素质教育,应用现代教育技术,是教育发展的必然选择"大讨论。通过学习和讨论,增强了教师的危机感和紧迫感,加快了教师教育观念的转变,提高了教师的认识,增强了教师实施素质教育、自觉应用现代教育技术的意识。在此基础上,学校向全体教师提出了实现三个转变和一个到位的要求:要求教师的教育观念要由"应试教育"向"素质教育"转变;教学方法要由"教师单向灌输,学生被动接受"的传统教学模式向"师生共同活动,学生学会学习"的现代教学模式转变;教师要由"教书匠"向"教育专家"转变;自觉应用现代教育技术的意识到位。

二、现代教育技术发展的情况

学校现代教育技术发展经历了艰难曲折的过程。

1978年学校成立了由主管校长任组长的电化教育领导小组,负责学校电教业务的领导工作,同年成立了电教室,负责电教的管理工作,制定了《宜宾市一中电教发展五年规划》,学校电教进入了起步阶段。当时学校教育基本上是"粉笔+黑板"的传统形式。现代教育技术的应用还只是简单地使用录音机、幻灯机和电影,教学方法落后,教学效率较为低下。

1983年和1989年学校先后两次调整电教领导小组,随着学校"七五""八五"电教发展规划的实施和落实,学校电教有了一定的发展。学校根据形势发展的需要,成立了由各教研组组长和电教工作人员组成的电教研究小组,开展电教的应用研究和课题实验。学校投入了大量资金,购置了一定数量的电教设备,为学校现代教育技术的发展奠定了基础。

1996年,学校电教领导小组进行了第三次调整,1998年,根据形势发展的需要,学校把电教领导小组更名为现代教育技术领导小组,伍小兵副校长任组长。随着学校"九五"发展规划的实施和落实,学校现代教育技术加快了发展速度,学校制定了《宜宾市一中现代教育技术发展规划》(简称《发展规划》)和《宜宾市一中现代教育技术教师培训规划》(简称《培训规划》)。根据《发展规划》,学校在资金十分紧张的情况下,先后投入资金65万元,购置了彩电45台,闭路电视系统1套,地面接收站1套,录放机25台,视听室配套设备10套,摄像机2台,编辑机1台,计算机网络系统设备486型计算机37台、586型计算机2台、多媒体计算机4台,广教远程教学接收系统1套,电教投影仪44台,教学投影片10套,组合音响1套,录音机44台,教学录音带215盘,空白录音带440盘,装备语音实验室2间,综合电教室2间,电教办公室1间,学生计算机教室2间,教师计算机室1间。在加大投入增添现代教育技术设备的同时,学校根据《培训规划》,分批对学校领导干部、教师进行有计划的培训,截至1999年12月,共举办了三期培训班,培训领导干部、教师共140人。学校为鼓励教师学习和掌握现代教育技术,要求45岁以下的教师必须购买计算机,学校每年都进行一次计算机等级考试,对其中经过考核达到相应计算机应用等级的教师,实行最高金额3000元的经济奖励。学校要求全校教师都必须学习《现代教育技术简明教程》,写出学习心得,并进行了检查。学校还十分重视现代教育技术的应用研究,要求45岁以下教师的各类公开课必须运用计算机辅助教学,对在各级优质课评选活动中运用计算机辅助教学,参加CAI课件制作选优活动获奖的教师,实行高一个等级的奖励。学校也十分重视现代教育技术的课题研究实验,开展了省级课题《电教与口语训练》,省级子课题《高三CAI课件的研制》等一批电教课题实验。由于得到了省、市电教主管部门的关心、支持和指导,加上学校领导的重视,经过各课题组教师和电教工作人员长期坚持不懈的努力,实验取得了可喜的成果。

三、现代教育技术发展取得的成功经验

1.领导重视是前提。学校一直十分重视现代教育技术的发展,把它摆在优先发展的战略地位,始终把运用现代教育技术作为深化教育改革,全面实施素质教育,全面提高教育质量的重要手段。学校现代教育技术领导小组对学校现代教育技术的规划、师培、软硬件建设和应用研究常抓不懈,现代教育技术研究组积极开展现代教育技术师资培训,开展现代教育技术应用研究,形成了以新帮老、多数参与的特色。学校领导工作点、面、网相结合,管理人员分工明确、职责分明,形成了大事有人抓,小事有人管的新局面。

2.抓住机遇是关键。学校现代教育技术的发展较好地把握了两个发展机遇。一是学校的"七五"和"八五"期间,抓住了改善学校办学条件这一机遇,以电化教育为突破口,有计划、有步骤地推进现代教育技术的装备和应用,为学校现代教育技术的发展奠定了基础。二是学校的"九五"期间把握住了实施素质教育,推进现代教育技术应用的机遇,以计算机网络为重点,狠抓软硬件建设和师资培训。加快了学校现代教育技术的发展,现代教育技术的装备和应用又上新台阶。经过各方的努力,1998年学校被批准为全国电教实验学校,1999年宜宾市应用现代教育

技术工作会在学校召开,学校现代教育技术发展和应用的经验受到上级领导的充分肯定、同行的广泛赞誉,经验被《宜宾教育》刊登。

3.强化管理是保证。学校十分重视现代教育技术的科学管理,向管理要质量,向管理要效益。抓管理,学校从四个方面入手。

一是抓制度管理。按规范化管理要求,学校建立健全了各种规章制度,建立完善了管理机构和专兼职管理人员的岗位职责,建立了考核评估制度,把学习应用现代教育技术纳入教师业绩考核评估之中。

二是抓资源管理。充分发挥现代教育技术资源的作用,做到软硬件配套,实施科学化管理,注意配、管、用一起抓。学校为促进现代教育技术的使用,要求凡可运用现代教育技术进行教学的课,应尽力运用现代教育技术进行教学,近几年,学校现代教育技术设备的使用率逐年提高,现代教育技术的运用优化了教学结构,提高了教学质量和效益。

三是抓教研管理。以"八五""九五"科研课题为龙头,坚持开展多层次、多形式的现代教育技术应用课题的试验研究,一批电教试验课题经过课题组教师的不懈努力,已经圆满结题。其中省级课题《电教与口语训练》经过长达8年的艰苦实验,经省、市专家组终结评审,被评为优秀级,1997年被评为四川省教学科研成果三等奖。该项试验成果已在省、市部分地区推广使用,承担此课题教师的论文在省、市交流,6篇入选《四川电教》,有2篇获市电教成果二等奖,1篇在省推普会上交流,1篇在省电教工作会上交流。有部分课题还在继续试验中,学校是省级电教课题《研制CAI课件》的参研单位,承担《高三物理CAI课件》的主研任务,此项研究进展顺利,已取得阶段性成果,研制的CAI课件参加四川省组织的CAI课件选优活动,获二等奖1名,三等奖1名。区校级课题《多媒体在历史教学中的应用》《高中数学二维图形CAI课件制作》已开题试验,两个课题组的教师积极开展实验工作,随着实验的深入已取得了阶段性成果,历史课题组谢明文老师的经验文章《浅谈多媒体教学手段在历史教学中的应用》在《中小学电教》117期上发表。1999年,学校开展了CAI课件的选优活动,要求35岁以下的青年教师都必须制作CAI课件参评,学校评出一等奖5名,二等奖12名,三等奖20名。学校的现代教育技术应用研究做到了时间、人员、内容三落实,形成了以科研促应用,以应用促发展的特色。

四是抓队伍管理。学校现有现代教育技术专职人员4人,兼职人员2人,对专兼职人员,学校坚持"两手抓",一手抓业务素质的提高,采取派出去、请进来的方式有计划地对专兼职人员进行培训,学校在资金十分紧张的情况下,安排电教专兼职人员到成都科大、西南师范大学、省教院进修,还派人到北京科利华公司、市区电视台学习、培训,并组织课题组骨干教师参加省电教馆组织的培训。学校还两次安排电教领导小组负责人参加由国家电教馆组织的培训。为提高电教人员的理论水平,加强理论学习,学校还为电教人员订了《中国电化教育》《中小学电教》《外语电化教学》《家电维修》《计算机世界》等刊物。二抓思想素质的提高,加强对电教人员的思想教育,在职评、晋级、福利待遇等方面与教师一视同仁,解除他们的后顾之忧,使他们安心工作,乐于奉献。对教师,根据21世纪教育是"人脑+计算机+网络=未来教育"的特点,学校狠抓教师观念的更新,狠抓现代教育技术技能的培训,当时学校已有120人能应用计算机,47人能初步进行CAI课件制作,加速了学校教师运用现代教育技术进行辅助教学的进程。

4. 加强运用是重点。学校不把现代教育技术当作摆设,而是采取切实可行的有效措施,充分发挥它在优化教学结构、提高教学质量和效益上的优势作用。1999年,学校开展的语、数、外三科青年教师优质课比赛活动,全体参赛教师都制作了CAI课件,都使用了计算机进行辅助教学,获得了良好的效果。虽然当时学校计算机数量较少,但使用率较高,利用CAI课件和计算机辅助教学,已成为学校教师追求的新目标。

5. 注重效益是目的。学校充分发挥现代教育技术在改革教学结构、优化教学过程、提高教学质量和效益上的作用,采取了由点到线、由线到网、由网到面,步步推进、稳扎稳打的策略,经过3年的努力,学校各学科都能开展CAI课件的制作和利用计算机进行辅助教学,全面提高了教育质量。

四、面向 21 世纪，开创新局面

学校现代教育技术经过多年的不断发展，取得了较为显著的成绩。但是，与其他先进学校相比还存在较大的差距。面对日新月异的现代科技，面对现代教育技术飞速发展的挑战，学校将继续深化改革，努力开拓进取，争取实现现代教育技术的跨越式发展。

学校现代教育技术领导小组认真总结学校现代教育技术发展的经验和教训，结合学校发展规划，制定了学校现代教育技术发展的"十五"规划——《宜宾市一中校园网络规划方案》，方案以 2001 年前建成校园网络为重点，规划了学校现代教育技术发展的蓝图。有上级领导的关心和支持，有学校领导班子强有力的领导，有全校教职工的理解和支持，学校的校园网络就一定能建成，学校现代教育技术就一定会出现崭新的局面。

（此文系笔者 2000 年 4 月 20 日在宜宾市全市现代教育技术工作推进会上发言的主要内容。）

解决现实问题　提高教学质量

质量是学校的生命线、发展线,这已经成为全校教职工的共识。这里所说的质量,应该包括三个方面的内容:一是教育质量,二是教学质量,三是服务质量。应该说教育质量和服务质量与教学质量一样重要,没有较高的教育质量和服务质量作为支撑,教学质量的提高只是一句空话。在此,只谈教学质量的提高问题。

要提高教学质量,首先需要提高教学的核心竞争力,教学的核心竞争力是什么呢?那就是我们的课堂教学质量。抓好课堂教学质量的关键在于教师。那么究竟应该怎样提高教学质量呢?以学校目前的情况来看,以下几个方面值得重视。

一、质量意识需要进一步强化

辩证唯物主义认为,意识决定行为,没有正确的意识就不会有正确的行为。作为一中的教师,应该树立"一中兴亡,我的责任"这样一种强烈的主人翁意识,"皮之不存,毛将焉附",只有学校兴旺发达,才会有个体的发展。尽管全体教职工都有强烈的爱校意识,更有"校兴我荣,校衰我耻"的荣誉感和使命感,但老师们还需要把这种意识渗透到骨子里,体现在上好每一节课、搞好每一次服务的行为中,使意识真正转化为行为。年级、班级和教师都应该树立打好"三张牌的意识",即:金牌意识,拿到状元;名牌意识,清华北大;奖牌意识,人数第一。

二、责任意识需要进一步明确

作为一名热爱教学工作、热爱学校、热爱学生的教师,无论是接到哪种类型的班级,都应该树立强烈的责任意识:英才班、实验班考状元,我的责任;进清华北大,我的责任;争重点第一,我的责任;实验班、平行班争重点第一,我的责任;获奖人数第一,我的责任。按照学校和年级下达的目标要求,班主任和学科教师都应该根据学生的现状,制订教学目标与计划,哪些应该拿金牌,哪些应该进名牌,哪些应该上重点,哪些应该上三本,在哪一个分数段原来有几人,应该保住多少人,应该提高多少人,哪些学生需要花大力气狠抓,作为班主任和学科教师应该做到心中有数。学校、年级将学科目标下达给教研组长,教研组长应该根据情况下达给各位教师,以便让教师明确奋斗方向和目标,树立强烈的"本班兴亡,我的责任;本科兴亡,我的责任"意识,并展开积极有效的工作,以获得最佳绩效。避免出现干好干坏一个样的情况,有力地促进教学质量的全面提高。

三、教研组长需要进一步到位

作为学科的带头人,教研组长应该具有不可置疑的重要统领作用。在过去学校规模不是太大的时候,教师的数量不是太多,几乎每一个教师都可以独当一面,几乎每一个教师都形成了自己比较独特的风格,所以教研组长的作用更多的是统筹协调,主要工作在于狠抓班科群体建设,这一点已经通过过去多年的实践证明是切实可行和积极有效的,对教学质量的提高起到了重要作用。但是目前学校规模已经是原来的四五倍,教师人数也是原来的四五倍,所以必须在发挥班主任轴心作用的同时,充分发挥教研组长的统帅功能,以保证教学质量的提升。

四、教学观念需要进一步改变

有了质量意识和组织保证,还需要有正确的教学观念。教书和教学的根本差异就在于,教书只是把书本知识教给学生,教学是把学科思想、学科逻辑、学科思维、学科技能、学科知识一并传授给学生,所以,教学比教书要困难和复杂得多。既然是教学,就应该更多地从学生的角度考虑他们应该怎么学、教师应该怎么教,即所谓以学生的学习为中心,以学生的需求作为教学的基础和落脚点。这一点实际上已经很充分地体现在了《宜宾市一中课堂教学改革方案》当中,其核心就是以学生的学习为中心,通过优良的教学设计,把学生吸引到老师的身边来,通过引入、疑问、辩疑、释疑、巩固等五个步骤的不断循环,将知识传授给学生,让学生在紧张的思维活动中学会学习方法。

五、集体备课需要进一步深化

鉴于青年教师不断增多,经验丰富的老教师成了学校里弥足珍贵的财富,为了保证教学质量,就需要加强和深化集体备课制度,使以教研组长为首的优秀教师引领青年教师一起备课,将青年教师转变成为优秀教师。这就尤其需要老教师将丰富的经验和体会通过教研活动传授给青年教师,青年教师把自己的不足和欠缺通过教研活动展现给老教师,通过实实在在的教法研究和学法研究,保证教学目标、教学内容、教学进度、教学方法的统一和创新,使青年教师能够在很短的时间内提高教学水平。在机制上,学校将试图通过教研组长与全组教师的捆绑式考核,有力地促进老帮新、新学老,真正体现老教师的价值。

六、试卷分析需要进一步细化

高质量的教研活动是开展教学工作的基本保证。但是,教与学毕竟是双边活动,仅有教法和学法的深入研究,还不足以保证教学质量的真正提升,教师还需要认真研究学生的学情。学生的知识、技能需要通过考试进行检测,以便发现学生的收获,教师根据试卷反映的学情进行教学矫正,从而有效地改进教学工作。只有通过分析才能发现学生学习中存在的问题,并通过教研活动集体研究来解决问题。所以教师应该树立这样一种意识,即试卷阅完,仅仅完成检测工作的一半,而更重要的是对已经评阅的试卷进行深入的分析,就每一道试题的完成情况和得分情况进行逐一地分析和统计,以便于更好地提高教学效率和质量。

师生多年的共同努力,已经为学校的进一步发展打下了坚实的基础,但是,当前教育竞争激烈,我们不能大意。目前高考人数不断增多,全省上线比例逐年下降，新一轮的质量竞争将不再依托高校的扩招而增加上线人数，而必须依赖各个高中内功的修炼，原有的粗放式的教学管理和教学方法，将不再适合于现在的教育竞争，必须变粗放为精细才能在狠抓质量上先声夺人、胜人一筹。一中的教师可以说是全市教师中最辛苦的群体之一，我们的成果也是全市最突出的，但我们仍然不敢松懈，也不能松懈。我们只有不停地奋斗和努力，才能做出更加优秀的成绩。我们相信，只要全校教职工都树立了清醒的质量意识，形成了明确的责任意识，在具体工作中按照学校的要求，做正确的事情，正确地做事情，把事情做正确，一中就会迎来更加辉煌灿烂的明天。

（此文系笔者2005年5月13日在宜宾市一中教学质量分析会上讲话的主要内容。）

下定决心　不怕牺牲　排除万难　争取胜利

今天,利用教师节的时间进行考试质量分析,除了对大家表示歉意以外,还体现出这次会议的特别价值和特殊意义。特别价值就是指教师的价值,即奉献与牺牲的价值,为教育奉献青春和热血,牺牲休息时间。特殊意义在于老师们终于以胜利者的心态来研究自己的工作、研究学生,而且是在自己过自己节日的时候,这何尝不是我们送给自己节日最好的礼物呢! 在此,向各位老师表示最衷心的感谢!

借这个机会分享一些想法,主题是"下定决心　不怕牺牲　排除万难　争取胜利"。

一、下定决心

我们共同的目标是什么? 我们从来没有动摇过,那就是高考中学生上一本线和三本线人数排名全市第一。我们曾经怀疑过自己,我们的对手曾经怀疑过我们,社会舆论也曾经怀疑过我们,这些都成为我们工作的压力,但也是我们工作的动力,我们没有屈服于这些压力,我们成功地将这些压力转化为动力,所以我们从一个胜利走向了又一个胜利,学生经过一次又一次的考试检验,一次一个进步,一次上一个台阶。这些成就的取得,让我们没有任何理由再怀疑自己的能力,让我们的对手没有任何借口可以指责我们,让社会各界没有任何语言可以指责我们。这些成就的取得,让我们更加明确了我们的目标,更加坚定了我们的信心,更加坚定了我们的决心。我们不仅能够在生源优秀的情况下取得优异的成绩,我们更能够在生源不好的情况下取得优异的成绩,因为我们有优秀的教师群体,有优秀的领导集体,更有永不言败、决不服输的精神和意志,所以我们应该而且必须下定决心,奋斗一年,夺取明年高考的胜利!

二、不怕牺牲

这一点大家已经用行动证明了。每一个学生的进步、每一个学科的进步、每一个班级的进步，都与教师的辛劳付出密切相关。大家亲眼所见，年长的教师精心指导年轻教师，耐心教育学生，不能陪伴自己的家人，甚至有时带病工作；年轻教师放弃了属于年轻人的生活方式，甚至回避谈恋爱的问题，一心扑在工作上，没日没夜，早出晚归，不计报酬，给学生补课，与学生谈心，献出了青春，失去了朋友。为了学生的成长、为了学校的发展，我们已经付出了很多很多。但我们也深深地知道，调研考试毕竟还不是高考，我们都知道谁笑到最后才笑得更好的道理，既然我们的牺牲已经换取了调研考试的好成绩，这就充分说明我们的牺牲是有价值的，是有成就的，那么为了明年的高考取得好成绩，我们还需继续努力。

三、排除万难

回想03级学生刚入学的时候，我们承受着学生被抢夺的问题，又面临着"创示"任务，如此多的困难都堆在我们面前，但我们并没有被困难吓倒，我们直面困难，想方设法提高学生的学习能力、激发学生的学习兴趣、加强集体备课、强化集体研究、耐心辅导学生，终于使学生取得了一个又一个的进步。但我们应该清醒地认识到，我们的压力依然很大、困难依然存在、竞争依然激烈，所以我们必须清醒地认识到我们的处境。撇开教师自身的情况不说，目前摆在我们面前的困难主要是学生的底子比较薄弱，虽然说成绩不能说明一切，但毕竟成绩是学生综合素质的一个表现方面，尽管经过两年艰苦的努力，学生的整体素质和学习能力已经有所提升，但与预期目标还有差距，所以就要求教师深入了解学生特别是尖子生和踏线生的具体学习情况，了解他们的性格特征、心理品质和学习方法，人盯人、个对个进行贴身紧逼，堂堂清、天天清、周周清、月月清、段段清，真正把这些学生的薄弱环节弄清楚搞明白，帮助他们摆脱学习障碍和困难，巩固我们已经取得的胜利成果。所以这就需要全体教师尽量排除生活和家庭困难，按照年级的具体要求，不折不扣地执行相关规定和纪律要求，以保证管理质量、教育教学质量的稳固和提升。

四、争取胜利

有了决心,就有了牺牲的准备;有了决心,就有了排除万难的勇气。各位老师,06届是我们学校最困难的年级,也是最考验我们素质、能力和水平的年级,更是展现我们奉献和牺牲精神的年级。为了学校的发展和荣誉,大家义无反顾地选择了06届,这本身就已经展示了大家的奉献精神和责任心。目前的成绩是暂时的,况且已经成为过去,未来还需要我们不停地努力和奋斗。各位老师,社会在关注着我们,学生在期盼着我们,全校在支持着我们,尽管未来200多天肯定是很辛苦的,但只要我们充分发挥排除万难的勇气,做出更大的努力,一定会有丰厚的回报,一定会有丰硕的成果,我们的目标一定能够达到。

(此文系笔者2005年9月10日在宜宾市一中2006届学生调研考试分析会上讲话的主要内容。)

研究与心得

关于学生"过失性丢分"的调查报告

无论是教师还是学生,在每次考试结束后的分析中,都要谈到一个共同的话题——过失性丢分。"过失性丢分"是指在考试过程中,因为主观原因而造成能得分而未得分的现象。为了弄清楚学生过失性丢分的情况和原因,学校专门进行了四川省宜宾市一中关于学生"过失性丢分"的问卷调查。

一、调查设计

本次问卷共设计了11个题目,包括学生考试准备情况、考试心理、考试时间、考试过程、做题的正确率和速度、做题顺序等方面;造成考试过失性丢分的原因;考试过失性丢分与平时学习的相关性等。本次调查以宜宾市一中学生为调查对象,接受调查的班级共30个,按文理班划分,文科7个班,理科14个班,未分文理的9个班;按年级划分,高一年级9个班,高二年级9个班,高三年级12个班。本次调查共发出问卷1 749份,回收问卷1 601份,回收率为91.54%。抽样考虑到了不同年级的不同层次的班级,但没有对各年级最低层次班级发放问卷,因为他们的考试成绩更多与能力相关。因此,调查结果具有较强的代表性。

二、调查结果与分析

(一)各学科过失性丢分情况统计

从调查结果来看,学生在考试中过失性丢分情况确实很严重,数学学科丢分最多,达到了15.5分,最少的学科为历史,丢分7.52分。横向对比来看,对逻辑思维要求较高的学科,如数学、物理、化学学科,学生过失性丢分更严重一些。从文理科比较来看，文科生的数学丢分最严重，达到了15.94分，而理科生的数学丢分为14.64分，文理科的语文和英语差距很小。从年级比较而言，对于语文、数学和英语，高三比高二丢分少，高二比高一丢分少。但就物理、化学、政治、历史、地理学科来看，高三比高二丢分都要多。这些调查数据表明：随着学科学习的不断深入，学生在考试中的过失性丢分会逐步减少，随着学科考试范围的不断扩大，学生在考试中过失性丢分会逐渐增加。

（二）学生参加考试的过程

该部分包括6个题，从考试准备情况、考试心理、考试过程、考试时间、做题速度和正确率、做题顺序进行了调查。

从学生考试准备情况来看，准备很充分的只有2.82%，准备还可以的占48.37%，有39.88%的学生认为自己在考试前准备不充分。这些都说明教学进度的安排、考试内容等方面有亟待改进的地方，特别是如何规划学生的复习时间，引导学生如何复习，教学进度如何安排等方面都需要教师提高。学科之间的差异不大，但年级之间的差异较明显，年级越高，学生自我感觉准备越不好，高三也有9.01%的学生对考试根本就未做任何准备。同时也反映出学生在分析考试时存在一种普遍的心态"归因于外"。

从考试心理来看，精力集中而且不紧张的只有19.50%，而精力不集中又紧张的有16.38%。这说明学生的考试心理值得我们高度重视。精力集中是考试成功的前提，考试紧张与否是考试成功的关键，有54.88%的学生在考试过程中精力不集中，有41.05%的学生在考试过程中紧张。这说明学生能否集中精力考试更重要。从考试精力集中来看，文科比理科好，年级越高，情况越差；从考试紧张程度而言，文理科差不多，年级越低越紧张。

从学生参与的考试过程来看，多数学生不能顺利完成全卷，顺利完成的只有12.44%。更为严重的是，有29.51%的学生在遇到难题后紧张，造成自己考试发挥失常，这些都说明学生的考试心理很重要。16.69%的学生因为时间紧，使得部分自己会做的题都没有时间做，这也跟学生在考试时做题的顺序有关。从数据看，三个年级和文理科学生都没有太大的区别。

从考试时间和做题的速度与正确率来看,有近七成的学生感觉考试时间还是够的,但也有七成左右的学生反映自己做题的正确率不高,有近一半的学生感觉自己做题慢,有42.13%的学生认为自己做题速度很快,但正确率不高,做题快且正确率高的只有7.57%。从年级区分来看,随着学习的深入,大家越来越重视做题的正确率,这就造成做题的速度比较慢。

从学生习惯的做题顺序来看,42.64%的学生都采用从头至尾的做题顺序,只有34.24%的学生采用遇难放后的顺序,只有20.56%的学生采用先易后难的策略。从这些数据来看,学生基本上在考试过程中没有先通读试卷,有近八成的学生都是采用"拿着卷子就做"的方法。从年级情况来看,年级越高,做题的顺序越不科学,这些都说明在平时的教学过程中指导没有到位。

(三)造成过失性丢分的原因

从调查结果看,学生造成过失性丢分的原因依次是:审题不仔细、计算错误、思维不严谨、知识遗忘、未按题目要求作答、书写不规范、考试紧张、身体原因。而前四个原因百分比都在50%以上,特别是审题不仔细成了学生考试过失性丢分的最大原因,这为教师的平时教学敲了警钟。而计算错误也正好印证了为什么数学学科的过失性丢分最多。思维不严谨也说明了为什么数学、物理、化学等逻辑思维要求较高的学科过失性丢分多。从文理科对比来看,理科在审题、计算两个方面比文科过失性丢分多,而文科在思维、知识遗忘、考试心理、书写四个方面都比理科过失性丢分多,这也比较符合文理科的特点,也可以证明本次调查具有较强的代表性。

(四)考试过失性丢分与平时学习的相关性

该部分包括两个题,从学生平时作业习惯和造成过失性丢分的这些错误在平时出现的概率进行了调查。

从学生平时作业和学习的习惯来看,只有近两成的学生能做到全神贯注、规范作答,有79.32%的学生在完成作业上是有问题的,而这些错误在平时的学习中出现的概率达到了92.44%。这就说明学生在考试中所发生的过失性丢分与学生平时的学习习惯有很大的相关性,也就是说,这些造成过失性丢分的错误就是平时学习的延伸,因为它是发生在考试之中,所以我们很关注,而同样的这些错误发生在平时的学习中,我们的关注度就不大了。

三、基本认识和解决策略

(一)重新审视过失性丢分

过失性丢分就是永久性失分。首先,我们所说的过失性丢分,它的意思很明显,即如果小心一点、注意一点,这些分数都能够得到,也就是说,丢分学生的真实水平绝对不是这个样子,完全有能力得到更高的分数。所以,从心理学角度上讲,过失性丢分的说法完全是教师和学生自欺欺人的行为。在考试前,你如果反复提醒自己不要粗心、审题要仔细、分析要严密、计算要精确、答题要规范等,是不是就可以少丢分呢? 我们认真思考一下:对于任何考试,同学们肯定都会认真准备,在考试过程中绝对是全力以赴的,那在这种情况下都有如此严重的过失性丢分,那怎样才不会有过失性丢分呢? 肯定找不到答案。所以,我们平时自欺欺人的"过失性丢分"实际上就是"永久性失分"。老师和同学们只有真正认识到"过失性丢分"的本质,才可能在思想和行动上努力避免过失性丢分的现象。

(二)过失性丢分就是平时学习的自然延伸

我们都想想自己平时是怎么学习的,精力高度集中了吗? 像考试一样规范作答了吗? 像考试那样定时完成作业了吗? 反复提醒自己避免经常要犯的错误了吗? 就好像一个运动员平时都不严格要求自己,在比赛场上能不犯错误吗? 所以,不要以为在考试中才出现过失性丢分,其实在平时的学习过程中,这些过失性丢分一直都存在,只是我们没有注意而已。

（三）减少过失性丢分的方法

1.定时、高效的作业习惯。教师平时应要求学生养成定时做作业的习惯,可以让他们记录自己做题的起止时间。这样一个简单的记录,是对学生心理上的约束。他们会因为记录时间而督促自己全神贯注。在实践过程中,要求每个学生都记录好自己每次做作业的时间,在批改时,教师就很容易发现他们这些过失性丢分的原因,然后再结合学生所用时间和做题的正确率的情况对他们进行有针对性地指导。这样坚持大概三个月,学生的做题习惯会有较大的改良,做题的速度和正确率也会提高,学习效率也得到了提升。

2.教师在教学中要特别重视对学生学习方法的指导。教师对学生学习方法的指导是解决过失性丢分最有效的方法。

首先,要指导学生建构知识体系,因为完善的知识体系是解决过失性丢分的基础。

其次,要指导学生学习审题的方法。学生做题太慢的原因就是从读题开始到想清楚怎么做所需要的时间太长,但深入分析就是因为他们不能从题目文字中提取有用的信息。这就要求教师在习题评讲过程中要引导学生发现题目中的关键词,通过分析提取有用的信息,提高解题的速度。

再次,要强化学生规范答题的意识。要求学生养成在下笔书写之前再看一遍题目要求的习惯,无论是写化学式还是写数学式,无论是模拟考试还是正式考试。有些时候也要教学生一些答题的技巧。

最后,要教学生掌握解决同类型题的技巧。如选择题中采取排除法,同时也要分析每个答案,因为很多学生一看A是该选的,对其他选项连看都不看,这实际上放弃了三个纠正错误的机会。某些类型题,教师在讲评中要不断强化分析模式,如化学实验题,第一步明确实验目的,第二步就是明白出题人目的,第三步才来解决相关的问题。每个专题训练的题量要小,每天只做1~2道题(或1份),训练持续大概20天,天天做、天天改、天天评,让学生集中精力解决这个问题,实际效果不错。

3.要根据学生实际情况进行专题训练。对学生进行专题训练是减少学生过失性丢分的有效途径。在实际的教学过程中,开展审题、提高选择题的解题速度和正确率、有机推断、无机推断、化学实验、计算、"8+4"等专题训练。根据教学实践得出的经验:教学的目标越小、越具体就越容易达成,所以每项专题训练都有明确的目标,采取"小步高频"策略。

在进行专题训练时,首先,要精选训练题,注重梯度,充分调动学生的积极性;其次,要及时归纳总结学生存在的问题,做好精心的指导工作;最后,要注意各个专题训练的先后顺序,如审题训练从高三复习开始训练,有机推断专题训练放在有机化学复习完成以后进行等。

总之,教师不能用"过失性丢分"来自我麻醉,要想减少学生的过失性丢分,只有从平时一点一滴抓起,才能有实效。

校本教研的引领

校本教研正在全国各地如火如荼地开展,但认真观察各校的校本教研活动,特别是深入教研组或备课组的活动中,我们也能得到一些"意外收获"。这些都让我们不得不反思。校本教研到底是什么?校本教研如何才有实效?作为教研组组长或备课组组长,到底该如何引领校本教研?学校在校本教研中到底扮演什么样的角色?

一、校本教研存在的问题

(一)活动计划不周详

学校的教研组或备课组都会在每学期开学之初制订本学期的计划,绝大多数学校也都进行了检查,但只要我们认真观察,就会发现这些计划仅仅是工作安排而已,主要是教学进度的安排,没有具体的目标,没有具体的措施,没可操作性的活动。对于学生学习方面,基本上没有涉及如何引领学生学习,如何在学生的学习习惯、学习方法和学习能力上进行有效引领和统筹安排。在教育学生方面尤为欠缺,校本教研基本上没有涉及如何教育学生,好像教育学生只是班主任的事情。这些情况明显暴露出教研活动开展方法不多,措施不力,校本教研收效甚微。

(二)组织管理不得力

教研组组长或备课组组长在进行校本教研的时候,普遍是在打"无准备之仗"。首先,传达学校和本年级的一些工作安排,检查本组教师的教案,总结上周教学工作中存在的问题。其次,请发言人谈谈自己的教学设计,大家针对这个设计谈谈自己的看法。再次,由教师提出练习册上哪些习题需要研究,大家一起谈谈,查查资料。最后,简单说说下周的教学进度。从程序上讲,工作好像做得很不错,但我们认真观察其效果,不禁会问:这样的校本教研到底解决了什么问题? 取得了多大成效? 教研组组长或备课组组长到底起到了什么样的引领作用? 在校本教研的过程中,教师到底是如何参与的? 教研活动对他们的教学起到了什么作用? 实际上,除了一些事务性的工作布置之外,发言人的发言内容基本上没人认真听,倒是讨论具体习题的时候还有点收获。

(三)研究问题不突出

校本教研中研究氛围不浓是一个不争的事实,而造成这种现象的原因就是研究问题不突出,甚至没有具体的研究问题,所以,教师也就不能深入地思考和研讨。到底哪些问题值得在校本教研中研究呢? 笔者认为主要有两个方面:对于教师而言,主要有重点如何落实,难点如何突破,如何引导学生学习,课堂训练如何进行,课后作业如何取舍,对后进生如何辅导;对学生而言,主要是本阶段有哪些学法需要指导,如何激发学习积极性,如何进行巩固和复习,如何调控学习心理等。

(四)检查督促不到位

大家都能认识到对校本教研的检查和督促是保证校本教研质量的重要措施。虽然不少学校制定了相关的制度来规范活动,但只是走马观花地看看活动是否准时开始,人员是否到齐,是否提前结束,检查一下记载表上的信息是否翔实,程序是否合格等,这就能提升校本教研的质量和效率吗? 答案当然是否定的。所以,目前学校对校本教研活动的检查督促仍不到位。

(五)评价体制不健全

对校本教研的评价,一直是一个难点,多数学校没有评价体系和相关制度,做得好点的就是通过检查,期末进行总结;再好一点的就是简单地进行评选,颁发一个优秀教研组奖状。这些点到为止的做法不能有效促进校本教研的发展,没有达到通过建立评价体系有效促进校本教研发展的目的。特别是在评价体系上没有明确提出教研组组长或备课组组长如何履行好自己的职责,提升校本教研的质量。

对于怎样提升校本教研质量,学校做了很多探索,特别是通过一系列的措施来提升教研组组长或备课组组长的理论水平和管理水平,通过他们去引领本组的所有教师,取得了较好的效果。

二、校本教研的引领

(一)科学规划,计划周详

作为教研组组长或备课组组长,要对本学期、本学年甚至中学三年的整体校本教研活动进行科学地规划,包括理论学习、教学进度、教育科研、教师培养、教学改革、学习方法等方面。组长要根据学生的认知能力,确定不同层次班级的教学目标、教学流程(模式)、学生学习方法的指导、学生学习习惯的规范等;要根据本组教师的水平与特点,确定理论学习的方向、教育科研的关键、教育教学技能的培训、青年教师培养的重点等。这些规划一定要注重科学性,如学生的学习方法和学习习惯的培养应该采取层层递进的原则,青年教师的培养应该从师德和职业规范培训开始抓起,教育科研应立足于教育教学的实际,努力做到"小切口、深研究、大效益"的操作思路。

在整体规划制定以后,再根据实际情况制订一个学期工作计划。工作计划绝不仅仅是工作安排,一定要根据教育教学规律和学生认知能力,确定本组工作的重点、难点以及解决这些问题的措施。从工作计划的具体内容而言,主要包括:学生情况分析、教学重点和难点、教育重点和难点、解决教育教学问题的具体措施、学生学习习惯如何养成等,最后才是确定教学进度及每周的中心发言人。组长只有在每学期开学之初未雨绸缪,校本教研才会取得良好的效果。

(二)强化学习,确定方向

担任教研组组长或备课组组长的一般是教学经验丰富的骨干教师,而根据教师成长的规律,这些骨干教师也进入了职业倦怠期,所以他们加强学习,树立强烈的学习意识就显得非常必要。组长根据本组教师的实际,确定好教师师德修养、教育教学、班级管理、教育科研等发展方向,准备好相应的学习材料,在每次开展校本教研活动时,首先进行共同学习和探讨。这样的引领式学习,可以激发中老年教师的工作积极性,提升青年教师的理论水平和师德修养。同时通过共同学习,可以营造良好的学习气氛;通过共同研讨,可以建立学术争鸣的氛围。

这些活动的准备和开展都能促使组长们明确校本教研的方向。作为组长,在引领教师学习、反思之前,自己必须先学习、先反思,明确教育教学的重点和难点,明确教师专业发展的困难和途径,明确学生学习的方法和手段,明确教育科研的方向和计划等。

(三)细化措施,落到实处

作为组长,要解决教育教学、教育科研、教师培养、学生辅导等一系列问题,要细化具体的措施,这些措施一定要具有可操作性。如在教学研究上可以采取集体研究与分层研究相结合的模式;课堂训练题和考试题可以采用细目表协作模式;教育科研可以采用个人研究与集体研究相结合的方法;教师培养可以采取"导师、助教"制;学生辅导可以采用"四定"辅导模式等。

1.集体研究与分层研究。因为很多学校一个年级有多个班级,也分成了几个层次,而教研组组长或骨干教师多数都担任了高层次班级的教学工作。他们在校本教研活动中处于"话语霸权"地位,这样的校本教研活动对任教低层次班级的教师针对性不强,甚至还会误导他们,这就要求校本教研在集体研究的基础上必须开展分层研究。集体研究上要研究教学的重难点、教学方法、学生学法、教学进度等年级教学的统一问题,而分层教研是同一层次的教师针对本层次学生的具体情况来研讨教学目标、教学方法、学生学法、作业和训练的取舍等。一般来说,校本教研要用一半以上的时间进行分层教研,同时在教师安排上也要让不同层次的教师队伍中都有"领头羊",让他们对本层次的教学工作整体负责。

2.细目表协作模式。课堂训练的效果比学生自己做作业的效果好,这一点已经得到了大家的广泛认同,但很多学校所采用的课堂训练题不是随机拼凑就是原题下载,训练效果不理想,其原因就是校本教研中对此不重视,一般就是随便委托一位教师找一套试题来训练。细目表协作模式是要求作为负责人的组长或组内骨干教师,先根据确定的训练内容制订课堂训练的双向细目表,然后将出题任务分配给每位教师,让他们根据细目表的要求去选择或编写习题,最后由负责人统一定稿。这样可以提升教师的参与热情,减轻他们的工作量,提高课堂训练的质量,同时也可以通过训练效果反馈教师出题的水平,提升教师的能力。对于不同层次的班级,也可以采用这种方法,效果很好。

3.个人研究与集体研究相结合。教育科研是提升教育教学质量的有效途径,但容易在教育科研中出现"两头热,中间冷"的状况。在校本教研中开展教育科研,组长首先应同大家一起商定本组的总课题,同时要求每位教师选择一个小课题。要让教师学会研究,感受研究,喜欢研究,组长就要起到真正的引领作用,要让研究工作制度化,注重研究的过程,应用研究成果,达到"研究即工作,工作即研究"的理想效果。

4."导师、助教"制。新老教师结对子是很多学校用来促进教师队伍发展的手段,也是学校培养青年教师的重要途径,但这种培养模式存在严重的"包办"现象,没有给予教师足够的选择权,不能充分发挥教师的主观能动性。鉴于青年教师绝大多数个性特征比较突出,指导教师和青年教师之间的"代沟"较为明显,教研组组长负责下的"导师、助教"制就是一种比较适合的培养模式。首先,学校向全体青年教师公布有资格成为导师的名单,在青年教师充分了解的基础上进行自主选择,在此基础上再让导师进行选择,以解决"包办"的问题。其次,明确"导师和助教"的职责和学校的管理办法、考核方式等,学校要求青年教师应该将教学设计交导师审阅签字以后才能上课,要求青年教师进行必要的"二次备课"。最后,让部分教育教学效果不好的青年教师只担任其导师的助教,在业务素质达到学校要求以后才能单独讲课。经过这样的改革,许多青年教师都感到:这种形式让他们有了更大的学习自主权和选择权,效果比较好。同时很多导师也从这个活动中感受了"后生可畏",迫使他们必须不断提升自己的教育教学能力,使得教师队伍的整体素质都得到了很大的提升。

5."四定"辅导模式。在教师辅导学生方面,各教研组或备课组应该做到"定时、定点、定人、定内容"的"四定"辅导工作。每学期开始,组长都应该根据学校和本年级的要求,确定辅导对象,安排好辅导人员和地点,明确辅导的内容,同时对教师的辅导工作进行相关的检查和督促。这样才能提升辅导的实际效果。

(四)系统管理,注重帮扶

校本教研的管理涉及三个方面,即学校、年级和组长,在这三者中,组长最为关键。根据校本教研的特点,组长应该实行"菜单式"管理模式,年级应该采用"插入式"管理模式,在管理中要注重帮扶,达到和谐共进的目的。

1."菜单式"管理模式。在广泛征求教师意见的基础上,组长应该制订每次活动的预案,即确定每次活动的程序和大致内容,特别要明确校本教研中要研讨的内容和教师在活动中应该做哪些准备,提前将活动要求告知每位教师,这样就能改变在校本教研中教师无动于衷,研究问题漫无边际的情况。

2."插入式"管理模式。因为对校本教研的细化管理,特别是工作安排通过年级进行,但年级管理很大程度上局限于事务性问题,对校本教研关涉不多。为了提高年级对校本教研的管理,可采用"插入式"管理模式,就是年级组织成立校本教研督导组,深入各个组的校本教研活动,了解开展情况和实施效果,并及时将意见反馈到年级组。这个督导组可由本年级的教学骨干和教研组组长组成,既可监督,又可学习,形成年级校本教研齐头并进的良好态势。

(五)过程引领,科学评价

因为校本教研是一项长期的、持续性的工作,所以重视过程比重视结果更为重要。无论是组长、年级组还是学校,都要注意校本教研的过程,注重对过程的监控和引领,同时注重评价,以评价促实效。同时,校本教研的评价要注意科学性。组长的评价应该以鼓励、表扬为主,引领教师的发展;年级的评价应该以奖优罚劣为主,引领各组和谐发展;学校的评价应该以科学考评,树立典型为主,引领教育教学质量的提升。

过程的引领要以活动为载体,组内可以开展相关的主题研讨活动,让大家就如何有效开展校本教研、如何管理班集体、如何规范学生的学习习惯、如何提高学生的学习素养、如何进行教育科研等专题进行研讨,也可以开展优秀教师的经验介绍会、青年教师的成长畅想等主题活动。年级可以利用教师大会、教研组组长会、质量分析会等机会通报各组校本教研的开展情况,表彰优秀的教研组。同时制定切实有效的管理措施和考评细则,达到奖优惩劣的目的。学校在考评教研组时要实行适度的捆绑制,如将年级的教学成绩捆绑到年级的每位教师,将各学科的成绩捆绑到该学科的每位教师。同时实行民主测评,科任教师由学生进行测评,组长由组员进行测评,年级领导由年级教师进行测评等,并将测评结果作为考核的依据之一。在考评的基础上,学校应该树立校本教研的先进典型,开展一系列的相关活动,引领校本教研蓬勃发展。

校本教研的关键在于"研",组长在校本教研中的作用至关重要,年级和学校的引领必不可少。要让校本教研真正起到促进教师和学校发展的作用,只有在校本教研互动中下实招,才能见实效。

引领和同化是校本培训的有效策略

同化效应指人们的态度和行为逐渐接近参照群体或参照人员的态度和行为的过程,是个体在潜移默化中对外部环境的一种不自觉的调适。在教师成长过程中,学校应该通过干部、模范、专家等"现身说法"提高教师的专业素质,通过个体和制度引领教师发展的方向,让教师在不自觉的同化过程中不断成长。

一、干部引领

俗话说"喊破嗓子还不如做个样子",学校各级领导身先士卒是充分发挥干部引领作用的关键。学校领导应该做到:第一,模范遵守学校规章制度;第二,具有先进的教育教学理念,对学校和教师发展的方向和目标心中有数;第三,具有优秀的教育教学能力和出色的教育教学业绩;第四,具有强烈而持久的学习意识;第五,有深厚的教育科研功底;第六,具有强烈的责任意识、服务意识和执行力,在工作中要友善而不失原则,在生活中要关爱而不失风格。

二、模范引领

榜样的力量是无穷的。模范引领就是充分利用榜样的作用,让教师关注、感知模范的言行,促使教师们反思,提升他们的能力和素质,促使他们不断发展。

模范引领作用的强弱很大程度上取决于教师对模范的认同程度。因此,学校首先应规范评选推优的基本程序:自主申报—述职—民主推荐—综合考核—本人签字认可—公示,做到评选过程的公开、公平、公正,使模范名副其实。其次,控制模范的数量。从管理学的角度考量,将模范人数控制在教职工总人数的15%左右。再次,重视不同年龄段教师中模范的培养,给予他们足够的发展空间和时间,让他们能从本校走向市、省甚至全国。然后,要高度重视对模范的管理和提升,进一步提升他们的师德和业务能力，促使他们有更高的追求，取得更大的成绩。最后，要重视对模范的宣传，通过各种媒体提高他们的知名度，利用舆论来促使他们有更大的发展。

三、同事引领

"三人行，必有我师焉。"同事引领就是有意识地引导教师去观察自己周围同事的工作状态、工作方法和工作绩效，形成自我反思，促成自我改革，提升自我能力，达成自我发展。

在研究过程中，我们首先要求学校的管理层和教师有意识地发现其他教师的长处，努力挖掘每个教师的闪光点。同时，及时反馈学校教育教学工作的真实情况，及时通报各处室、年级的工作情况，让教师能及时了解同事的工作情况，以期引发教师的自我反思，促使其专业发展。

四、专家引领

专家引领是促使教师专业发展的必要举措。在选择好专家的同时，学校还要发挥好专家引领教师发展的桥梁作用，把专家引领转化为学校的具体工作，这样才能最大限度地发挥专家引领的功效。

五、制度引领

制度引领首先要求制度的目标设定必须立足于学校、教师和学生的发展。其次是制度建设一定要有教师的参与。制度引领应该坚持循序渐进、公平公正的原则，学校不能急功近利，教师也不要想一蹴而就。

在制度建设和落实上，有的学校是规章制度满天"飞"（滥用规章制度），管理人员到处"追"（检查教师和学生），教师发展全凭"吹"（弄虚作假），学生成长就是"堆"（靠时间堆积）。应该竭力避免这些情况，制度建设和落实要充分考虑可操作性、执行的空间、时间和条件，不要轻易让制度"流产"或走样。

教师管理篇

JIAOSHI GUANLI PIAN

发言与讲话

加强教师队伍建设　提高教师队伍素质

宜宾市一中前身系明朝成化年间的翠屏书院,至今已有五百多年历史,目前正在积极争创国家级示范性普通高中。

近几年来,学校增强了加强教师队伍建设重要性和紧迫性的认识,真切地认识到"加强教师队伍建设是全面推进素质教育的根本保证"的意义,在办学实践中把全面优化和提高教师队伍整体素质作为学校建设的生命线,把教师队伍建设作为办好学校的关键性长期任务。

一、制定"四高"要求,以之为学校教师队伍建设的导向

根据目标管理理论,目标明确将会促使工作方向明确、工作形式明确、工作内容明确。全体教师只有在都明确自己的成长目标之后,才有可能让他们向这个目标去努力和奋斗。为此我们为教师的发展提出了"四高"要求。

1.高政治素质:以马列主义、毛泽东思想、邓小平理论为指导,坚持教育的中国特色社会主义方向,全面贯彻教育方针,为培养跨世纪的高素质后备人才服务。

2.高品德素质:敬业奉献,爱生善导,以身立教,团结协作,以教师良好行为的教育性塑造学生美好心灵。

3.高业务素质:博识业精,教艺精湛,通晓理论,善于创新,专业深度和知识宽度并重,学识和能力并重,理论与实践结合。

4.高身心素质:能承受竞争和发展压力,有承担改革创新教育工作的体魄。

教师素质的导向是使广大教师经过努力,争取成为师德的楷模、先进教育思想的倡行者、育人的模范和教改教研的带头人。

学校根据教师的劳动特点和心理特点,在教师队伍建设的具体工作中要特别注意坚持"发扬民主,共同管理;知人知心,尊重信任;照顾需要,激发自觉;面向全

体,协调关系"的原则和"学习要抓好,进步要鼓励,原则要坚持,帮助要具体,方法要灵活,生活要关心"的工作方针,从而极大地激发了广大教师的工作热情,使一中的优良教风得以发扬光大,教师的个人智慧才能和群体优势得到充分发挥。

二、加强政治理论和教育理论学习培训,坚持社会主义的办学方向——高政治素质的培养

学校坚持领导班子带头,全体教职工参与的政治理论和教育理论的学习和培训形式,将全校性学习、年级组学习、教研组学习和自学相结合,辅之以专题报告、中心发言讨论等,组织学习了《邓小平文选》《关于社会主义若干问题学习纲要》《异步教学法》《教师基本功全书》《现代教育技术简明教程》等。为了提高教师教育教学工作的针对性和有效性,以及依法执教的自觉性,学校还花大笔经费购置《班主任大全》《教育心理学》《心理学》《教育法》等图书。还通过举办业余党校等加强政治理论学习。近年来,学校的政治理论和教育理论学习做到了几个方面提高。一是形成制度,坚持学习。校级领导除参加中心组学习外,还同中层干部一起利用间周一次的学习时间一起学习。二是保证资料,自觉学习。做到各类学习资料人手一份,人人自觉进行学习。三是明确内容,系统学习。四是联系实际,结合学习。五是疑难问题,辅导学习。对于教师自学部分,学校要求教师做好读书笔记,同时将所学的知识用于教育教学过程中,学期或学年末还要求写出心得体会。为了保证学习资源,学校花大笔经费为教师个人购买了一批教育理论用书和参考资料。为了让教师能更好地、及时地掌握学科发展的前沿,校图书馆购置多种工具书,各科专业图书,给教师提供业务学习的便利。

通过学校组织学习和教师自学,教师队伍的思想政治水平和业务能力普遍提高,开放、竞争、创新、合作意识大大加强,已初步形成一支知识结构合理、适应时代发展要求、能力强、学科结构合理、学历高、爱教育、爱学生、乐于奉献、为人师表、师德高尚,具有全新的教育观、质量观、人才观的教师队伍。

三、以"敬业、奉献、爱生、善导"为主要内容,加强师德师风建设——高品德素质的培养

为师之道,贵在学养,重在师德。师德教育是加强教师队伍建设中一项基本内容,师德建设是教师队伍建设的灵魂。就主体的能动性而言,师德在教师职业中具有动力源和指向性的作用。师德的优化是素质教育的必要前提和根本保证,是教师素质中非智力因素的显著成分。良好的师德是形成优良教风的基础,是形成优良学风和校风的保证。国家教委、全国教育工会颁布《中小学教师职业道德规范》后,学校当即安排学习和讨论,并提出了"三个联系",要求教师将学习规范同自己的日常言行联系起来,随时反省自己;要与年终总结评估联系起来。同时规定,把学习规范作为评选"十佳青年"和先进教职工的重要条件。1996年四川省教委向全社会公布了《四川省教师职业道德行为准则(试行)》和"三让一树"的要求,学校当即进行宣讲,并人手印发一份,要求教师经常对照检查,政教处和年级主任检查督促。2000年暑期教师政治理论学习活动中,学校根据省、市教育部门的要求,在对教师开展师德师风教育的基础上,组织教师回顾总结近几年来自己在教育教学中的表现,细细对照,认真分析,总结经验,弘扬师德,有16位教师做了师德交流报告,他们对事业无怨无悔的奉献,对学生无微不至的关心,对学校情真意切的热爱,让全校教职员工激动不已。

为了强化榜样的力量,学校还加强了弘扬师德师风的宣传。利用校内橱窗、板报、广播、电视、报刊等各种载体,宣传校内外师德标兵的事迹,获得了良好的示范效果。经过类似的师风教育,全校教职工身体力行,政治方向明确,工作态度积极,热爱学校,热爱学生,团结守纪,举止文明,没有歧视、体罚学生或变相体罚学生的现象发生。在这样的思想和认识的指导下,大家都能全面理解和贯彻国家的教育方针,面向全体学生,注重整体育人。教师们甘为人梯,默默奉献,关心爱护学生的事例层出不穷。教师们良好的师德和奉献精神,受到学生、家长、社会的好评,同时对学生产生了良好的正面影响,对行业风气也产生了积极的影响。

四、强化培训,提高技能——高业务素质的培养

"继续教育,终身学习",这绝对不仅仅是一个口号,而是任何一个现代人进行自我发展、自我提高的途径,尤其是教师更应该有时代感和危机感。随着教育理论和教育技术的发展,教育的方式、方法、手段都在改进,为了提升教师素质,以适应教育要求,我们必须大力加强教师的全面培训工作。在师培工作上,我们注意坚持三个原则,即业余自学的原则,与自身教学、教研相结合的原则,实际需要与可能安排的原则。采取了离职进修、在职进修、短期培训等途径学习。我们还选派了1人出国研修,25人读研究生课程进修班。我们在教师中开办了三期计算机培训班,学习多媒体辅助教学的基本理论和技能,目前已经有50人结业,其中7名教师因辅助教学效果优秀获得了学校1 000元的奖励。同时,学校还派出数学、物理、化学、计算机教师参加省奥林匹克赛教练培训班和计算机操作培训班,很好地推动了教师的发展。在对教师的培养中,我们着力培养中青年教师。由于历史的原因,学校教师队伍存在严重断层情况,青年教师占授课人数一半以上,一中未来的发展,关键在于这一批人整体素质的提高。几年来,我们在管理教育工作中坚持不懈地对青年教师进行坚定社会主义信念和方向的教育;坚持对他们进行马列主义、毛泽东思想、邓小平理论、"三个代表"重要思想教育,让他们心中插上中国特色社会主义的旗帜,扬起共产主义理想的风帆;坚持进行师德教育,增强当人民教师的光荣感和责任感;坚持在业务上"压担子、创条件、出成果、给奖励";坚持正面引导,榜样激励,每年"五四"评选青年"十佳",形成比、学、赶、帮的竞争氛围;坚持按青年的特点开展各种活动,寓教于乐,关心他们的生活疾苦,甚至个人婚姻家庭。我们对青年教师特别开展苦练"两个基本功"(课堂教学基本功和班级管理基本功)和"三全三爱树四心"的活动,教学工作领导小组对青年教师苦练两个基本功做了具体要求。同时继续坚持新、老教师结对子,传、帮、带这一传统的培养形式;与兄弟学校互派教师交流授课;有计划地安排青年教师上"合格课",参加"优质课大奖赛";特别是对新分配到我校的教师明确提出"三年站稳一中讲台,六年成为一中新一代骨干教师,在此基础上,不断以先进教育思想为指导,创出风格,

努力成为在学科教学上、班主任工作中有影响力、示范作用和知名度高的名师"。由于在青年教师中做到了"五坚持",极大地调动了青年教职工的积极性,一大批青年教师已成为教育教学的骨干。特别值得一提的是,从1997年开始,我们很好地利用了上级教育部门和人事部门的政策,直接从高等师范大学引进新教师。我们通过严格考核选择到了一大批优秀的大学毕业生,经过三年的磨炼,第一批10人已经达到了第一步目标,站稳了一中的讲台,而且由于成绩突出还被评为"先进个人"。从1995年至今,青年教师中有40人次被评为"校十佳青年",127人次因教育教学成绩突出立功受奖,9人成为市级以上骨干教师,1人被评为省优秀青年教师标兵。我们还拟定了九条新老挂钩的具体要求,有20余对新老教师结对子。我们还有意识地安排青年教师上各级各类公开课、研究课。三年间就有6人承担了市公开课,15人参加省、市优质课大奖赛并分别获奖。14名青年教师分别承担了省、市的教改课题试验,效果良好,分别获得了二、三等奖。

五、大兴教研教改之风,提高教育教学的创新能力——高业务素质的培养

高素质的教师应有很强的业务能力。业务能力的高低取决于教师教育教学研究能力的高低,所以学校提出大兴教研教改之风,"人人有课题,个个搞实验",希望教师们通过教学实践、课题研究探索教学规律,不断丰富和完善自己,强化自己的综合素质,完善自己的创新意识,提高自己的创造能力,以更优化、更合理、更科学的方法提高教育质量,更好地实施素质教育,培养学生的创新精神,促进学生全面发展。

为了鼓励教师参加教育科研,为了让教育教学质量不断提高,学校专门制定了《教育科研管理条例》和《教育科研奖励办法(试行)》,管理、指导、督促教师们的教学研究工作,同时及时奖励教师。学校每年还划拨两万元经费用于教育科研。为了提高教师们对教育科研的认识水平和研究能力,近年来,学校每年都请相关的专家来校讲学,并且我们每年都给教师指定学习刊物,明确学习要求,进行阅读

检查，并要求教师写出学习心得。每学年末，各课题组长必须要有课题阶段总结，各课题必须要有超过该课题组半数人的文章在地级以上期刊发表。未达要求的课题组的所有成员将失去评优资格。每位教师参与教育科研活动的表现情况和成果将由教科室和课题组负责人进行考核并列入教师考评系统中。

由于学校管理措施到位，方法正确，各课题研究进展顺利，部分课题已取得阶段性成果。本学年各课题组发表的论文共41篇，写出阶段性报告16份。近三年，学校收集教师文章240篇，其中在省以上报纸杂志上发表的有100余篇，受各级表彰奖励的有200余篇。学校为扩大交流范围，推广应用先进教育理论和教育经验，编辑出版了《耕耘迹印》，主办了《教科论坛》（已出版7期）。学校的教育教学科研已蔚然成风，学校成为西南师范大学教育实验基地学校、四川师范大学教育实习基地学校、四川省创新教育实验学校。

通过课题实验、教育科研，教师的综合素质提高了，教育观念更新了，教学方法更好了，很多教师在教学中勇于探索创新，努力将教学内容与学生的学习生活实际结合起来，将教学内容与学生的学习方法结合起来，注重对学生启思维、挖内潜，真正达到教师"善教"，学生"会学"，从而大幅度提高教育质量，教学真正做到"授人以渔"。

六、加强思想政治工作，严格岗位职责考核，充分发挥精神和物质的激励作用

高度重视思想政治工作，是我们党的优良传统和政治优势，党的思想政治工作绝不是可有可无、无所作为，而是必不可少、大有可为的。学校领导班子高度重视思想政治工作，充分认识到思想政治工作的重要性、长期性、复杂性和艰巨性，对思想政治工作有高度的责任感和使命感，面对新形势新情况，在继承和发扬优良传统的基础上，在思想政治工作的形式、方法、手段等方面进行了一系列探索，改进创新，特别是增强了思想政治工作的时代感，在思想政治工作的针对性、实效性上狠下功夫，在安排部署上坚持了"两手抓，两手都要硬"的方针，既有安排部

署，同时注重检查落实工作进展情况和实际效果。

要做好教师的思想政治工作，首先应该凝聚教师的思想、凝聚教师的心。领导工作，说到底就是如何做好人的工作，要做好人的工作，从行为学的角度来说就必须坚持以人为本。几年来，学校通过实实在在的工作，把党对知识分子的关心和温暖送达教职工。为此，学校领导班子提出"三心换一心"的口号，即领导班子对待教职工在政治上要诚心、在业务上要关心、在生活上要尽心，以此"三心"换来全校教职工办好一中的"同心"。几年来，学校领导班子努力为教职工办实事、办好事，学校出台了一系列激励教职工的措施，并予以逐步落实。学校工作出色，1998年被市委授予"知识分子工作先进单位"称号，1999年被市委授予"先进党组织"称号，2000年被市总工会授予"先进教职工之家"称号。近三年来，先后有26名教职工向党组织提出了入党申请，有10人光荣地加入了中国共产党。

教师是学校的主人，学校的生存发展与教师们密切相关，教师们也愿意为学校的建设和发展献计献策。学校的教代会是教师们充分管理学校事务的重要途径。学校的教代会在16年中先后开了5次全会、43次主席团会议，对学校的许多重大问题进行了认真的讨论、审议，在民主管理中发挥了很好的作用。近年来，学校教代会在支持学校工作中重点做了三个方面的工作：第一，支持校长正确行使职权，做到了监督不挑刺，审议不越权；第二，动员教职工，为实现学校管理目标而奋斗；第三，教育职工服从领导，听从指挥，遵守纪律，正确对待眼前利益与长远利益、需要与可能、局部与全局、个人与学校的关系。通过教代会实行民主管理，使广大教职工感到自己是学校的主人，从而激发他们为社会主义现代化建设服务的热情。学校主动关心教职工生活，开展多种文体活动，促使他们团结和相互了解，大大增强了一中教师群体的凝聚力，形成了良好的教职工集体。

通过细致、有效的工作，学校思想政治工作取得了很好的效果。目前学校发展良好，教师人心稳定、干劲十足，办学效益连年提高，教学水平一年上一个台阶。1998年学校被市委评为"领导班子创'四好'先进单位"，2000年学校被评为"学校民主管理先进单位""宜宾市思想政治工作先进单位"。

要搞好教师队伍的建设，内部管理体制的改革是基本保障。为了搞好内部管理体制改革,在市教委直接领导下,学校结合实际,于1999年制定了《关于深化学校内部管理改革的实施意见》,与此相配套,学校还制定了《宜宾市一中全员聘任试行方案》《宜宾市一中教职工奖惩条例》《宜宾市一中单项奖试行方案》《宜宾市一中教职工考勤制度》《宜宾市一中教职工请销假制度》《业务档案管理制度》《宜宾市一中教职工考评计分细则》,等等。在试行《关于深化学校内部管理改革的实施意见》的过程中,坚持学校党总支对改革的领导,坚持群众路线,全心全意依靠教职工推行改革。首先,学校全面实施校长负责制,并且完善了对校长的监督机制。学校党总支在学校起政治核心作用,对校长工作起领导、监督作用。其次,顺利实施教职工二级聘任制。根据聘任制的要求,学校(校长)与各类聘用人员签订了"工作责任书"。再次,引入竞争机制。年级副主任竞争上岗,为年轻干部的成长提供公开、公正、公平的机会,受到群众好评。最后,改革分配制度。反复听取群众意见,五易其稿,新的岗位津贴方案实施情况较好。总之,学校在深化学校内部改革中,由于行动积极,头脑冷静,始终按"二坚持,一慎重"(坚持学校党总支领导,坚持群众路线,慎重处理改革与稳定、发展的关系)的思路处理问题,所以改革顺利,效果明显,受到校内外好评。

实施岗位责任制考核也是搞好教师队伍建设的重要举措,概括起来主要有德、勤、能、绩四个方面。考德——主要考查教师的政治态度、思想觉悟、职业道德、事业心和责任感。考勤——主要考查教师的工作态度和工作量,上课、政治学习、开会、业务学习等的出勤情况。考能——主要考查教师的实际文化程度、工作能力、业务能力。考绩——主要考查教师在教育、教学等方面的实绩,包括全面贯彻党的教育方针,转变学困生的情况,教学质量(包括知识和技能的传授、能力的培养、思想教育等方面)及教学效果等。

学校的教师群体正在努力成为一支师德高尚、素质优良、结构合理、充满活力,能掌握现代教育技术,积极从事教育科研的教师队伍;成为一支团结协作、无私奉献、刻苦钻研、严谨务实,能适应时代发展要求的教师队伍。学校目前已经有全国优秀教师4人,全国优秀班主任1人,特级教师3人,市级以上学会理事长、副理事长、常务理事、理事共17人,高级教师人数占全体教师人数的47%,由此推进教育教学质量的大幅度提高。1998年以来,学校教师获国家级奖励28人(项),获省级奖励21人(项),获市级奖励67人(项)。学生巩固率达到95%,毕业生合格率达到99.5%,高考上线人数从1995年88人起,每年以近百人的速度增长,2000年已经达到534人。学校先后荣获"全国现代教育技术实验学校""全国群众体育先进集体""全国体育达标先进集体""四川省德育工作先进集体""四川省首批校风示范学校""四川省体卫先进集体""四川省传统项目学校"等多项荣誉称号。

几年来,学校在加强教师队伍建设,提高教师整体素质方面做了一些工作,并取得了一些成果。但是距离新时代教育改革发展的要求和学校自身发展的目标还有很大的距离。今后,学校将继续不遗余力地建设一支高素质的教师队伍,既要进一步全面提高教师整体素质,又要培养造就一批名师,为教育改革发展做出应有的贡献。

(此文系笔者2001年1月8日在宜宾市全市教师队伍建设研讨会上发言的主要内容。)

创设愉悦干事环境　　发挥教师育人潜能

列宁曾经说过,学校的真正性质和方向并不是由地方组织的良好愿望决定的,而是由教学人员决定的。由此可见,学校的教职工队伍是学校性质和办学方向的决定者。宜宾市一中根据国家政策和学校实际,把搞好教师队伍建设作为学校工作的重要内容,并紧紧围绕办学思想和办学目标展开工作,逐步形成了自己的人才培养和使用特色。

学校领导班子认为,领导工作就是如何做好人的工作,要做好人的工作,就必须坚持以人为本。学校领导班子追求的办学境界是通过积极有效的管理,使每一位教职工能在一种愉快的环境和愉悦的心境中充分发挥潜能,为社会培养高质量的人才。在办学过程中,我们按照马斯洛层次需要理论,关注教师的需求,并不断满足他们的合理需求,从而有效地促进了他们的发展,有力地促进他们成为专家型人才。学校领导班子坚持校务公开,管理讲究民主科学,遵循"民主和谐,以人为本"的管理思路,依据"发扬民主,吸引参与;知人知心,尊重信任;照顾需要,激发自觉;面向全体,协调关系"的民主工作策略,坚持按照"学习要抓好,进步要鼓励,原则要坚持,帮助要具体,方法要灵活,生活要关心"的"六要"工作方针千方百计地团结人、引导人、教育人、凝聚人、鼓舞人,基本达到了思想工作讲究实效为教师"铸魂"、师德教育提升素质为教师"树德"、业务锤炼精益求精为教师"壮骨"、关心生活细致入微为教师"排忧"的目的,教师队伍已成为一支师德高尚、学识渊博、教艺精湛、积极进取、团结协作的为社会和学生所赞赏的团队。因此,学校办学质量明显提高,高考成绩连创佳绩,多次得到省、市各级党委和政府表彰。在培养教师方面,我们的举措主要有以下几方面。

加强思想、师德教育的"动力工程"。思想政治工作绝不是可有可无、无所作为,而是必不可少、大有可为的。学校领导班子认为,只有思想问题解决了,人才的潜能才能得到充分发挥,工作积极性才能得到充分调动。所以我们继续坚持行之有效的宜宾市一中教职工政治理论学习制度,严格执行思想政治工作"一把手负责"制度和"一岗双责"制度,改进政治理论学习方式方法,形成认真学习"六方式":(1)制定制度,坚持学习;(2)保证资料,自觉学习;(3)明确内容,系统学习;(4)联系实际,结合学习;(5)疑难问题,辅导学习;(6)总结归纳,升华学习。通过细致、系统的工作,很好地解决了教师在思想和行为上存在的问题,学校思想政治工作取得了很好的效果,基本达到了"思想工作讲究实效为教师'铸魂'"的目的。

没有良好的师德,将使潜移默化的教育工作黯然失色,所以我们极其重视职业道德的教育,即"师德"的教育,把师德教育作为教师队伍建设的基本内容。在"师德"教育活动中,我们做好了"四坚持",即:坚持办好业余党校,完善党员与青年教师的联系制度;坚持正面引导,帮助他们树立正确的世界观、人生观、价值观,提高自觉抵制拜金主义、享乐主义和极端个人主义的能力;坚持新教师培训制度,并利用丰富的校史进行爱岗、敬业、爱校、爱国教育;坚持在教师中开展"三全三爱树四心"(全面贯彻教育方针,面向全体学生,对学生全面负责;爱事业,爱学校,爱学生;政治上要有上进心,工作上要有事业心,学习上要虚心,生活上要有责任心)教育活动。通过有效的教育学习活动,全校教师的道德素质得到大幅度提高,基本达到了"师德教育提升素质为教师'树德'"的目的。目前学校中,教师人心稳定、干劲十足,教师素质进一步提高,教育教学水平一年上一个台阶。

重视继续教育的"能力工程"。即使具有坚定不移的思想和高尚的师德,但没有能力,良好的愿望也只能化为泡影,所以我们重视教师业务素质的培养和提高,在继续教育过程中实行了"三加强"。加强教育教学理论学习。通过组织专家进行学术讲座、分批选送中青年教师读本科和研究生进修班等形式,使教师增强现代教育意识,更新教育理念。加强教育科研,探索教育教学规律。学校制定了《宜宾市一中教育科研管理办法》《宜宾市一中教育科研奖励办法》,鼓励教师搞研究、出成果、成名师。加强教育教学技能锻炼,提高教育教学水平。通过与兄弟学校互派教师交流授课,有计划地安排青年教师上"合格课"和"优质课",组织教师参加计算机等级考试并对过级教师给予奖励,评选普通话标兵和"五项技能"能手等办法,强化教学基本功。由于坚持对教师进行继续教育,学校教师已初步做到"教育思想新、创新能力强;育人观念新、法律意识强;理论知识新、科研教学强",基本达到了"业务锤炼精益求精为教师'壮骨'"的目的。

强化青年教师培养的"新蕾工程"。青年教师的成长直接关系到学校教育的未来,所以我们特别从战略的角度,着力培养青年教师。在工作中我们做到了"五坚持",即坚持不懈地对他们进行坚定中国特色社会主义信念和方向的教育,让他们学习马列主义、毛泽东思想,让他们心中插上中国特色社会主义的旗帜,扬起共产主义理想的风帆;坚持对他们进行师德教育,通过正面诱导,榜样激励,增强他们当人民教师的光荣感和责任感;坚持给青年教师指派指导教师,让新、老教师结"对子",让老教师对青年教师进行卓有成效地传、帮、带;坚持在业务上开展苦练"两个基本功"(课堂教学基本功和班级管理基本功)活动,对他们压担子、创条件,使他们出成果,对他们给奖励;坚持按青年的特点开展各种活动,寓教于乐,关心他们的生活。"五坚持"极大地调动了青年教师的积极性,一大批青年教师已成为教育教学的骨干。

关心工作生活的"凝聚工程"。一个单位能不能取得成绩,关键在于人心是否稳定,目标是否一致。我们按照"学习要抓好,进步要鼓励,原则要坚持,帮助要具体,方法要灵活,生活要关心"的"六要"方针和"三心换一心"(学校领导班子对待教职工在政治上要诚心、在业务上要关心、在生活上要尽心,以此"三心"换来全校教职工办好一中的"同心")的思路,在工作上做到了"八到家",即:教职工生病慰问到家、家庭有困难解决到家、天灾人祸温暖到家、病故丧葬哀悼到家、立功受奖报喜到家、新婚喜寿祝贺到家、成长进步报告到家、养儿育女看望到家。建立健全了为退休教职工举办欢送会的制度,为教职工祝贺生日的制度,教职工子女的奖学金制度;解决教职工子女进幼儿园的问题,对年满58岁的男教师和年满53岁的女教师,只要服从学校的工作安排,学校保证工资发齐,使一部分有丰富教学经验的教师能继续留任教学岗位,很好地发挥了传、帮、带的作用。学校还积极向上级人事部门推荐拔尖人才,推荐优秀教师和学术带头人;关心在一中工作的临时工,使他们同样感到一中的温暖,同样为一中的建设和发展做贡献。通过细致的工作,基本达到了"关心生活细致入微为教师'排忧'"的目的,凝聚了教职工的人心,从不同的角度激励了教师,使学校的工作得以顺利开展。

（此文系笔者2003年5月22日在宜宾市全市知识分子工作座谈会上发言的主要内容。）

分享从教得失 成就教育人生

也许大家都在疑惑，甚至不屑一顾：搞什么青年教师沙龙，是不是又在变着戏法收拾我们，是不是又是搞那些老生常谈的东西？或者大家将搞教师沙龙活动理解为在浪费大家的时间，耽误大家的休息。在此，请大家相信，这同样是一种校本培训方式，只是这种培训与以往我们经历过的培训有所不同。以往的培训是单向的，而这种培训是双向的甚至是多向的。为什么呢？因为这是沙龙。什么是沙龙？那么它的特点又是什么呢？其特点就是民主、平等、自由和开放。我们在这里所做的就是借沙龙之名，谋主动积极、互相合作、自觉探究、民主平等、自由热烈的学习之实。

我们为什么要借助这种方式呢？因为危机。在充满竞争的年代，我们四周都充满着危机，特别是生存危机。在教育教学改革中存在着太多太多的问题需要我们去解决，而日常的教育教学研究又没有办法很好地解决这些问题，所以我们只有集中时间进行一些必要的探讨，从而有效地促使我们前进。教师沙龙的目的就是通过一些案例的分析，加上老教师的点评，促进青年教师尽快地成长，更快、更好地帮助大家寻找、分析自己在教育教学过程中存在的问题和寻求解决问题的办法，它是大家分析自己、反思自己、提高自己的一个平台。今天，想对青年教师成长的问题谈谈自己的感受和体会：青年教师要顺利成长，必须注意两点，第一是意识，第二是学习。

青年教师要尽快成长，要站稳一中讲台，就应该具有问题意识、反思意识和效率意识。每当我们听其他教师上课的时候，总能找出一些问题。反之，我们自己上课的时候，也肯定存在问题。可以说，没有一个教师在教育教学工作中不存在问题，而青年教师无论在教育还是教学上存在的问题可能都更多一些。所以，青年教师要意识到自己在教育教学中肯定存在问题，而且有些问题还很突出、很尖锐，需要马上解决。知不足然后能自省，作为青年教师，切不可"观其长而避其短",一定要"扬长补短",认真寻找自己教育教学各个环节存在的问题。比如,你可以想想:在登上讲台之前,你是否胸有成竹;在课堂上,你是否满腔热忱,学生是否聚精会神;在做学生思想工作的时候,你是否心中有数。青年教师要有发现问题的眼光,"青年教师沙龙"就是想给大家一面镜子,希望大家既能找别人的问题,又能在对比之中发现自己的问题,以便不断提高自己的教育教学水平。

青年教师要有反思意识。找到问题只是提高教育教学水平的第一步,而反思才是提高教育教学水平的关键。教学反思就是教师自觉地把自己的课堂教学实践作为认识对象而进行全面而深入的冷静思考和总结,从而优化教学,使学生得到更充分的发展。要进行教学反思,第一,要有自觉性。只有自觉反思,才是实质性的反思,虽然举行了青年教师沙龙,但它的真正作用在于引导示范,让大家养成自觉反思的习惯。第二,要有超越性。首先是超越原来的自我,每学期、每学年青年教师都应该在教育教学上有新的思考和举措,不断完善和提高自己的教育教学工作。第三,要有个性。不可否认,一些青年教师,教学形式太传统,很大层面上是在"教教材",总是以是否把知识点"讲到""讲清楚"为目的;教育学生的时候,就讲一些学生都耳熟能详、索然无味的大道理,其结果可想而知。反思是一种有益的思维活动和学习活动,一个优秀教师的成长过程离不开不断地反思,反思的结果就是要让自己成为一个有个性的优秀教师。希望大家利用这个活动,认真对照自己的教育教学工作,让自己尽快地成长。

青年教师要有效率意识。为什么有些学科还不能完成教学进度呢?为什么我们感觉很简单的题,学生却做得很差呢?为什么我们反复讲、反复练的题,学生就是不能掌握呢?大家可以扪心自问,我们到底做了多少无用功?白流了多少汗水?浪费了多少精力?这实际上就是效率问题。要提高效率,除了教师自己不断提高教学水平外,重要的是反馈,反馈必须要注意及时性、重复性、多向性。现在的教育教学中,不注重反馈现象比较突出。一般情况下,大家普遍采用的是作业反馈和考试反馈的形式,通过批改作业来检查学生存在的问题,通过考试成绩来分析学生的不足。这些反馈的及时性不太好,教师获得的反馈信息比较少,反馈的渠道比较单一。实际上,大家应充分重视的是课堂教学中的反馈,要充分利用课堂提问、课堂练习、课堂讨论等形式及时地、多渠道地收集学生的反馈信息,及时调整我们的教学。当然,大家可能有所顾忌,怕放开了收不回来,怕学生提出一些刁钻的问题,怕课堂纪律不好,怕完不成教学进度等,实际上,只要大家做了充分的准备,这些问题都可以解决。现在有一种不好的趋向,就是认为要提高成绩就得多布置作业,让学生反复练,这行吗?

关于学习的问题,大道理就不用谈了,只想和大家聊聊如何学习。对于大家而言,要学的东西很多,但关键在于学习的主动性。如果大家老是以工作任务重、自己自由支配的时间少等为借口而放弃学习,那我们只有被社会所淘汰。我们细算一下,每天、每月、每年自己用于学习的时间到底有多少?学到了什么东西?思想境界有没有提高?教育教学能力有没有发展?其实,学习应该是多渠道的。虽然现在大家身边有许多优秀的教师,他们身上也有很多值得学习的地方,但听听优秀教师的课,参加几次教研活动就是学习的全部了吗?看看抽屉中我们所订阅的杂志上的灰尘就知道我们学习的状况了。学习应该有创造性和超越性。反思我们的学习,在对别人的理论、观点拍手叫绝以后,自己成了旁观者还是实践者?学习之后的所谓体会和心得运用于实际的教育教学中了吗?这次的青年教师沙龙,是一次很好的学习机会,衷心希望大家能有所收获。

学校所开展的青年教师沙龙活动,基本程序是:先让大家共同观摩以前其他教师上课的情况(这些课都在学校赛课活动中获得过好评),共同分析和探讨这些课的优点和不足,然后对照反思我们自己课堂教学的情况,谈谈我们在教育教学中存在的困惑和问题。希望大家积极主动地参与活动,也希望这次活动能在一定程度上解决大家教育教学中存在的问题和困难。祝愿大家学有所得!最后,用"挺直了腰杆教书,蹲下了身子育人"与大家共勉!

(此文系笔者2005年2月28日在宜宾市一中青年教师沙龙上发言的主要内容。)

庆祝教师节　乐做引路人

今天是9月10日,第二十三个教师节,今晚学校召开表彰会,欢庆教师节的到来。值此喜庆之时,学校向全体教职工表示亲切的问候,祝大家在学校工作顺利,事业有成!祝大家生活舒心,节日快乐,身体健康,家庭美满!同时,也祝同学们学习刻苦,勤奋努力,超越自我!在此,学校希望同学们能够放开嗓门,用发自肺腑的感激大声呼喊:老师,节日快乐!

教师是天底下最神圣的职业。国家的富强、民族的昌盛、子孙后代的发展,都是以三尺讲台为出发点的;教师是天底下最无私的职业。春蚕到死丝方尽,蜡炬成灰泪始干。几十年如一日,风里来雨里去,披星戴月。教师是天底下最光荣的职业。迎来一批批新生,送走一拨拨毕业生,在青春和汗水中,老师们收获了喜悦。

我们尊重老师,因为他们默默地、无私地奉献自己的一切。他们不分白天与黑夜,不分严寒与酷暑地忙碌着,日复一日。根根银丝爬上了他们的双鬓,而他们渊博的知识却为学生们指明了人生的道路。

然而,少数学生却不懂得珍惜这一切,平时,做错事,受了老师的批评,表达出不服气,竟在暗地里骂老师,在老师背后说他们坏话。要知道,老师的批评与教育,都是在教同学们做人做事的道理,可有的同学就是不听劝告,不听道理。

教师节到了,希望你们送给老师的礼物是:上课专心听讲,独立思考,积极举手发言,认真完成作业,支持老师的工作。

时代在变化,社会在发展,老师工作的本质没有变。每当老师们望着那些渴求知识的学生们的时候,老师们就会毫不犹豫地做出这样的选择:该下班的时候没有下班,该与家人团聚的时候没有团聚,生病该休息的时候却依然在讲台上讲课……

这就是教师！所以,此时此刻,大家完全有理由理直气壮地为老师们鼓掌庆祝,庆祝这个属于老师们的节日!

（此文系笔者2007年9月10日在宜宾市一中升旗仪式上讲话的主要内容。）

建设班主任队伍　落实大德育目标

2011年6月9日,宜宾市一中组织全校班主任开展为期一周的军训,学校向翠屏区人民武装部各位领导表示衷心的感谢,对不辞辛劳、不顾炎热、不计得失、无私奉献的人民武装部官兵表示崇高的敬意,同时对军训的开展提出要求。

一中,历史厚重,文风鼎盛,人才辈出。近年来,在宜宾市委、市政府、市教育局的正确领导和社会各界的关心支持下,通过全校师生的奋发努力,学校各项工作蓬勃发展,高考成绩连创辉煌,本科上线率从中等水平上升到了川南第一、全省第五。在此基础上,学校提出了打造"五个一中"、争创"十二个第一"的办学目标,这不仅得到了全校师生的拥护,也得到了宜宾市委、市政府、市教育局的高度评价。我们深知,学校每一项成绩的取得都与班主任的辛勤工作密不可分,与班主任的忍辱负重密不可分,与班主任的全力支持密不可分。在此,学校向各位班主任表示深深的敬意和真诚的感谢。

学校始终认为,班主任是学校的中坚力量,是学校各项工作顺利推进的保证,学校每一个目标的实现都必须依靠班主任的全力配合、无私奉献。班主任工作是学校工作的重中之重,班主任队伍建设是学校发展的关键所在。班主任强大则学校强大,班主任优秀则学生优秀,班主任进步则学生进步。正因为如此,学校组织班主任进行军训,目的就是希望通过军训,让班主任的意志更坚定,纪律更严明,执行力更强,体魄更强健。请一中教师起立,举起右手一起宣誓:"我是光荣的一中教师,面对国旗,我庄严宣誓,我公正无私,胸怀祖国未来,平等对待学生;我勇担责任,肩负一中使命,全面发展学生……"

作为国防教育生源基地学校和军地共建单位,一中与宜宾军分区、翠屏区人民武装部有着长久的友谊,学校的各项工作得到了军分区和人民武装部的全力支持,各位领导和官兵给予一中本次班主任军训工作很大的帮助。笔者相信,官兵们遵守纪律、服从指挥的优秀品质,刻苦耐劳、一丝不苟的优良精神必将给每位参训班主任留下深刻印象,并将影响班主任们今后的工作。

  各位教官、班主任,军训是锤炼意志、塑造品质的重要一环,其教育意义重大。因此,学校希望,各位教官严格要求班主任学员,用你们高昂的斗志、规范的言行感染和带动班主任;希望全体班主任转换自己的角色,抛开职位职称的高低,不计年龄教龄的长短,忽略优秀平凡的区别,作为平等的普通"新兵"服从教官的指挥。希望大家发扬不怕苦、不怕累的拼搏精神,努力完成军训的各项任务,以优异的军训成绩回报各位教官的辛勤训练,用你们的表现证明你们自己的优秀!

  最后,预祝2011年班主任军训圆满成功!

  (此文系笔者2011年6月9日在宜宾市一中班主任军训开训仪式上讲话的主要内容。)

加快人才的引进和培养　提高教师队伍的整体素质

人才乃兴校之源，教师乃立校之本。建设一支高水平的教师队伍，是学校教育教学发展的根本，是学校提高整体办学实力、实现可持续发展的关键。宜宾市一中坚持以"公、勇、诚、朴"为核心内容的"关注人的需求，致力人的健全，实现人的发展"的"三人"办学思想，努力实现"学生素质更高，教师水平更高，学校层次更高"的办学目标，走"人才强校"之路，为凝聚高层次人才和提高教师队伍素质，制定和实施了一系列有关人才引进和培养的政策措施，努力营造吸引人才、聚集人才和激励人才的良好氛围，不断提高教师队伍的整体素质，为学校的进一步发展奠定坚实的人才基础。

一、以人为本，坚持走人才强校之路

教师是学校办学的主体，教师队伍的整体素质和教学水平，直接影响学校的办学实力和综合竞争力，是学校发展的关键所在。为此，学校领导班子在结合实际情况的基础上，确定了"人才强校"的发展战略，把人才的引进和培养以及教师队伍的建设放在各项工作的首位，当作头等大事来抓。

在正确思想理念的引导下，在积极有效的政策措施的激励下，学校初步形成了良好的人才成长环境。学校以"师德高尚、学识渊博、教艺精湛、团结协作"为教师队伍建设目标，人才强校观念深入人心，尊重人才、重视人才、爱护人才蔚然成风，良好的用人机制基本形成，教师队伍状况显著改善，一大批年富力强、德才兼备的中青年教师脱颖而出，为学校的进一步发展提供了强劲的动力。

二、重视对高层次人才的引进

随着学校近几年教育事业的拓展，高学历、高层次人才需求不断增加，学校非常重视对高层次人才的引进。针对中学引进研究生的困难性，学校专门召开有关会议，制定具体的有关引进人才的政策，在每年招聘教师的时候均优先选聘研究生。按照市委、市政府文件的要求，签订聘用合同，妥善解决聘用研究生的人事、工资待遇等问题，解除他们的后顾之忧，使他们能全身心地投入教育教学工作中。从2009年至2011年，学校从高校直接引进研究生共23人。

三、全面实施以提高教师队伍整体素质为目标的人才培养策略

教师是教育者，担负着人的潜能开发和人的灵魂塑造的重任。没有教师的主动发展和素质的不断提高，就很难有学生的主动发展和素质的提高。

学校把建设一支"师德高尚、学识渊博、教艺精湛、团结协作"的教师队伍，作为实现学校"三人"办学思想的根本保证和学校跨越式发展的关键。近年来，学校在"三人"办学思想的指导下，秉承"公、勇、诚、朴"精神，已逐步形成了"德才并重"的校本培训模式。

（一）秉承"公、勇、诚、朴"精神，加强师德教育

学校从学校的发展和学生的需求出发，立足于提升教师的整体素质，注重师德的力量，培养教师为国家和民族培养更多优秀人才的全局意识和献身精神，把师德教育作为教师队伍建设的重要内容。组织学习《中小学教师职业道德规范》《四川省教师职业道德行为准则》等，组织师德讨论会，明确要求，对照执行。我们坚持办好业余党校，完善党员与青年教师的联系制度，坚持正面引导，帮助他们树立正确的世界观、人生观、价值观，提高自觉抵制拜金主义、享乐主义和极端个人主义的能力；坚持新教师培训制度，并利用丰富的校史资源进行爱岗、敬业、爱校、爱国教育；坚持在教师中开展"三全三爱树四心"（全面贯彻教育方针，面向全体学

生,对学生全面负责;爱事业,爱学校,爱学生;政治上要有上进心,工作上要有事业心,学习上要虚心,生活上要有责任心)教育活动。通过有效的学习活动,全校教师的道德素质得到大幅度提高。

(二)实施"全员再教育工程",开展"九个一"活动

学校基于综合性学习理念,提倡教师打破学科界限跨学科学习,在全校教师中实施以"九个一"活动为载体的全员再教育工程。

每期一讲。每学期有计划地邀请专家、理论工作者、教研人员等来校举办专题讲座,对教师的课堂教学进行诊断与评价、研究与分析,并在此基础上进行有针对性地培训。

每期一书。教师每学期至少读一本教育理论或教育科研方面的书,并写出读书笔记。

每期一文。教师每学期在市级以上刊物上发表一篇学术论文。

每期一课。教师每学期至少上一堂公开课。包括常规教学的"示范课"、突破难点的"会诊课"、教改试验的"观摩课"、学习提高的"合格课"、展现能力的"竞赛课"。

每期一生。在关注全体学生的基础上,教师每学期重点帮扶一名后进生,使其向好转化。

每期一项。教师每学期结合自身教育教学实践,有针对性地选准一个切入口,进行一项解决教育教学实际问题的个人小课题研究。

每期一评。结合"苦练课堂教学基本功"和"苦练班级管理基本功"活动,每学期在教师中评出一批"普通话标兵""教学板书、硬笔书法、软笔书法能手""计算机操作能手""课件制作能手""教具制作能手"等。

每期一案。教师每学期写出一份具有自身教学特点且符合现代课堂教学理念的教学设计,并在全校交流。

每期一会。每学期以多种形式进行学术研讨。如以教研组为单位,定期进行座谈研讨、学术交流;定期组织教师开展学术沙龙;定期举办班主任工作研讨班;等等。

通过这些活动,有效地提高了教师的综合素质,提升了理论素养,强化了教育科研意识,增强了教育科研能力,转变了教育观念和教学行为。

(三)实施"名师工程",发挥示范作用

为造就一批在师德、学识、教学及科研等方面起示范和带头作用的名师,学校制定了《宜宾市一中"名师工程""新星计划"实施方案》,并在此基础上制定了《宜宾市一中关于"名师工程"的实施细则》。给予"名师"相应的权利,并对其提出应履行的义务。在"名师"的培养上,我们坚持开展"四个一"活动:每年主研一项市级以上课题,每年在省级以上刊物发表一篇学术论文,每年至少培养一名青年教师,每年至少承担一节教改示范课。

为造就一批能起好示范作用的名师,在"内修"的同时,学校还创造条件有计划地鼓励或选派骨干教师到高校进修学习,帮助教师提高理论水平。自1996年以来,学校先后选派了5名骨干教师参加教育部举办的"中小学骨干教师国家级培训",都已取得合格证书;先后选派了44名骨干教师参加西南大学、四川师范大学"研究生课程进修班"学习,已全部获得结业证书。鼓励在职教师继续考研深造,目前,学校已经有26名教师获得硕士学位,有65名教师考取和正在攻读硕士学位。鼓励教师出国留学或交流,到现在为止,学校已有5名教师分赴美国、加拿大等国家交流学习。

现今,学校在编教职工475人,其中,特级教师7人,高级教师136人,一级教师172人,国家级骨干教师4人,全国先进模范教师4人,全国中小学模范德育工作者2人,全国巾帼建功标兵1人,省骨干教师20人,市师德标兵8人,市级拔尖人才5人,市学术技术带头人5人,市级以上学会理事长、副理事长共11人。这些教师都已在学校起到教育教学中坚力量的作用,在本地区起到了示范作用。

(四)实施"新星工程",狠抓青年教师培养

近年来,随着学校的发展,我们从高校引进了大批毕业生,目前35岁以下的青年教师人数占学校教职工总人数的50.8%。青年教师的成长直接关系到学校

的可持续发展,因此,我们狠抓青年教师的培养工作,提出"三年站稳一中讲台,六年成为一中新一代骨干教师"的发展目标。并且,在抓青年教师的培养方面做到了"五坚持":坚持不懈地进行坚定共产主义信念的教育;坚持进行师德教育;坚持新、老教师结对子活动;坚持开展苦练"两个基本功"(班级管理基本功和课堂教学基本功)活动;坚持"创条件,放手干,出成果,给奖励"的培养原则,极大地激发了青年教师的积极性和创造性。

为进一步促进青年教师快速成长,促使一批优秀青年教师迅速脱颖而出,学校自20世纪80年代中期开始,就陆续开展了评选"宜宾市一中十佳青年教师""宜宾市一中青年骨干教师"等活动。近年来,随着形势的发展,我们又启动了"新星计划",制定了《宜宾市一中关于"新星计划"的实施细则》。

多渠道的教师业务培养,使学校教师队伍发展成效显著,全校教师的整体水平有了大幅度提高,一批教师已成为市内颇有影响力的学科带头人,在省内也产生了良好影响。一批教育教学和科研工作的带头人脱颖而出,到2011年,在学校现任教师中有特级教师后备人选12人、省优秀青年教师标兵1人、省中青年学科带头人后备人选6人、市级青年骨干教师73人等。2011年度,在青年教师参加的各级赛课活动中,1人获国家级二等奖,5人获省级一等奖,3人获省级二等奖,所有学科13人次获市级一等奖,获奖等级、人次居全市第一,川南领先。

四、开展"学习一中"活动,进一步提高教师的理论水平和实践能力

学校从2010年开始,在全校大力倡导学习之风,开展不同层面的学习活动。

学校要求全校教师和学生,都要牢固树立终身学习的意识,边学边思,边思边行,通过学习完善自己的知识结构、提升自己的文化素养,学习的结果最终体现于教育教学行为的不断改进中。让学习成为一中人的一种本性,一种乐趣,一种永不停息的精神追求,切实把学校建设成为一个学习型组织。

"学习型班子"的建设。建立学习制度,在中层以上干部中大兴学习之风,本

着定时间、定内容、有讨论、有收获的原则开展活动。通过学习,提高干部的政治理论水平、管理能力和文化素质,切实打造一支"勤政务实,廉洁奉公,勇于开拓,团结进取"的管理队伍。

"学习型科组"的建设。"学习型科组"包括各处室、年级组、教研组(备课组)。各科组在工作计划中,固定学习的时间、地点、人员,并根据学校工作要求,选择好学习内容。科组负责人要负责学习内容的选择和学习活动的组织,要确保学习活动见到实效。

除集中学习,教职工还坚持自主学习。自主学习注意把握四个要点,即能学、想学、会学和坚持学。增强教职工学习意识,切实改变以往"靠经验吃饭"的陋习,学会学习,向书本学、向实践学、向同行学、向学生学。切实打造一支"师德高尚、学识渊博、教艺精湛、团结协作"的教师队伍。

(一)学习型班子建设要求

1.每周行政会组织集中学习,学习文件资料、案例,观看影片,学后围绕一两个主要问题分组讨论,讨论后交流发言。

2.每学年一次考察调研或拓展性训练。

3.每学年开学前交一份管理设计方案或案例分析。

4.每学期末检查学习笔记,写一篇学习心得。

5.每年评选一批学习先进个人。

(二)学习型科组建设要求

1.每周星期五上午开展全校组长学习会,学后分组讨论,交流汇报。

2.每周星期日晚上开展全校班主任学习会,学后分组讨论,交流汇报。

3.每周星期五下午开展全校教职工学习会,学后分组讨论,交流汇报。

4.每周星期一晚上开展青年教师沙龙活动。

5.每年10月至11月组织赛课活动、学术交流活动,优秀教案、课件、学案评比活动。

6.每年寒假用二天左右、暑假用一周左右时间组织全校教职工集中学习。

7.实施"五个一"活动:教师每学期研读一本教育理论著作,每月研读一本业务杂志,每学期写一篇教学心得,每周写一篇教学随笔,每学期承担一节教改观摩课。

8.每年评选一批学习先进个人。

学校注重以宽松的环境吸引人,以事业的发展凝聚人,以较好的待遇留住人,以创新的工作培养人,使得一批中青年骨干教师迅速成长。绝大多数年轻教师在良好的教学、科研环境中学术能力和教学水平得到了提升,一批优秀教师脱颖而出。

(此文系笔者2012年4月28日在宜宾市全市学校人才工作会议上发言的主要内容。)

研究与心得

强化学校制度建设　引领教师专业发展

引领教师专业发展的渠道很多,学校制度的引领作用最为明显,因为这些制度都涉及教师的切身利益,而校长在制度引领上的作用至关重要。制度引领成功的关键是制度的科学性、民主性和落实程度,这就需要校长根据学校发展目标和教师发展目标来确定制度的导向,在学校内部广泛征求意见,通过制度的具体落实达到引领教师专业发展的目的。

一、制度建设的科学性

制度建设的科学性包括:一切制度都必须在国家法律、法规允许的范围内建立;学校的发展目标和教师的专业发展目标一定要科学合理;学校制度建设一定要具有前瞻性;学校制度建设一定要遵循循序渐进的原则。

(一)制度必须合法

学校的各项制度都必须符合国家的法律和法规,作为校长,千万不能想当然地制定一些制度来促进教师的专业发展。如一部分学校通过制度延长教师的工作时间,机械地规定教师完成一些额外的工作,人为地拔高对教师的要求,这些都会违反《中华人民共和国劳动法》《中华人民共和国教师法》等相关法律。而这些制度的建立也埋下了隐患,造成一些不必要的纠纷,学校甚至还会承担一些法律后果,作为校长必须要时刻注意。

(二)发展目标必须科学、合理

每家都有一本难念的经,不同学校、不同教师在不同时期都应该有不同的发展目标。作为校长,首先要明确学校的发展目标。这个目标的确立必须符合学校和教师的实际,甚至要考虑其中一些外部条件,包括教师水平、学校硬件、生源素质、上级教育主管部门的支持力度、周边环境等。目标明确,师生就会有信心、有热情、有干劲。其次是明确教师专业发展的目标。这个目标是建立在对全校教师的充分调研的基础上的,要找准教师群体在专业发展中的不足,找到制约因素,找准促进教师专业发展的有效方法和手段,只有这样才能有效促进教师的专业发展。最后是遵循教师个体和整体的发展规律。一般来说,校长的教育教学能力很好,事业心很强,所以很多校长都容易犯"严于律人"的毛病,总喜欢按照"律己"的要求来规划教师的发展。实际上,促进教师专业发展应把握好个体与整体协调发展的原则。

(三)制度建设一定要有前瞻性

要发挥制度的引领作用,则制度就应该走到学校发展或教师发展的前面,要起到真正的"领跑"作用。作为校长,要根据学校和教师的发展目标,高瞻远瞩地确定建立哪些制度。如校风、教风、学风的"三风"建设中,首先抓什么?教师的专业思想和专业技能孰重孰轻?课堂教学应该如何改革?教育科研如何发展?后勤服务如何社会化?监督体系如何完善?教师评价、考核如何进行?学校资源如何整合?教师福利如何提升?这一系列问题都要求校长要深思熟虑,做出科学合理的安排。

(四)制度建设必须循序渐进

学校的发展和教师的专业发展一样,不能一蹴而就,一定要循序渐进。作为校长,在制度建设上不要贪多、求全。建立促进教师专业发展制度一定要遵循教师专业发展的规律,做到科学规划,按步骤实施。实际上,教师专业发展最有效的途径是教师的自主发展,所以提高教师在发展过程中的成就感,促使他们自我反思与提高是制度建设的最终目标。如何通过制度建设一步一步地引领教师的专业发展呢?

首先是教师教育教学行为规范的培养。这是一个学校成功的基本保证,要让所有教师清楚,哪些可以做,哪些不可以做,哪些对他们发展有利,哪些对他们发展不利。如把各级教师行为规范进一步细化,建立符合学校实际的教师工作手册、教学工作制度、教育工作制度、教职工请销假制度等。

其次是通过制度建设提升教师教育教学技能。这些制度的建设要求校长立足于本校教师和学生的实际,对不同层次的教师提出不同的发展要求。如建立教学设计要求、校本教研要求、课堂教学改革规定、教育科研制度、合格课和研究课、示范课、赛课等相关要求等。

再次是教师教育教学理论的升华。这是很多校长都不太注意的,他们都认为那是教师自己的事。实际上,教师教育教学理论的升华,可以起到"引领同伴"来促进教师专业发展的作用。作为校长,可以通过一系列奖励制度的建立来达到目的,如建立教育科研奖励制度、首席学科教师制度等。作为校长,还必须努力挖掘学校优秀的教育教学模式,大力在学校进行推广,以达到通过先进模式引领教师专业发展的目的。

最后是教师成就感的培养。从心理学的角度讲,成功才是成功之母。这就要求各种制度的建设都要以培养教师的成就感,提升他们的发展动力为目的,从制度上引领教师走向成功。作为校长,特别要注意让各个层次的教师都有能成功的机会,如制订学校青年骨干教师评选办法、学校骨干教师评选办法、学校名师评选办法、学校先进教师和先进职工评选办法、学校优秀班主任评选办法、学校教育科研先进工作者评选办法、先进教研组评选办法等。同时也应该建立科学的评价体系,通过建立岗位考评方案、各级先进评选方案等形成一套完整的评价体系,提升教师工作的成就感,促进他们专业发展。

二、制度建设的民主性

要发挥制度的引领作用,重要的一点是制度一定要建立在民主的基础之上。要避免制度建立的随意性和盲目性,要做好制度建设的"扫尾"工作,要防止制度的滞后性,要建立一套完整的申述体系。

(一)教师应参与到制度建设中来

制度要具有引领作用,首先要让教师们积极参与到制度建设中来,要得到他们的认可,让他们能真切地感受到制度的建立是为了促进他们专业发展和学校发展。作为校长要与不同层次的教师交心、谈心,要给教师讲清楚学校的发展目标和规划,要能客观地分析教师在专业发展方面的不足,要给教师阐述清楚建立制度的目的。同时要建立广泛的沟通渠道,如校长信箱、校长邮箱、校长博客等。在制度建设的程序上,可以先在备课组或教研组进行讨论,然后再在年级组讨论,最后通过教代会或校务委员会等形式表决确定。

(二)要重视个别教师的意见

一项制度最终涉及的是教师个体,而每个教师个体情况是不一样的,所以他们对制度的理解和认识不尽相同,这就要求校长要通盘考虑,换位思考,充分关注所有教师的思想。一般来讲,有两类教师对制度建设比较恐惧,一是在专业成长方面动力不足或基础不太好的教师,二是在学校有较高威信但不太愿意进取的教师。他们的共同特点是怕自己被改革所淘汰,所以抵触情绪比较大。对于前者,校长一定要多关心、多鼓励,与他们一道分析他们的优点和不足,指明他们发展的方向;对于后者,一定要肯定他们的成绩,给他们讲明道理、分析利弊,鼓励他们积极参与制度建设,多献言献策。通过这些细致、深入的工作,促使他们专业发展。

(三)要注意制度实施中的"扫尾"工作,关注制度的滞后性

"扫尾"工作的第一项就是让这些制度"妇孺皆知",第二项就是校长要勇于承担责任。因为任何一项制度,总是逐渐趋于成熟和完善的,在具体的实施过程中肯定会出现一些问题和矛盾。这种情况下,校长要勇于承担责任,做好"扫尾"工作。如广泛收集大家的意见,组织人员进行调研,实事求是地进行修改,努力排除实施过程中的一些障碍。第三项就是要时刻关注制度的滞后性。学校要结合实际审时度势地废除、修改相应的制度。

(四)要建立一套完整的申述系统

在制度的实施过程中,不同教师对制度的执行力是不一样的,如果教师对制度有意见,都到校长那里表达看法是不太现实的,所以建立如学术委员会、仲裁委员会、校务委员会等机构是很有必要的。同时,相关机构的设立也可以让这些制

度得到公开、公平、公正地实施,提升了制度的作用。

三、制度重在落实

制度要发挥引领作用最关键的当然是落实制度,不然制度形同虚设,落实制度,首先考虑的是制度的可操作性;其次是明确责任部门,提高执行力;最后是公开、公平、公正地落实制度。

(一)制度的可操作性

制度建设最容易犯理想主义错误,经常都出现大家一致说制度好,但就是难操作,这样的制度就没有存在的价值。所以,在制度建设中就要充分考虑制度的可操作性。

(二)要明确责任部门,提高执行力

任何制度,在制定之初就必须明确实施的责任部门,如教师教育教学工作常规方面的制度就由教务处执行,教育科研方面的制度就由教科处执行,教师聘任、晋级方面的制度就由办公室执行,教师岗位考核方面的制度就由教学中心(教务处、教科处和督导室组成)执行,班主任考核、聘任方面的制度就由德育处执行等。作为校长,重点要关注这些责任部门的制度执行情况和制度实施的真实效果,特别是对教师专业发展的效果,以便进一步修订和完善制度。

(三)要保证实施过程公开、公平、公正

一项制度要发挥它应有效果,关键因素之一是实施过程要公开、公平、公正。作为校长,要以身作则,成为落实这些制度的模范和表率,同时也要关注执行这些制度的负责人有没有徇私舞弊的情况。作为校长,必须重视中层干部、党员同志落实这些制度的情况,要让他们也成为模范。可以建立专门的机构监督制度的落实情况,如建立督导室,专人负责检查和督促,效果会更好。建立了这样的环境,制度才能真正起到引领教师专业发展的作用。

论基于"中道"思维的教师管理

中道思维不仅存在于我国传统哲学,也得到了早期西方哲学家的普遍认可。毕达哥拉斯学派就极力主张中道哲学,后经苏格拉底、柏拉图传到亚里士多德,亚里士多德成为中道思想的集大成者,对中道思想极度推崇。他认为,中间才是最好的,它属于德性,德性就是中庸,过度和不足都属于恶,中庸才是德性,是最高的善和极端的美。

在教师管理中,管理者需要以中道思维作为教师管理的基本思维方式,处理很多矛盾。

一、管理学视角下的中道思维解读

"中"字,甲骨文为 ,《说文解字》:"中,内也。从口;丨,上下通。"其中"口、丨"是指礼器一类。唐兰把它解释为旌旗之类,然后推论认为其最初为氏族社会中之徽帜,古有大事则建"中"以集众,而其所立之地恒为中央,遂引申为中央之义,更引申为一切之中。郭沫若认为,"中"有两种含义,一是"射箭中的之中",一是"中央之中"。从管理学的视角来看,中道思维的内涵主要有如下几个方面。

1.中道思维强调顾全矛盾的双方或多个方面,是一种含有辩证法思想的方法论,渗透着矛盾双方或多方对立统一、转化的思想。老子提出"反者道之动",在将矛盾双方中一方的缺点凸显出来的基础上,更加强调另一方存在和发展的意义。这便提出了一种全面看问题的思维方式,不是只顾一面而舍弃另一面。《周易》也包含了深刻的矛盾对立统一思想,"昔者圣人之作《易》也,将以顺性命之理,是以立天之道曰阴与阳,立地之道曰柔与刚,立人之道曰仁与义。兼三才而两之,故《易》六画而成卦。"这里的阴与阳、柔与刚、仁与义都是对立统一体,它们有着不可分割的内在联系。因此,阴阳合德、刚柔有体、仁义一如,而合于中道。由此而推进天、地、人三才和谐统一，人因顺应天地之道而得以生生不息。

这种"兼济"矛盾各方和统一矛盾的不同方面，并在其间取得一种平衡，是中国古代中道哲学的核心，并进一步体现在中国文化的各个方面。但是中道思维并不是折中调和，不是这样又是那样，或者是处于两种事物之间的摇摆。中道思想其本质是要在不同事物之间或同一事物的不同方面取得一种有益的、合理的平衡，保持一种适度的张力。

2.中道思维避免因走极端而犯过犹不及的错误。孔子坚决反对走极端，而反对走极端的方法，便是强调兼重两"端"，"吾有知乎哉？无知也。有鄙夫问于我，空空如也。我叩其两端而竭焉"。在孔子看来，无论为人行事，都应及于中道而不能过或不及，当然能够做到中道而行的人也毕竟是少数，很多人是没有这种悟性的，比如孔子认为"不得中道而与之，必也狂狷乎！狂者进取，狷者有所不为也"。朱熹对此处的狂和狷是这样解释的，"狂者，志极高而行不掩。狷者，知未及而守有余"。显然，狂者虽志向高远，却行为放荡，而狷者虽然忠厚可信，但意志薄弱，胸无大志。在孟子看来，孔子心中这两类人都不能成为圣人，因其不能达至中道，"孔子岂不欲中道哉？不可必得，故思其次也。"因此，狂和狷都是由于各执一面而走向了极端，这就陷入了偏和倚，而只有不偏不倚才谓中，中者天下之正道也。

由此，我们可以看出，中道行事并不是说凡事都处于事物的中间，这显然是不正确的。此处中道之意即凡事都有一个"度"，只有把握好这种度，才能把事情做得恰到好处，如果过度或不及都不能及"道"。关于这一点，亚里士多德论述得很清楚，"一切有识之士都在避免过多和过少，而寻求中间和选取中间，当然不是事物的中间，而是对我们而言的中间"。更进一步说，就是要在应该的时间，为应该的目的，按应该的方式，这就是中道，这是最好的，它属于德性。

3.中道即要切中伦理之道。中道的"中"还有另外一层含义，即作为动词，表切中、契合之意，也即郭沫若所说的"中央之中"。这种意义上的中道，是符合伦理德性之道的，没有伦理德性作为基础，即使"中"也是没有意义的。在孟子看来，中道的本质是有道德价值的行为，中道需达"道"，他将仁义道德视为中道的精神、生命。因此，中道之内涵便体现在，从根本上恪守和贯彻以公平、仁义为首义和核心的伦理之道。"中道"所蕴含的"中"之道与切中于"道",两层意义又是不能截然分开的,"中"之道往往本来就是切中于"道"的形态,"过"或"不及"本身就是偏离"道"的表现;而切中于"道"则是"中"之道必须恪守的核心价值及其取向,不契合于"道",则必然导致"过"或"不及"。而亚里士多德的论述更为明确地揭示了这一点,他认为:"恶意、歹毒、无耻等,在行为方面如通奸、偷盗、杀人等,所有这一切,以及诸如此类的行为都是错误的,因为其本身就是罪过,谈不上什么过度和不及。"

4.中道不能固守教条,要有灵活性。孟子很看重权变思想,这体现在他和淳于髡的对话中,虽然男女授受不亲,但在嫂溺的情况下还是要援之以手。他还认为,"执中无权,犹执一也"。因此,伦理之道固然是重要的,中道需要契合这种伦理之道,但是也不能因此而僵化,固守教条和原则,这本身是不符合"中道"思想的。对此,王阳明有更明晰的解释,"若徒拘泥于古,不得于心,而冥行焉,是乃非礼之礼,行不著而习不察者矣"。这种道不乏权,权不离道,道权统一思想是中道思维的内涵之一。冯友兰曾经指出,道是原则性,权是灵活性。灵活性,从表面上看,似乎违反原则性,但实质上正是与原则性相合的。

二、基于中道思维的教师管理

(一)制度规制与柔性激励相结合

教师管理需要把制度规范的约束和柔性激励结合起来,二者相辅相成,不可偏废。只有健全规则和程序,才能保证学校有序运转,管理有章可循。首先,应健全教师管理制度,如教师考勤制度、学习培训制度、评优晋级制度、考核评价制度、申诉制度、责任追究制度等。其次,在制度执行中要按照制度规定来办事,不能违规办事。有些学校管理者对与自己关系亲近的人采取一种政策,而对其他人采取另外一种政策,这常常导致学校管理的混乱。

教育组织有其特殊性,组织呈现松散耦合特点。所谓松散耦合即组织的规范结构与行为结构之间的联系是松散的,规则并不总是能够制约行动,某些规则的改变可能并不影响行动。在霍伊看来,学校中可能至少有两类组织:一类是负有管理职能的科层组织,具有较为紧密的层级关系;另一类是专业组织,负责实际的教与学的技术过程,具有松散耦合的特点。因此,在教师专业领域,柔性管理可以激发教师的自主性和创造性,从而实现自身价值,过多的科层控制会束缚教师的创新精神。

进行柔性激励需要注意两点。一是教师管理制度的设计要把对教师的行为约束和对教师的激励结合起来。制度包含强制性的要求,也包含诱致性的方面,因此,制度设计需要对教师行为做出必要的刚性约束,但同时也要对教师进行柔性的激励,而且制度设计不能恣意而为,要符合教师管理伦理,契合相关政策法规,不能侵犯教师合法权利。二是真正把教师当"人"而不是"物"来管理。康德曾论述过一种建立在物的基础上的人权,即把一个人除了人身之外作为物来占有。事实上,教师只是受聘于教育教学工作,而不是他人的财富,学校必须根据相关法律以及教师聘任合同等要求教师做其应该做的工作,依据规定和法律也是教师管理之"道"。

(二)整体对待与个体区别合理统一

整体对待需要管理者形成系统性思维。组织行为学认为,群体内成员互惠互依,彼此间协同合作,会增加完成任务的效能,从而促进组织更好实现既定目标。这一点对于教师群体而言,有着更为重要的意义。我们虽强调集体主义,但合作精神淡薄。教师以自我为中心形成了一个个的"圈子",如校内校外、学科组之内与学科组之外、朋友与其他人等"圈子"。这就很好理解为什么教师之间不好合作,不同类型的学校之间不合作,大学教师到中小学听课被认为"不务正业"。因此,教师管理要鼓励教师合作,形成教师合作文化,激发教师合作的愿景和信念。

管理人员要有大局观念,要有公共利益至上的管理观念。公共利益高于个人利益,管理人员当有促进学校相关主体发展,进而促进社会进步的高远情怀。如果因个人利益而放弃公共利益,那便是没有切中"道"。

按照契约论的观点,所有人进入某个集体以后就需要达成一个契约,这便是大家在自愿的基础上把每一个人所有的权利让渡给集体,由集体来行使每一个人让渡的权利。那么每一个人都失去了同样的东西,就有权获得同样的东西。换句话说,每一个人都是平等的。因此,学校对每一个教师应一视同仁,应公平、平等地处理每一件事情。学校规则的制定施行,都应当遵循平等原则。

但是,学校中每一个个体,无论思想观念、个性特征、自我需要等又有着很大的区别,因此,学校对教师的管理也要因人而异,不能固守教条。要针对教师的个人特点进行有差别的管理。有的教师渴望专业方面的发展,这就需要为教师搭建学习提高的平台,鼓励教师多参加诸如赛课、教育科研等活动;有的教师有参与学校管理的需要,这需要提供一定的管理任务甚至将其提拔到管理岗位上。有的教师喜欢有挑战性的任务,而有的教师追求稳定,这都需要针对不同教师特点进行有差异的管理。

教师的差异不仅表现在个性特点方面,还表现在性别、年龄、经验等诸多方面,比如对刚入职的教师,需要创造关爱的环境,教学任务不能太重,要求也不能太高;对于有经验的骨干教师,则需要给予责任和任务,并定期或不定期地对其成绩给予反馈,以鼓励其不断进步。

(三)行政权力与教师权利的和谐共生

一位学者专门研究了学校中的教师冲突,发现在学校管理中,管理者较多使用法定的权力解决问题,教师和管理者的冲突非常多。因此,处理好行政权力和教师权利的关系,减少学校冲突,构建和谐的学校人际关系,是当前管理者需要解决的问题。

首先,从教师管理方式来看,需要管理者把握好如何用好手中的权力。韦伯根据权力的性质把权力划分为三种类型:传统的权力、感召的权力和合法的权力。学校管理者自然也具备以上几种权力。一个优秀的管理人员一定是善于合理运用几种权力,而中国文化更看重感召的权力,对"德治"心悦诚服,"为政以德,譬如北辰,居其所而众星拱之"。学校管理者应不断学习和提高,以自己高尚的人格和出色的才干感染教师。这也就对学校管理者提出了很高的要求,管理者不能做"老好人",但也不能油腔滑调,要务实。

其次,处理好行政权力和教师权利的关系。校长负责制的最大隐患就是校长权力容易膨胀,从而导致校长行为失范。因此,明确行政权力和教师权利的边界,处理好行政权力与教师权利关系就显得格外重要。《全国中小学校长任职条件和岗位要求(试行)》的通知规定,我国中小学校长依法拥有教育教学管理权、校务工作综合管理权、人事管理权和校产管理权。而教师的权利分为两类:一类是法律规定的教师应有的权利;一类是教师作为一个人,作为一个社会公民所应具有的基本权利。按照康德的理解,就是天赋的权利和获得的权利,天赋的权利是每个人自然而享有的权利,它不依赖于一切法律条例。获得的权利是以法律条例为根据的。就此来看,行政权力不是无限的和无边界的,管理人员需要依照法规行使权力,尊重和维护教师的权利。因此,如何用好管理人员的权力,需要把握好一个度,及"道"而不离"道",需要处理好"权"和"道"之关系,按管理学的话语就是如何在上级要求、规章制度和自由裁量之间取得一种平衡。

浅谈中学教师的消极情绪管理

一、问题的提出

在实施科教兴国战略的新时期,全社会都认识到振兴民族的希望在教育,振兴教育的希望在教师。教育和教师成了整个社会关注的焦点,"为人师表""人类灵魂的工程师""太阳底下最光辉的职业"——对教师职业有数不清的赞美之词。被戴上各种耀眼光环的教师,集各种角色的要求于一身,被推到了至高、至善、至美的理想境界。但是,教师不是神,也是人,他们也有自己的喜怒哀乐,也和其他人一样有各种各样的需要。随着社会经济的发展,国家的物质财富变得越来越丰富,教师在物质上的需求基本得到保障,但是教师的精神需要也是不可忽视的,教师心理健康是教师精神需要得到满足的标志之一。现代教师面临的压力很多、很大,特别是中学教师,繁重的工作量、学生自主意识和创新意识的增加、学生个性突出、社会和家庭要求有较高的教育质量、教师自身需要不断更新知识和接受继续教育等都会让教师有不同程度的压力。面对众多的压力,教师的心理健康受到了巨大挑战。那么中学教师怎样才能成功应对这些压力呢?怎样才能快速提高心理健康水平呢?解决这些问题的最佳办法就是学会自我调节和控制情绪。

二、什么是情绪管理

情绪管理就是善于合理调节情绪,对不良情绪进行及时排解,能以乐观的态度及时缓解紧张的心理压力。亚里士多德曾说:"任何人都会生气,这没什么难的,但要能适时适所,以适当方式对适当的对象恰如其分地生气,可就难上加难。"据此,情绪管理指的是要适时适所,对适当对象恰如其分地表达情绪,调节情绪。

情绪管理,最先由因《情绪智商》一书而成名的丹尼尔·戈尔曼提出。后来许多心理和社会学工作者在这一领域开展研究,并做出了许多重要贡献,例如:美国的伯恩斯坦博士著《情绪管理》,他认为情绪爆发和衣食住行一样是我们每个人都会遇到的常见情形。当面对怒不可遏、悲痛欲绝、情绪低落的朋友、家人、同事时,我们都希望能伸出援助之手,然而不适当的方式方法可能起到相反的作用。本书针对每种情绪,分析了其产生的生理和心理原因,给出了一系列的帮助方法和治疗手段。

目前市场上有很多关于情绪管理的实用图书,但是针对教师这一特殊群体情绪管理的研究还比较少。

三、中学教师情绪的表现

虽然学术界存在着用基本情绪途径还是维度途径去研究情绪的争论,但进一步的分析显示两者的理论本质并不冲突,情绪非线性特性说明,在采用简单的模式研究复杂的人类情绪时,必须充分考虑情绪的多成分性、动态性以及心境的作用。人的情绪是在活动中产生、发展和变化的,教师的情绪在工作、生活等方面由于种种原因也会发生变化,比如,教学环境、教学设施以及领导对其工作能否肯定和理解等,都会引起教师情绪的变化。另外,课堂中学生所表现出的某些行为也会引起教师在教学中的情绪变化。其结果往往是这种情绪再转移到学生身上,从而影响学生的学习方法和学习效果。情绪有积极的和消极的两种,因此,教师情绪在教育教学中的表现是不同的。

1.教育教学中教师积极情绪的表现。对生活充满热情,有信心,教学中主要体现于语言生动,表情自然亲切,精神饱满,声音洪亮且讲解清晰,示范正确具有美感。教学中常用肯定的语言鼓励学生,教学态度认真,善于与学生进行情感交流等。

2.教育教学中教师消极情绪的表现有以下几种。

第一,对工作冷漠。教师表现出对事无动于衷,对学生热爱不起来,对自己的职业缺乏兴趣,对周围人缺少感情,得过且过。教学中语言不生动,语调平淡,表情过于严肃甚至呆板,讲解含糊不清,敷衍了事,甚至在教学过程中采用尖刻、讽刺语言或对学生进行责备,教学态度不认真等。

第二,在教育过程中表现得情绪急躁。教师在教育教学过程中无论大小事都不能从容镇定地处理。

第三,生活态度消沉。这种情绪对教师是极其有害的,不仅会伤害教师的心灵,还会影响正在成长中的学生。

四、教师消极情绪管理的意义

教师的负面情绪如果经常出现而且持续不断,就会对其产生负面影响,如影响身心健康、人际关系或日常生活等。因此,教师管理情绪意义重大。

1.促进生理健康。常言道"心宽体胖",意思就是情绪畅快有助于身体健康。研究指出,一个人常常有负面或消极的情绪,如愤怒、紧张,人体内分泌亦受影响,并会导致内分泌不正常,进而会形成生理上的疾病。由此可见,时常面带微笑,保持心情愉快,并以乐观的态度面对生活,则有助于增进生理健康。

2.形成良好人际关系。人际关系是否良好取决于一个人情绪表达是否恰当。倘若常在他人面前不加控制情绪,乱发脾气,别人会视你难以相处,就会拒绝与你往来。反之,若常面带微笑,多赞美他人,以亲切态度与别人相处,你的人际关系自然会很和谐。

3.提高教学效果。已有的研究表明,课堂教学质量,除了受教师的知识水平、教学能力以及授课艺术等因素影响外,还受到教师授课时情绪的影响。在教学过程中,教师如果具备积极的情绪和乐观的态度,就能够做到表情丰富、态度亲切、和蔼可亲、宽容大度、循循善诱,这样学生的情绪也会被感染,他们的学习热情也容易被激发。但是在现实中常常可以见到教师将一些不良情绪带到课堂教学中,如教师情绪低落,精神萎靡不振,讲课时缺乏激情,声音低沉,致使课堂气氛沉闷,缺乏活力;或者教师心烦气躁,精力不集中,讲授内容频频出错,导致学生思维混乱,教学效果差;或者教师情绪冲动,满腹牢骚,对学生发无名之火,使学生情绪压抑,学习积极性受挫。可见,如果不对教师的各种不良情绪带来的影响足够重视,则会影响学生的学习。

4.促进学生身心健康发展。"教师"职业被誉为是"以生命影响生命的事业"。教师的言行会对学生产生强烈的、全方位的、深远的影响。一般人都认为学校是"理智生活"的教育场所,而完全忽略了学校也是"情绪生活"的训练场所。当学生有良好表现时,如果教师能够适量释放喜与乐,则学生就会受到鼓励,就会有良好的行为表现;同样的,如果在学生做错事情之后,教师能够适时、适度地动怒,则学生会察觉到自己犯了错,类似的错误表现因为及时受到教师的指正,重现的可能性就会减少。更为重要的是,学生是通过观察生活中重要他人如何表达情绪而知道自己的哪些言行会受到欢迎,哪些会受到谴责。而教师正是学生这些"重要他人"之中分量最重的。教师的适当的情绪表达除了具有引导学生言行的功能之外,也成为学生情绪生活或者情绪表达的模仿对象。我们都知道情绪具有感染作用,看到自己的教师有某种情绪表达时,学生也容易学成和教师相同的情绪表达方式。正是对自己在学生情绪教育中所起的作用认识不足,很多教师才忽视了情绪教育,不知不觉做了伤害学生的行为。因此,教师能够有效地管理和调节情绪,能够用自己恰当的言行与情绪表达来教育学生,是全社会所殷切盼望的,也是教育所迫切需要的。

五、如何做好消极情绪管理

1.要有病识感。"病识感"就是能感知自己快要生病的意识。对于身体要有病识感,对于心理和情绪也要有病识感。但大多数人常因自尊心或忙碌而有意或无意地否认与忽视自己的情绪问题,而使小问题如雪球般滚成大问题。

2.要找适当方式倾泻。如果压抑情绪会影响身体或精神健康,会使身体生病或精神上出现问题。因此,要找适当方式倾泻情绪,例如,伤心时痛哭一场、跑步运动……

3. 要找到情绪产生的原因。尼采说:"知其为何,必能接受任何。"例如,学生上课讲话,老师生气。外在归因是:气学生讲话。内在归因是:气自己管不住学生,气自己没有好的方法教育学生和让学生能好好听话。先知道原因才能找出释放压力的方法,才能自己掌握自己的情绪。

4. 做自己情绪的主人。纪伯伦说:"人是自由的!所以每一个人都有自我舍弃的可能;所以每一个人都要为自我的选择担负起责任。"法兰克说:"这个世界可以给我们任何一切的不幸,但是我们有充分的自由选择用何种态度来面对。"所以,遇事时,我们有选择情绪的权利,尽量避免消极情绪。

5. 将消极情绪转移。生气不如争一口气,追求成就超越自卑,化悲愤为力量……许多有成就的人都是为了超越自己生命中的脆弱与不幸而成就了自己也造福了他人。

6. 提升自信心。通过读书也可以提升自己的自信心,从书本中寻求慰藉与共鸣也是一个好方法。

7. 活在当下。人生就像是在爬山,许多人在爬山时,担心许多的"万一",所以想要"有备无患"。万一下雨,万一寒冷,万一受伤……一大堆的万一,会使人负担过重。但更糟的是除了这些"万一",还有"完全用不到的垃圾"。人生垃圾有两种:一是"过去的懊悔",一是"未来的担忧"!过去已不再,而未来还未到来。我们改变不了过去的任何一切,也掌握不了未来的所有,但我们却失去了许许多多珍贵的今天,所以要做好手边的事情。

8. 幽默。这是心理环境的"调空器"。当你遇到挫折或者处于尴尬紧张的境况时,可以用幽默来化解。幽默是人际关系的润滑剂,它能使紧张的关系变得和谐。不要游戏人生,但也不宜过于严肃,要让生活充满更多的欢笑及快乐。

9. 用同理心进行沟通。同理心的意思是,一个人要想真正了解别人,就要学会站在别人的角度看待问题,只要你坚持设身处地、将心比心,尽量了解并重视他人的想法,就比较容易找到解决问题的方法,尤其在发生冲突的时候。作为教师,更要善于运用同理心与学生沟通。越在乎自己,越以自我为中心,越易产生不良情绪。

六、结语

　　一个领导者,很需要的就是在许多压力之下保持最大的优雅。教师作为学生的带领者,其工作是调动学生学习的积极性,培养他们的创造力,提高他们适应生活的能力,形成健康的身心。教师要想办法克服和控制消极情绪,保持最大的优雅,最大限度地促进学生的成长。

建立我国教师寒暑假学习制度的必要性探微

——以普通高中教师为例

寒暑假,作为我国老百姓特别是学生和教师耳熟能详的名词,其来历和产生的时间实际上没有一个准确的说法。不过,这并不影响教师去畅享这难得的两个多月的快乐时光,尽管这颇受其他行业人士的羡慕和诟病。对于学生,不管是小学生、初中生、高中生、大学生乃至更高层面的硕士生、博士生,应该如何把寒暑假过得有价值、有意义,相关的文字有很多,关于拓展生活阅历的,关于发展兴趣的,关于补习提高的,关于打工挣收入的……不一而足。尽管没有任何法律、法规甚至政策的明确要求,但是,学生的寒暑假总体来说是充实的,也很少有人认真分析学生的时间安排是否恰当。同样,作为各级各类学校教师,在如何安排自己的寒暑假上,也没有法律、法规或政策的要求和规定。也许这个本来不是问题的问题,不具有研究或分析的任何价值,因为,既然是假期,如何安排似乎应该是作为成年人的教师的自由选择,而实际上,教师也的确是很自由地安排了自己难得的寒暑假生活。笔者工作在普通高中教育一线,尤其对普通高中教师日常的学习现状特别是寒暑假的学习现状有深入的了解,作为一个基层学校管理者,对目前我国教师在寒暑假学习的现状感到忧虑和困惑,希望借助本文谈谈自己的一些认识和看法。

一、寒暑假的一般定义

在中国,学校通常将每个学年分为上、下两个学期。

上学期从秋季九月份开始,到第二年的一月份结束。从一月份开始各学校陆续放假,而这个假期正处于冬季,就被称为寒假,寒假一般到二月底结束。因地域不同,假期长短不同,有20天左右的,有40天左右的。

下学期从春季三月份开始，到七月份结束，各学校又开始放假，而这个假期正处于炎热的夏季，就被称为暑假。暑假一般到八月底结束。现在大部分学校的暑假结束时间是九月初，个别地方在九月中旬。

二、寒暑假的来历变迁

相传我国春秋战国时期旷世奇人鬼谷子，隐居云梦山并在此教徒授艺，传说孙膑、庞涓、苏秦、张仪、毛遂等名家皆出其门下。鬼谷洞就是当年鬼谷子讲课的课堂，鬼谷洞内有一口山泉井，每到夏季，山泉就会喷涌而出，充满整个洞穴，从而无法上课，鬼谷子只好放假。"放暑假"也就从此开始，沿袭至今。

稍晚于东汉时的《四民月令》中有关于农村学校的内容："正月，农事未起，命成童以上入大学，学五经。砚冰释，命幼童入小学，学篇章。八月，暑退，命幼童入小学，如正月焉。十月，农事毕，命成童入大学，如正月焉。冬十一月，砚冰冻，命幼童入小学，读《孝经》《论语》《小学》篇章。"很明显，此时的教育避开了酷暑和严寒季节，是当时启蒙教育的原则之一。事实上，休暑假和寒假的制度，在汉代已经开始萌芽。

而据杨联升的《中国制度史研究》，学校的假期问题这样描述："（唐代）私塾中的大多数学生和小学生只在主要的节日才放假。在明清时期，私塾也有大约一个月的春节或冬假。"而"为农民的孩子所开办的学校往往只在农闲季节才开办。""在宋代，专为农民的孩子办的农村学校被叫作'冬学'，因为他们只在冬季开学。"很明显，无论是"冬假"还是开办的"冬学"，都或多或少地证明了寒假和暑假雏形的存在。

如上所述，寒暑假的存在基本上是由中国的农耕社会性质所决定的，无论是鬼谷子的讲堂还是各类私塾以及官办学校，都会因为季节变化和农耕忙闲而放假。

三、寒暑假的时间范围

据考证,最早对寒假进行明文规定的是1901年的《山东大学堂章程》,它规定:每年春季,以正月二十前后开学,小暑节放学,给暑假;休息至立秋后六日开学,十二月十五以前放学,给年寒假(年假)。

1912年颁发的《学校学年学期及休业日期规程令》规定,各学校以八月一日为学年之始,以翌年七月三十一日为学年之终。一学年分为三个学期。一月一日起至三月三十一日为一学期;四月一日起至七月三十一日为一学期;八月一日起至十二月三十一日为一学期。关于寒暑假,规定暑假休业日定为三十日以上,五十日以下,其起止时间由各校根据地方气候自定。年假休业定为七日以上,十四日以下。另外还有春假七日,时间是四月一日至七日。

由于三学期的实施存在诸多不便,根据实际情况,民国政府于1929年又颁发了《学校学年学期及休假日期规程》规定,学校以每年八月一日为学年之始,翌年七月三十一日为学年之终。一学年分为二学期,以八月一日至一月三十一日为第一学期,以二月一日至七月三十一日为第二学期。对于暑假时间长度的规定:专科以上学校暑假至多不超过七十日,中等以下学校至多不超过五十日,其起止日期于学校校历内规定之。各学校寒假一律为两星期,其日期于学校校历内规定之。

1931年民国教育部又颁发了《修正学校学年学期及休假日规程》规定,暑假,专科以上学校以七十日为限(起六月二十三日迄八月三十一日)、中等学校以五十六日为限(起六月三十日迄八月二十四日)、小学以五十日为限(起七月三日迄八月二十一日)。寒假,各级学校一律定为十四日(起一月十八日迄一月三十一日)。

1949年中华人民共和国成立后,在1950年上半年,教育部在《高等学校校历》中规定,一学年分两学期,第一期自八月一日至一月末,第二期自二月一日至七月末。第一期上课一百四十五日,自九月一日至一月二十三日,计一百四十五日;第二期上课一百四十四日,自二月七日至六月三十日,计一百四十四日。假期:暑假六十二日,自七月一日至八月三十一日,计六十二日;寒假十四日,自一月二十四日至二月六日,计十四日。教育部也分别于1950年和1956年颁发了《中等校历》

和《小学校历》，规定的开学和放寒暑假日期与高等学校基本相同。1958年，中共中央、国务院颁发了《关于教育工作的指示》中要求：各省、自治区、直辖市有权依照当地的情况规定本地区的学历(校历)，报告中央教育部，废除全国统一的学历。此后虽然有一些调整方案，但全国性的寒暑假统一起止时间再也没有出现，取而代之的是各省、自治区、直辖市的各类学校相对统一。在2003年教育部印发的《普通高中课程方案(实验)》和十五个学科课程标准(实验)中，也仅仅明确：每学年五十二周，其中教学时间四十周，社会实践一周，假期(包括寒暑假、节假日和农忙假)十一周。

四、寒暑假的法律地位及其被"享受"

寒暑假的沿革大致是由于节气和农耕生活的需要，寒也罢暑亦然，北方也罢南方亦然，但仍然存在的问题是——究竟是哪部法律或者规章规定：学生不论学段必须有寒暑假？教师无论是大学教师还是中小学教师必须有寒暑假？学生哪怕是博士生必须有寒暑假？也就是说，寒暑假的法律地位是如何肯定的？寒暑假的存在有没有法律依据？从目前的法律及政策文件来看，没有。如此看来，教师享受的寒暑假本身是没有法律支撑的，而与之相关联，教师带薪享受寒暑假倒是有法律依据，在1994年实施的《中华人民共和国教师法》第二章第七条第四款中明确规定："按时获取工资报酬，享受国家规定的福利待遇以及寒暑假期的带薪休假"。

尽管寒暑假本身的法律地位存在质疑，但其被教师"享受"却具有法律依据，据此，教师在享受这一特殊的职业权利的时候，绝大多数忘记了或淡化了其他的权利和义务。尽管寒暑假中，教师没有直接面对学生进行教育教学，但教师的身份还在，教师仍然是教师，即使是在寒暑假，教师仍然应该履行法律赋予自己的权利和义务。《中华人民共和国教师法》中关于教师义务的条款"(一)遵守宪法、法律和职业道德，为人师表……(六)不断提高思想政治觉悟和教育教学业务水平。"也应该得到完全地履行。何况，作为普通高中教师，在面对极其强烈的高考压力和社会期待的情况下,其可供学习提高的时间是极其有限的。平时教师和其他行业从业人员一样在享受周六、周日的休息,而在工作时间里,一般教师的工作量大概是每周5天10~12个课时外加两个晚上自习辅导,这就意味着每天要上两节课以上,还要用2~3个小时备课,用2~3个小时批改作业,每天8个小时工作时间就已经基本占满,这显然不再有时间系统学习。如是,"不断提高思想政治觉悟和教育教学业务水平"的义务在平时的工作中和周末进行就几乎不可能完成。然而作为普通高中教师,不管是因为法律的要求,还是学科和教育发展的现实需要,提升自己却又是必需的,那么时间从哪里来呢?笔者认为,只有从被教师"享受"的寒暑假中来。

五、寒暑假教师的学习情况现状

既然平时的学习已经基本不可能,或者平时因为教育教学工作临时的需要而学习,这个学习的系统性和有效性是完全可以想象的;那么普通高中教师在寒暑假假期的学习情况又怎么样呢?就笔者对普通高中教师做过的一个简单调查,在一般地区,寒假大概21天,暑假大概56天,总共77天。

1.学习书刊内容。学习过教育政策法规类知识的教师有3.2%,学习过教育理论类(含哲学、心理学)的教师有10.1%,学习过教学理论类的教师有15.3%,学习过学科理论类的教师有20.2%,学习过休闲类的教师有85.8%。可见,教师对于非直接的教育教学问题是几乎不涉猎的,关乎大方向的教育政策法规几乎无人问津;在进入工作后,多数教师已经对教育学、教学论和学科理论不再深入学习,而对休闲类的内容更感兴趣。教育政策法规、现代教育教学理论的不断更新,学科知识的不断发展已经不被多数教师所重视,其教育教学水平的提升就必然变成无源之水,教学质量的提高便变得遥不可及。

2.学习书刊类别。对参与学习的教师细化调查,结果显示,不管是教育政策法规、教育类还是教学类、学科类的学习,学习图书的教师占13.2%,学习专业期刊的教师占37.3%,学习报纸的教师占49.5%。显然,具有更好系统性、专业性的图书不是教师们的喜好,而非系统的略带理论应用性的专业期刊成为教师们的选择,当然更多的教师选择的是零散的操作性强的报纸文章。这个趋势仍然说明,教师们对教育教学系统理论是兴趣不大的,长此以往,教师的教育基础功底势必衰退,且脱离于现代教育的发展,创新几无可能,并进而演变成抱残守缺的教书匠人。

3.学习书刊数量。对参与学习的教师实施数量调查发现,在一个学年度的寒暑假假期内,学习图书一本的教师占84.7%,学习两本的教师占12.4%,学习三本及其以上的教师占2.9%;学习期刊1~2期(均以月刊计,下同)的教师占13.2%,学习3~4期的教师占39.6%,学习5~6期的教师占38.9%,学习7期及其以上的教师占8.3%;学习报纸1~10期(均以周刊计,寒暑假休刊,全年约40期)的教师占43.2%,学习11~20期的教师占32.8%,学习21~30期的教师占19.5%,学习31期及其以上的教师占4.5%。数据表明与前述"学习书刊类别"的对称性,即使是选择学习图书的教师,也很少有在一年内学习两本及其以上的;即便是学习期刊,学习数量在每年出版量一半以下的教师占90%以上;而学习报纸超过出版量一半的也不过20%多一点。参与学习的教师的知识学习和积累如此之少,更难想象几乎没有学习的教师。

4.学习书刊时间。对参与学习的教师的学习时间统计看,集中安排寒暑假时间学习的教师占38.3%,而利用零散寒暑假时间进行学习的教师占61.7%,通过访谈了解到,集中安排时间学习的教师,他们所学习的主要是图书和少量期刊,而利用零散时间学习的主要是报纸和期刊。因而,我们可以认为,在参与学习的教师中,有计划地安排寒暑假进行系统学习的只有三分之一多一点。根据学习理论,集中系统学习的教师的学习效果肯定优于零散学习的效果,所以即便是参与学习的教师,其通过寒暑假学习提高的比例也是相当低的。

5.学习书刊效果。对教师参与学习效果的数据分析来看,学习图书两本(含)以上,或者期刊7期(含)以上,或者报纸31期(含)以上的这部分教师自己觉得有很大收获的占91.3%,有一定收获的占8.1%,收获很少的占0.6%;而与之对应的,另外也参与学习的部分教师,觉得有很大收获的占12.3%,有一定收获的占

71.2%,收获很少的占16.5%。数据表明,图书的深入学习和更多期刊、报纸的学习,与教师的学习效果是正相关的,这说明知识的掌握需要系统,同时也需要数量的积累,如此,方能取得进步并提升教师能力、水平及素养。

六、寒暑假教师学习制度建立的必要性

现在,我们的研究重点应该放在那80%~90%在寒暑假没有安排学习的教师身上了。当然85.8%的学习休闲类的文章也是学习,也可以对教师教育教学提供帮助,但毕竟更多的是非有助于教育教学的,所以从严格意义上讲,于"不断提高思想政治觉悟和教育教学业务水平"的教师义务而言,不算是在正式履行义务,只能算作是享受假期时光的消遣。

80%~90%的普通高中教师,主观上的忽略或者客观上的漠视,都是对教育事业发展的重大伤害,也是对教师队伍建设的不负责任。可是,就像寒暑假本身没有法律依据一样,教师在寒暑假中应不应该专门确定时间学习,也没有法律、法规或者规章予以约束,这给普通高中教师队伍(当然亦可以说是整个教师队伍)的发展提高带来了实施上的麻烦,这在笔者所在的地区是屡见不鲜。当作为负责教师培养提高的寒暑假学习时间安排表出来以后,总会遭到相当部分教师的公开反对,更会有众多教师的暗中抵触,原因很简单——校方没有法律、法规、规章甚至是政策、文件作为依据。尽管上至党委、政府、教育主管部门,下至学校领导者、学生及其家长都觉得教师作为学生学习的指导者,除了应该在日常的教育教学工作中学习外,还应该通过寒暑假假期系统学习相关政策、理论等,但就是鲜有固定而规范的法律、法规、规章或政策出台,而更多地停留在一种认识或者期望上,如曾灿金先生认为,寒暑假由来已久,是学生的最爱,亦是教师安排进修研习、参与课程发展及设计活动、准备教材或教具。鉴于此,笔者认为,在寒暑假没有法律规范依据的情况下,省级或市级教育部门,应该在寒暑假教师学习问题上,将其固化为教师寒暑假学习制度,通过规范的制度来管理约束教师的学习行为,使教师的寒暑假学习成为教师职业工作的重要组成部分。其必要性主要包括几个方面。

1.建立教师寒暑假学习制度,是教师履行法定义务的必须。教师在寒暑假没有教育教学任务,正是"不断提高思想政治觉悟和教育教学业务水平"的大好时机,教育主管部门制定相应的寒暑假学习制度,有着当然的法理依据。

2.建立教师寒暑假学习制度,是加强教师队伍建设的要求。国务院在2012年8月20日发布的《国务院关于加强教师队伍建设的意见》第八条中明确要求要建立教师培训学习制度,在第二十一条中要求"教育行政部门要加强对教师队伍建设的统筹管理、规划和指导,制定相关政策和标准。"可见,教育主管部门制定寒暑假学习制度,是有确凿的政策依据的。

3.建立教师寒暑假学习制度,是提高教师专业水平的规定。在国务院发布的《国务院关于加强教师队伍建设的意见》中,有"实行五年一周期不少于360学时的教师全员培训制度"的明确规定,这就意味着每学年教师参加培训学习不得少于72个学时,如前所述,平时工作繁忙的普通高中教师们哪儿有时间参加学习培训呢?寒暑假的学习就成了必然的选择,但这需要教育主管部门来进行规定。

4.建立教师寒暑假学习制度,是教师资格认定、聘任的必备。在2012年9月6日教育部、国家发展改革委、财政部发布的《教育部国家发展改革委财政部关于深化教师教育改革的意见》中指出:教师培训实行学分管理,教师培训学分作为教师资格定期注册、教师考核和职务(职称)聘任的必备条件。平时没有时间参加学习培训,如果再没有寒暑假的学习制度强制,教师的身份都有可能丧失,故而建立寒暑假教师学习制度,也是对教师们能够继续作为教师和被聘的关爱。

5.建立教师寒暑假学习制度,是提升教师政策、理论的现实需要。从本文前述教师在寒暑假参与学习的情况看,80%~90%的普通高中教师几乎没有跟上时代发展步伐。国际形势风云变幻,国内情况日新月异,知识爆炸式发展,作为教育国家未来建设者和接班人的教师,不断地学习教育政策、法律法规、教育教学理论应该成为常态,而如此大比例的不思学习者的存在,必然影响教育根本的发展和进步,因而必须由教育主管部门建立寒暑假学习制度,才能让更多的教师更好地投入学习,以更好地履行教书育人的职责。

中学教师专业化程度低下的职前原因浅析

　　专业是指一群人经过专门教育或训练、具有较高和独特的专门知识与技术、按照一定专门标准进行专门化的处理活动，从而解决人生和社会问题，促进社会进步并获得相应报酬和社会地位的专门职业。一般认为，构成"专业"需要八大要素：完整的知识系统，长期的培养训练，严格的资格证书，较大的自主权力，不断的在职进修，健全的专业组织，良好的职业道德，较高的社会地位。从教师职业分析，为了达成学生成长发展的目的，从事教师职业的人员，需要有完整的教育和教学系统知识，这当然需要经过长期的培养训练和不断的进修学习，并需要严格的资格认证，规范职业道德；再者教育对象既是独立的主体，又是一个群体，教师必然需要在一个健全的专业组织中工作，且应该有较大的教育自主权力，因为其工作性质的独特性和不可复制性，从而应该得到社会的高度认同。可见，教师这个职业由于其满足以上八大要素，所以自然应该属于一门专业，因而作为从业者的教师就理所当然地应该专业化。

　　《教育部关于印发〈幼儿园教师专业标准（试行）〉〈小学教师专业标准（试行）〉和〈中学教师专业标准（试行）〉的通知》（教师〔2012〕1号）中指出，中学教师是履行中学教育工作职责的专业人员，需要经过严格的培养与培训，具有良好的职业道德，掌握系统的专业知识和专业技能。如果仅从"专业"二字分析，中学教师首先是专业人员，其次要掌握系统的专业知识和专业技能。由此可见，教师的专业定义与前述的"专业"定义是一致的，故而中学教师的工作应该具有很高的专业化程度，他们所从事的工作应该得到社会的高度认同和理解，家长和学生应该给予他们极大地尊重才是。然而在现实中，中学教师的工作常常被社会各界视为一般行业的普通工作，世人皆懂，世人皆能，学生常因学习的苦痛而心存怨恨，家长常因教师的召见而敢怒不敢言。换句话说，教师本该因高度专业化而受到社会、学生、家长尊崇的职业，并没有取得其应有的地位。细细分析其原因，与中学教师专业化程度低下有密切的原因。

认真分析《中学教师专业标准(试行)》,抛开其中的基本理念和实施建议,我们很容易就明白,中学教师专业标准的内容包括专业理念与师德、专业知识和专业能力,而专业知识可以被认为是这三者的核心。按照这个思路分析,我们抛开目前存在的极少数没有经过正规全日制师范教育的教师,仅以大多数高等师范学校毕业的教师来看,丰富专业知识的学习、理解、内化和实践,就应该为中学教师专业理念的形成、师德的规范、专业能力的掌握提供帮助。根据这个逻辑,中学教师不受待见,主要问题就应该出现在专业知识上。而当我们翻开受过高等师范教育的每个中学教师的学习成绩档案,其学科专业成绩往往是令人赏心悦目的;再看看学籍档案中所学课程的课时或学分设置,会发现学科课程数量和课时占据大半壁江山。那么问题究竟出在什么地方呢?笔者认为,其根本的问题在于我们没有清楚地认识到自己的专业究竟是什么。众所周知,一般的师范大学在招生录取时,是清楚地标明了"××教育"专业的,譬如"物理教育"专业,而在大学设置的课程和师范生学习内容中,师范生也自然而然地误认为自己的专业就是物理,所以导致将学科知识更多地强化而淡漠甚至忽视其本身的专业——教育,所以档案中出现的优秀学科成绩和大量学科课时(或学分)就不足为奇了。

《中学教师专业标准(试行)》中明确指出,中学教师专业知识包括教育知识、学科知识、学科教学知识和通识性知识,从前述分析可知,高等师范学校从学科课程设置、学科课程时间、学科课程学分等方面进行了很大的强化,师范生也自然顺应学校的要求,强化学科课程学习,最终结果是学科知识得到了较好地学习、理解、内化和掌握,这个结果对于任何一个学科学习者来说自然具有积极意义。然而,对于一个即将成为教师的学习者来说,这就远远不够了。极端一点的看法,这个学习的过程和结果,对师范生来说是捡了芝麻丢了西瓜,因为我们的专业是教育而非某个学科,优秀的学科成绩仅仅只是专业知识的一个部分,更为重要的是教育知识、学科教学知识以及通识性知识。

中学教师专业化应该具备的教育知识,包括掌握中学教育的基本原理和主要方法;掌握班级、共青团、少先队建设与管理的原则与方法;掌握教育心理学的基本原理和方法；了解中学生身心发展的一般规律与特点；了解中学生世界观、人生观、价值观形成的过程及其教育方法；了解中学生思维能力、创新能力和实践能力发展的过程与特点；了解中学生群体文化特点与行为方式。从这里我们可以看出，师范生需要学习和牢固掌握的专业课程内容应该是教育原理、团队建设与管理、教育学、心理学、认知理论、群体文化等，通过这些专业知识的学习，未来的教师才能帮助学生形成正确的世界观、人生观、价值观，才能根据学生的生理、心理特征进行班团管理和建设，才能有效地对学生进行思想和行为指导教育，才能培养学生良好的思维能力、创新能力和实践能力，其专业化的教育思想、专业化的教育认识、专业化的教育行为、专业化的教育语言和专业化的教育形象才会得到社会、学生和家长的认可，教师自身的专业化程度才能得到更好地提升。

中学教师专业化应该具备的学科教学知识，包括掌握所教学科课程标准；掌握所教学科课程资源开发与校本课程开发的主要方法与策略；了解中学生在学习具体学科内容时的认知特点；掌握针对具体学科内容进行教学和研究性学习的方法与策略。显然，这需要相当的条件性知识。条件性知识是指个体在什么时候、为什么以及在何种条件下才能更好地运用已有的陈述性知识和程序性知识的一种知识类型。由此，在这个方面，师范生应该学习的专业课程内容是课程论、教学论、学科发展史、学科教学法、多元智能理论、课程开发原理、认知心理学、课题研究方法等，这些条件性知识的学习，可以使教师更好地根据学科特点把握学生的学习过程，根据实际教学环境利用一切资源延伸学科课程和开发具有"神秘感"的课程，教会学生根据本学科的发展历史形成学科思维，掌握学科学习方法，并在力所能及的情况下学习学科相关的研究方法。如此一来，专业化的教学思想、专业化的教学思维、专业化的教学方法、专业化的教学手段和专业化的教学技能必然会得到社会、学生和家长的首肯，教师自身的专业化程度也会与日俱增。

中学教师专业化应该具备的通识性知识，包括具有相应的自然科学和人文社会科学知识；了解中国教育基本情况；具有相应的艺术欣赏与表现知识；具有适应教育内容、教学手段的信息技术知识。这自然要求师范大学开设科学通史、社会学、中国教育史、艺术欣赏、信息技术、通用技术等若干课程，教师丰富的通识性知识,有助于拓展学生的精神视野,激发他们的求知欲,更好地把中国的国情融入学生的学习活动,丰富自己的教育和教学专业活动,完善自己的教育教学专业技巧。通识性知识本身就是一种无形的教育专业影响力,使教师更容易赢得学生的信赖和爱戴,得到社会和家长的尊重。

当然,把专业知识的掌握视为解决专业技能的唯一途径具有一定的不完整性,毕竟教育教学过程需要教师的实践性知识的支撑,实践性知识是指教师在变幻的教育教学情境中,在现场教学经验积累的应对教育教学现场的直接知识。这种知识属于一种临床性知识,其中既有直接获得的个人经验的积累,又有通过情境学习获得的他人经验的借鉴,所以中学教师专业化程度的提高,需要在教育教学实践中逐步磨砺。而把专业知识的掌握视为良好教育理念和师德形成的仅有通道则无可厚非,因为教师对待职业、对待学生、对待教育教学工作和对待自身发展,是一个认识论和行为学的问题,与教师本人的兴趣、爱好、个性密切相关。但是我们无法否认的是,人是一个不断变化的生命体,当一个人作为教师的身份被明确后,职业的约束和人性的光辉无论如何也会对其理念和师德产生积极影响。如果再有良好的专业知识作为依托,使其在具体的教育教学工作中能因为学生的成长、家长的认同、社会的承认,并因此感受到教育的快乐和价值,那么其理念和师德也可以逐步完善起来,从而成为一名具有相当专业的教师。

因此,笔者认为,中学教师专业化程度低下的职前原因,很大程度上是因为这些教师在从事这个职业之前的学习过程中,没有清楚地认识到他们的专业是教育,而更多地把所学的学科课程误认为自己的专业,导致在思想上、认识上、学习上、行动上出现了学科课程取代或压制专业课程的现象,使得自己的专业化意识严重不足,使教育知识、学科教学知识和通识性知识相当贫乏,一旦进入中学教学岗位,其专业化程度的低下即暴露无遗。如果再因这个缘由影响其专业理念和师德修习,以及疏于专业技能的训练,那么,其专业化程度低下就毋庸置疑,必然导致这个职业一般化。

课程管理篇

KECHENG GUANLI PIAN

发言与讲话

抓住新课程改革契机　　培育创新性优秀人才

关于新课程改革,宜宾市一中在跌跌撞撞中已经摸索了两个年头,还记得两年前笔者在棠湖中学召开的全省新课程改革推进准备工作汇报会上的发言,而今回头,其间的困惑远远多于当初的设想,推进的难度远远超过彼时的预料。重新梳理思路,有更多的思考和体会,今与大家分享。

有必要重新回顾的是,新课程改革究竟改的是什么？不厘清这个问题,就很难找准改革的方向,更难系统地把握改革的行动。在把握省教育厅的改革要求基础上,以下五点改革需要注意。

第一改就是改变课程过于注重知识传授的倾向,强调形成主动的学习态度,使获得基础知识与基本技能的过程同时成为学会学习和形成正确价值观的过程。大意应该是改过于强调知识传授为引导学生学会学习。

第二改就是改变过于强调学科本位、科目过多和缺乏整合的现状,整体设置九年一贯的课程门类和课时比例,并设置综合课程,以适应不同地区和学生发展的需求,体现课程结构的均衡性、综合性和选择性。改变过于注重书本知识的现状,加强课程内容与学生生活以及社会发展状况的联系。关注学生的学习兴趣和经验,精选终身学习必备的基础知识和技能。大意应该是改课程结果的"专、多、散、死"为"均、少、综、活"。

第三改就是改变课程实施中过于强调接受性学习、死记硬背、机械训练的现状,倡导学生主动参与、乐于研究、勤于动手,培养学生收集和处理信息的能力、获取新知识的能力、分析和解决问题的能力以及交流与合作的能力。大意应该是改课程实施中学生的"受、呆"为"动、悟"。

第四改就是改变课程评价过分强调甄别与选拔的功能,发挥评价促进学生发展、提高和改进教师教学实践的功能。大意应该是改课程评价的"甄"为"促"。

第五改就是改变课程管理过于集中的状况,实行国家、地方、学校三级课程管理制度,增强课程的适应性。大意应该是改课程管理的"一"为"三"。

针对以上五点改革要求,我们只能根据自己学校所处的区域,结合学校自身的历史和现状,拟定符合自己学校教师和学生的改革方案,以便有效推进新课程改革。

第一改,国家和地方已经组织了专门的专家组编写了课程标准,而后编写了教材;对学校而言,所需要做的只能是如何更好地使用教材,将教材中蕴含的知识转化成可供学生学习和研讨的材料。具体而言,就是组织教师对课程标准、教材进行深入学习、研究,在此基础上形成适合学生最近发展区的学习材料——导学案,逐步引导学生学习。就宜宾的教育状况而言,尽管小学、初中的课改已经先期进行了很久,但学生的学习习惯、学习能力还不是很令人满意,所以要达成学生学会学习的目标,只能由教师先根据学生实际针对性地解读教材知识,再逐步引导学生体验学习的成功与快乐,并进而主动学习,形成热爱学习的习惯、主动学习的态度和正确的价值观。

第二改,试图通过课程门类和课时比例以及综合课程的设置,达成综合和灵活使用知识的目标。学校能做的,是保证各门类课程和课时的开齐开足,不挤占活动类课程、综合类课程的时间,充分关注学生的兴趣和需求,让学生学会必须掌握的和自己感兴趣的知识与技能。在这点上,宜宾市一中注重创设良好教学环境,让学生获得更多人文、社会、科学及实践收获。

第三改,这似乎是课程改革中应该特别注意的核心问题。长期习惯于灌输知识的教师和被动接受知识的学生,要改变原有的态度和方法。在过去的两年里,宜宾市一中从上到下尝试了很多理论和实践操作的培训。在理论指导上,我们推荐了"金字塔学习理论"。"金字塔学习理论"模型如图6-1所示。

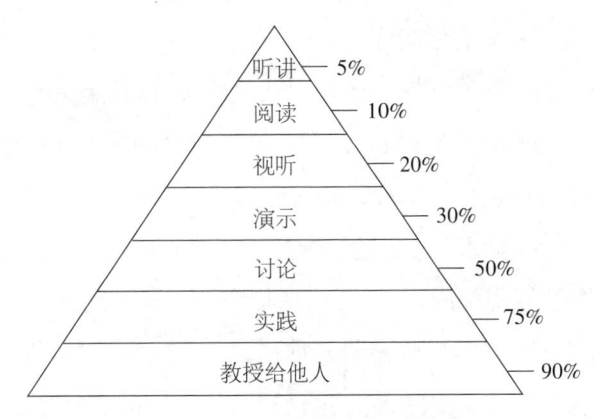

图6-1 "金字塔学习理论"模型

当然,我们还推荐"拓展性临床访谈"。这种方法的本质是"去倾听学习者,并让学习者告诉我们他们的思想"。基于这种理念,教学不再是教师讲解、学生倾听的过程,恰恰相反,教学是学生讲解、教师倾听的过程。只有创造机会让学生表达和表现,教师才可能理解学生,学生也才可能相互理解,教师的讲授和其他教学行为也才有可靠的基础。这种教学就是创造让学生诞生精彩观念的机会。因此,教学的本质是倾听和对话。

同时,我们还推荐了"最近发展区理论"。在用于解释学习的理论中,也许没有比"最近发展区理论"更适合的,且其与因材施教、循序渐进相吻合。"最近发展区理论"模型如图6-2所示。

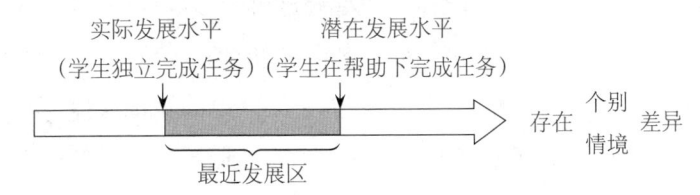

图6-2 "最近发展区理论"模型

经过集中和分散的理论与操作培训,宜宾市一中有20%的教师改变了原来的教学方法并引导学生改变了学习方法,但其他老师的方式方法仍然比较老套。分析缘由,除了传统惯性因素作用外,更重要的是受环境因素影响,因为在课改年级教师身边,存在很多非课改年级教师,改与非改之间选择,有守旧思想的人自然选择维系熟练的老办法。为痛改这种现象,我们拟在8月底,斥资近30万元,引进经多方考察、比较符合学校实际的山东省昌乐二中"271课堂教学模式"专家团队,对学校每一个教师进行为期10天集中课改培训,以期集体改变教学观念和方法,让师生共同真正进入新课改时代。我们需要遵循的基于课程标准的教学目标包括以下几点。(1)明确学习结果,即如何分解标准的相关内容使之更加具体、清晰?(2)选择评价任务,即证明学生达到应知和能做的最好途径是什么?(3)选择内容与教学设计,即怎样组织内容、单元或课程资源才能帮助学生在完成评价任务时表现突出?什么方法和策略才能最好地促进学生的学习?(4)实施教学与评价,即如何获得学生应知和能做的表现证据?(5)检验或修正整个过程,即是否需要补充教学?补充什么?达成的关键目标显然是少教多学,以学定教。

第四改,这是一个令人纠结的问题。如何把握甄别的度,更多的基层学校为了今天更好地生存,宁愿矫枉过正。华东师范大学陈玉琨教授说过,不重视高考的学校没有今天,只重视高考的学校没有明天。所以重视高考是每个普通高中校长必然的选择。只是,我们在选择高考的同时,大可不必只选择这把尺子而排斥新课程改革的推进,李希贵先生曾经这样说:多几把评价的尺子,就多出一批好学生,全面、系统、多元的评价体系,就会使每一个学生都成为优秀的毕业生。如果我们真正改变了学校的评,改变了教师的教,改变了学生的学,使学生真正成为乐学善学者,那么高考的目的完全可以与新课改推进相得益彰。

第五改,学校具有巨大选择空间的改革,这对于形成具有符合学校特色的课程体系,弘扬学校的办学历史和特色,是极其有价值的。我们围绕500多年的办学历史和"公、勇、诚、朴"的校训,已经开发出大约50门校本课程,尽量将各类活动课程化,成为学科课程强大而有效的补充。丰富而大量的活动课程的开展,对于从学生素养的生成到知识、技能的发展,以及合作和交流能力的形成起到了重大的推动作用。我们在进行此点改革中坚守的关键是让学生多一点室外运动,多一点室内探究。

新课程改革,始终应该归结到教育者的使命,那就是按学生的成长规律设计学校制度,促进身心发展,使学生在学校有尊严地健康成长;按教育规律改革课堂教学,让学生在合作中学会学习,在体验中收获能力,使教育回归本真,服务于学生的人生幸福和事业成功,使学生的人生有价值、有意义;按社会发展对教育的要求建设课程体系,使学生在选择中学会负责任,在活动中发现特长,成为社会进步、民族复兴的栋梁之才。

与栋梁之才有关的,自然是创新人才的培养,首先需要厘清究竟什么是创新思维。陶西平先生说过:"什么是创新思维?创新思维是批判思维跟聚合思维交替使用的过程,所以要改变学生被动学习的习惯和思维习惯,始终保持学生的好奇心,'好奇心'这三个字是判断一个好课堂的标准。"如此看来,只要我们的课堂保证了学生好奇心的维持,创新思维和创新人才才可能产生。基于此,我们应该把培养创新人才的工作落脚于现实的课堂中,从营造教学的每一个课堂文化开始。与此相关,陶西平先生说:"课堂文化应该是对生命的理解和尊重,对智慧的激发和启迪,对能力的培养和提升。因为文化就是价值追求,课堂文化就是我们课堂的价值追求,我们课堂的价值追求应该是以人为本的,应该是对生命的理解和尊重的,应该是对智慧的激发和启迪的,应该是对能力的培养和提升的,所以建设新的课堂文化应该努力构建一个平等、民主、和谐、共处、互动、合作、自主、探究的一种课堂氛围,这样使课堂活起来,赋予课堂以生命。"陶西平认为,在教师管理、组织学生学习的过程中,如果能把握住课堂目标的基础性、理念的人本性、价值的导向性和模式的多样性,使"十六字"课堂氛围的理念体现出来,就完全能保持住学生的"好奇心",进而让学生在进行学习活动的过程中,充分运用批判思维与聚合思维,体验学习知识和探究问题的快乐,如此,学生就会逐步形成自己独立的创新思维。当学生形成创新思维习惯后,创新人才的产生就是顺理成章的事情。以此而论,创新人才的培养并不是专门的事情,它事实上本身就是新课程改革的一个组成部分和方向。

(此文系笔者2012年7月28日在四川省全省新课程改革研讨会发言的主要内容。)

研究与心得

新课程背景下基础教育教学改革的检视

——中小学教师专业知识的不足与提升

《基础教育课程改革纲要(试行)》颁布以来,我国基础教育新课程改革已然取得了巨大成就。然而,在教育主管部门和地方政府推动下的新课程改革虽然进行得轰轰烈烈,却没有达到预期的效果。究其原因,在于教学中没有高度重视新课程实施中教师的决定性作用,以至于我们的教学改革与课程改革逐渐困顿。在我国基础教育发展面临重大变革的今天,如何在教学中促进"教师与新课程同行"既是新课程实施面临的现实挑战,也是广大教师应对新课程改革,进而促进自身专业化发展的必然选择。

一、新课程实施与教师专业知识

1966年,国际劳工组织和联合国教科文组织在《关于教师地位的建议》中首次确立了教师的专业地位。1996年,"专业化:作为一种改善教师地位和工作条件的策略"的建议于联合国教科文组织第45届国际教育大会通过。在此之后,"培养具有专业化水准的教师"逐渐成为教育改革的重要内容之一。

在我国,于20世纪90年代初开启了教师专业化发展的大门,在国家层面陆续出台了多项旨在促进教师专业化发展的政策措施。2012年,教育部先后下发《小学教师专业标准(试行)》和《中学教师专业标准(试行)》,其目的正是在于基于新课程要求提升教师职业的专业性。中小学教师专业标准的内容主要包含了三个方面的内容,即专业理念与师德、专业知识和专业能力,而这三者中,专业知识是重要要素。舒尔曼曾明确指出,一个专业既是一种根植于知识的专业行为,又是一种高度复杂和熟练的工作。教学既然被视为一种专业,其必须具有专门而完善的知识结构和体系。教师知识结构以及其知识的形成和发展过程对教学观念、教学实践所产生的直接影响是巨大的。因此,中小学教师拥有系统的专业知识,是教师职业走向专业化的必要条件,也是新课程改革顺利进行的必要条件。一方面,教师的专业知识是新课程实施的重要支撑,教师的教育观念、知识结构以及专业素养对课程实施的效果将产生很大影响。我们甚至可以认为,新课程改革的成败在一定程度上取决于教师。另一方面,为了适应新课程改革的需要,教师也必须在教育观念、知识结构等方面予以更新,以推动新课程的实施进程。因而,新课程实施实质上是为教师的专业化发展提供了机会,从一定程度上促进了教师专业化发展。但是,从当前的教学实践来看,教师专业知识的不足已成为教师专业化发展与新课程实施的瓶颈。教师原有的专业知识结构亟须得到充实,教师专业知识的内涵也必须丰富。如何解决这一问题,对于教育科学研究人员和中小学教师都是一个挑战。

二、中小学教师专业知识的构成

对于教师知识结构,在不同的研究角度或研究方式之下,对其产生了不同的理解。格罗斯曼认为教师的专业知识主要包括六个方面:(1)学科知识;(2)学习者和学习的知识;(3)一般教学法知识;(4)课程知识;(5)情景知识;(6)自身知识。舒尔曼则认为教师的专业知识主要体现在七个方面:(1)学科知识;(2)一般教学法知识;(3)课程知识;(4)教学知识;(5)有关学生的知识;(6)有关教育背景知识;(7)其他课程知识。在舒尔曼看来,这七个方面中重点在三个方面,学科知识、教学知识和课程知识。翻看国内教育学教材,教师的专业知识主要包括通识性文化知识、学科专业知识、教育心理知识三个方面。从对教师专业知识构成研究来看,我们认为,教师专业知识构成主要包括学科知识、课程知识、教学知识和通识性知识,重点依然是前三者,这也是本文论述的重点。

第一,学科知识和通识性知识是中小学教师专业知识系统的基础。学科知识作为教师专业知识的基础部分,是任何学科教师从事教学所必不可少的部分,因而也称作本体性知识。按照舒尔曼的理解,学科知识指所教学科的内容知识,也就是学科的主要事实、概念以及它们之间的关系。学科知识解决各门学科教什么和用什么教的问题，是各门课程教学的内容，基于这种理解，有的研究者区分了作为一般意义上的学科知识和作为学校课程的学科知识。如对于数学学科知识，布罗姆认为数学学科知识可以从两个层面理解：一是数学作为一门科学的知识，包括数学命题、法则、数学思维方式以及方法；二是学校数学的知识，学校数学具有自己的逻辑并自成一体，它并不只是大学所教的数学的一种简化。

通识性知识即广博的科学文化知识。我们知道，知识分门别类是人为的，尤其是随着知识的不断增加，一个人要在一个领域更加深入，分科是必要的，任何人都不可能面面俱到。但是，教师作为一种专业人员，应体现其专业知识的"渊"和"博"两个方面。所谓"渊"就是教师应在本专业领域的知识上更加精深；所谓"博"主要指教师应对一般性科学文化知识要有所了解，尤其是对所任教学科的旁系学科。因此，教师需要在深入钻研本学科专业知识的基础上，了解其他学科知识，把这些知识融会贯通。

第二，课程知识是中小学教师专业知识系统的支撑。具体来说，课程知识包括课程计划、课程标准、教材与教学计划、课程资源与利用等内容。国家教育主管部门制定各门学科课程计划，体现国家对各门学科的基本要求，是制定课程标准和编写各科教材的依据，也是课程实施、评价和管理的准则。课程标准是确定一定学段的课程水平及课程结构的纲领性文件。教材是根据课程计划和课程标准编写的供学校教师对学生进行教学的基本材料，一般指教科书，也包括教学指导书、教学参考书和有关音像资料等。

课程知识是把教师的学科知识转化为学生可以理解和接受的知识的桥梁，学科知识需要有机地安排在课程知识体系中。通过对数学学科教师的研究发现，只有在教师同时具有丰富的与课程、教学及学生学习直接相关的数学知识与技能储备时，数学教师的学科知识才能被动用起来。

第三，教学知识是中小学教师专业知识系统的核心。教学知识是指为了促进学生理解而使用类比、样例、图示、解释和演示等方法去表征学科知识的知识。说得更具体些就是教师整合学科知识、课程知识、通识性知识、教育心理学知识，根据具体的教学情境、学生实际状况，运用适当的教学方法，以实施有效的教学的知识。由此看来，教学知识是多种知识的有机合成，是教师在具体教学情境中综合运用各种知识进行有效教学的自然表达。教学知识是教师专业人员区别于学科专家的专门知识，学科专家掌握并创造某一学科知识，教师帮助学生理解和掌握这些知识。因此，教学知识是教师专业知识的核心，是教师成为专业人员的标志性知识。

三、中小学教师专业知识的不足

有研究表明，无论是师范生，还是在职教师，各类专业知识都还比较欠缺，大部分专业知识的得分率都低于60%。以最为重要的教学知识为例，语文学科师范生和在职教师的得分率都只有50%多一点；而数学学科师范生教学知识得分率很低，只有24.1%，在职教师相对较高，为50%；英语学科师范生得分率为36.4%，在职教师较好，但也只有47.3%。

针对目前中小学教师对专业知识的自我评价，笔者对多所中小学的部分教师展开了调查分析。分析结果表明，大多数教师并不认为自身的专业知识得到持续的增长，少数教师对此持不确定态度以及认为自身的专业知识得到了发展。

此外，笔者曾对两位初中英语教师进行了较长时间的观察，这两位教师都有一个共同的特点，在新课程实施以前，其教学成绩较好，各方面的评价也不错。但新课程实施以后，其教学成绩一路下滑，学校领导、学生以及社会对其的评价都很差。在此对两位教师基本情况作简要描述。

教师甲：男性，35岁，大学英语专科毕业，在一所镇初中任教，并担任英语教研组组长。新课程改革之前所任教班级学生英语平均成绩在70分左右，在年级七八个班中居于中上水平。新课程改革之后，任教班级学生英语平均成绩常常不能及格，基本在年级平均分以下，和其他教师任教班级平均成绩相差20分左右。从教学态度来看，该教师也算是认真勤奋。但该教师和学生关系不是很融洽。

教师乙：男性，54岁，下乡知青，没有接受过正规的英语专业教育，通过函授取得英语专科学历,在一所镇初中担任英语教师,他同时也是该校的副校长。该教师在新课程改革之前,教学成绩还可以,基本可以在年级处于中间或中上水平,尤其是在20世纪90年代考中师中专的时候,其培养的学生成绩在全县也是较好的。新课程改革之后,该教师教学成绩不理想,任教班级平均成绩很少及格,和年级平均成绩也有较大差距。该教师为人谦和,人际关系好,和学生相处比较融洽。

对于教师甲,我们分析认为,其学科知识没有多大问题,当然这里仅就学科内容知识而言,而按照霍益萍教授的理解,掌握了学科内容知识也并不意味着有较强的学科意识。如一位历史教师讲交通工具的作用,和物理教师讲同一个内容并无二致;美术教师并不引导学生如何进行美术欣赏,却大谈美术家在历史上的作用。对于教师甲的学科意识问题我们不做探讨。但我们发现,教师甲在课程知识和教学知识方面明显欠缺。就课程知识而言,教师甲对新教材的知识分布体系,以及课程标准对各阶段知识要求没有弄清楚。一方面,教师甲不能把教材中的知识点进行提炼、归纳。另一方面,新课程改革以前我们经常讲知识测试评价不超出教材范围,新课程理念却要求体现教师在课程中的主体性,需要根据具体的教学情境和学生情况对教材等显性材料进行删减或增补。而教师甲仅是讲教材,忠实于教材,这对新课程的理解偏差是很大的。

同样,教师甲的教学知识也是比较欠缺的,首先,不能有效运用各种方法和策略把学科知识转化为学生易理解和掌握的知识。新课程改革以前,教师甲按照词汇、语法、课文的顺序把每一个环节讲清楚就行了,学生自己去记就可以。而新课程在教学方法和策略上进行了很大的调整,需要开展各种形式的活动、练习等。其次,教师甲不能较好整合教育学、心理学知识,并整合到具体的教学情境中,这样,教师甲常和学生处于一种对立的心理。我们在实践中经常看到优秀教师能对学生形成一种强大的感召力,这是融合了各种知识于其中,因此我们常用教师人格魅力来称谓。而在这种情况下,教师的教学效果一般都是比较好的。

对于教师乙,我们发现,首先,其学科知识是有问题的,由于教师乙没有接受过系统的专业英语训练,加之后期知识积累不足,对新课程增加的知识点包括词汇、短语等很陌生,这样遇到生词较多的文章,教师乙自己读起来也感觉很吃力。

同时,新课程改革之前对听力不关注,也不进行口语训练;新课程改革之后,这些方面都成了重点,教师乙自己英语听说能力极为有限,对学生进行口语和听力训练就成了很大的问题。其次,课程知识所存在的问题和教师甲差不多,此不赘述。就教学知识来看,教师乙也是欠缺的,同样表现在教学形式和方法单一,传统的讲授和做题练习已经不适应新课程的需要。虽然教师乙和学生人际关系还可以,但毕竟其作为学校副校长,和学生交往的时间是非常有限的,不能在学生中形成富有感召力的人格魅力。

四、教师专业知识的提升

(一)构建学习激励机制、营造学习文化氛围,鼓励教师主动学习和补充专业知识

当今世界处于急速的变革中,各种知识也不断更新,新思想、新观点、新技术不断涌现。教师要通过各种途径加强学习,无论是通识性的公共知识、所任教学科的内容知识,还是教育学知识、心理学知识以及教学法知识等。教师仅局限于自己的学科,并局限于自己的学段知识的做法显然早已过时。教师应培养自己的学习习惯,我们在实践中看到有些教师工作勤奋努力,但却疏于学习,没有养成积累知识的习惯。

这些说法尽管显得有点老生常谈,那么为什么这些年来经常都在谈教师培训、学习提高的问题,但都收效甚微呢?看来这个问题依然是紧迫而重要的。因此,首先,需要形成一种促进教师主动学习的机制,如知识储备较好的教师在职称评定、优秀教师和骨干教师评选时予以优先考虑,这当然是从诱致性机制角度而言。据笔者了解,当前有些地方实行中小学教师学科考试机制,并把考试成绩对外公布,这种强制性机制也能在一定程度上促进教师学习。其次,需要在学校形成学习的文化氛围,组织行为理论告诉我们,如果在组织中形成了良好的学习氛围,那么多数成员都会乐于学习。

(二)在真实情景中获得专业知识,形成个性化的专业知识系统

格罗斯曼认为教师专业知识的形成主要有四个途径:(1)对学生时代教师教学方式的回忆;(2)学科专业知识的学习;(3)专业教育课程的培训;(4)教师课堂教学实践。范良火则把教师专业知识形成概括为三个部分:(1)教师在接受正规职前培训前作为学习者的经验;(2)教师的职前培训经验;(3)教师的在职经验。

由此看来,教师专业知识的形成概括起来主要包括两个方面:一是专业知识的学习和培训,这主要是学习客观理性知识,这种专业知识以观念性人造物品的形式存在于杂志、图书等中,强调理念和思想,这种专业知识能比较方便地实现迁移,属于显性知识;二是在实践中的积累,这种知识以情景化的分布方式存在于教师教学实践活动之中,强调对实际教学问题的解决,与实际教学情境相关联,但这种专业知识往往难以迁移,属于隐性知识。

相比较而言,教师在真实情景中获得专业知识更为重要,因为每一个人所处的环境都是不同的,没有两个完全相同的学校,也没有两个完全相同的班级,更没有两个完全相同的学生。因此,教师从书本上和师范学校学习的知识只能提供一种普遍意义上的范本,而更为重要的是教师在具体情境中不断建构个人知识,形成个性化知识。教师专业知识远不止已经发现、归纳和格式化的、编码为各分支的知识,更丰富的知识存在于我们每一个教师的教学和教育经验中。而且,在建构和创造专业知识的过程中,教师的主体性得到体现,教师的个性得以张扬,教师建构专业知识的过程,也是教师不断创造自我的过程。

在真实情景中获得教学知识,形成个性化的专业知识系统,无疑需要走进教学实践,在实践中获得教学知识。但是,我们也看到,有的教师通过教学实践会不断成长,不断提高教育教学能力,成为经验丰富的优秀教师或骨干教师。但也有些教师很长时间没有进步,相反,却会因为课程改革,知识的更替而遭到淘汰。究其原因,我们认为,关键在于是否通过教学实践不断去"感悟"。这种感悟是促成教师个人教学行为实践转化为教师专业知识的原动力。我们之所以要使用"感悟"这个概念,因为教师的这种经验积累更多是非正式的、隐性的。

教师通过"感悟"提高自己的教学能力,这需要教师对自己的课堂教学、辅导

等进行分析,对自己成功的经验进行总结,对需要改进的地方进行批判性反思。也可以通过观摩别人的教学,以学习和借鉴。此外,有一个很重要的途径就是通过阅读期刊、图书等,进而结合自己的实践产生一些创造性的想法。教师的这种"悟"可以通过正式的途径,如教研组的评课、个人的总结等,也可以是教师随时随地偶然性的"领悟",如教师在吃饭时,或者在聊天时偶然产生某一个想法,以此改进教学实践。

(三)增强师范生专业知识建构的实践性

范良火研究发现,教师教学知识的养成主要依靠教师教学经验与反思,以及和同事之间的交流,相比之下,职前培训、阅读书报等则是最不重要的方式。国内相关研究表明,教学经验和反思是教师教学知识养成的最为主要的方式。对于职前教师教育而言,教育实习较为重要,而师范院校的教育理论知识学习并不重要。

这些研究给予我们的信息是当前的师范院校教育理论知识、学科教学法知识传授在建构师范生专业知识中并没有收到多大效果。但这并不等于说教育理论知识、学科教学法知识对师范生是不重要的。因此,不是要否定这些课程的设置,而是要改革其传授的方式。格罗斯曼运用个案研究的方法,对三名接受过职前培训和三名未接受过职前培训的新教师进行研究比较,发现这两组教师在教学的内容知识方面(教学目的、内容选择以及具体的教学策略的认识),存在着重要的差别。她认为职前专业教育对新教师的学习和发展他们的学科教学知识是有帮助的。这说明,有效的教育理论知识和学科教学法方面的课程,能对师范生起到应有的作用,传统知识讲授的方式需要进行改革。

什么途径才能促使师范生有效获取教学知识、课程知识等方面的专业知识呢?目前能够得到多数人认可的有效方法是把理论和实践结合,主要有见习、微格教学以及案例教学。教育见习指职前教师对真实的课堂教学进行观摩,课后进行评课分析。微格教学即让学生在一定时间内模拟试教,完成一堂课或某一教学环节的教学过程。案例分析主要是职前教师通过对某个教学案例进行描述,运用所学理论知识对案例进行分析归纳。显然,这几种方法都需要在真实的情景中进行,而不能是虚构的场景,毕竟教学不是演戏。而且无论是教育见习、微格教学还是案例分析,都需要教师对相关内容进行整合,并引导师范生形成相关教师专业知识,从而适应中小学教学工作。这要求师范院校教师不仅要成为这方面的理论工作者,更要对中小学实践有深入的了解。而我们知道,师范院校从事教育理论以及教学法教学的教师对中小学教学的了解是不够的。凭借图书、刊物获取的中小学教学知识最终会"纸上得来终觉浅",从事教育理论和教学法知识传授的师范院校教师自己知识的建构不能仅靠书本上的显性知识,更需要中小学教学实践中隐性知识的充实,以保障他们的教学更加具有效力。

文化管理篇

WENHUA GUANLI PIAN

发言与讲话

学校人文教育探索与实践

人文教育的目标在于启迪人的智慧、帮助人进行人生价值的反思,整合一个自由而全面发展的人之知情意行。它应贯穿人生整体及其全部历程,以帮助人建立完整的人生价值观,并陶冶情操。人文教育是人文精神在教育中的渗透和体现。人文教育并不等于人文学科教育。毫无疑问,人文学科(诸如文、史、哲、艺等)是人文教育的主要载体,但两者不能等同。学生人文教育最重要的承担者是教师。因此,人文教育是可以渗透在各个学科教育中的。

从现代意义上讲,人文精神的实质和核心,是强调"人之所以为人",是对人的关注、对人的尊重以及对人之所以为人的思索。具体来说,大致包含四层意思:一是以人为本,强调人在万事万物中的主体地位;二是人的自由与尊严;三是人的理想;四是人的精神文化品格。在教育中,应将人文教育渗透于学校教育的方方面面。

一、人文精神是学校办学思想的基本精神

我们在办学过程中,秉承学校优秀的人文教育传统,融合现代教育理念,提炼出了以"公、勇、诚、朴"为核心内容的"关注人的需求,致力人的健全,实现人的发展"的"三人"办学思想。"三人"办学思想突出了教育以"人"为中心的可持续发展的基本目标,欲通过我们的教育充分挖掘个人的"内在财富",实现人的个性的全面发展。

(一)"三人"办学思想的基本含义所蕴含的人文精神

"三人"办学思想的基本含义主要有以下几点。

1.关注人的需求。教师、学生作为生命个体,从欠完善的人到逐渐完善的人,在生理上和心理上都有种种成长需求,这些需求就是人文教育工作的起点。宜宾

市一中在"公、勇、诚、朴"思想的指导下,通过逐渐满足师生的需求引导其成长与发展。

2.致力人的健全。人的健全包含崇高的理想、高尚的情操、感受与鉴赏美的情趣和能力、坚毅的品质、积极探索创新的精神、丰富的科技人文知识、健康的心理、良好的智力发展水平、健壮的体魄等。整个教育过程中,一中所有的教育活动都围绕人的健全进行,使师生内化"公、勇、诚、朴"精神。

3.实现人的发展。形成"公、勇、诚、朴"的人格素质,并外化出去,由修己通向"治人"、由立己通向"立人"、由成己通向"成物",这是学校人文教育工作的终极目标。人的发展包含人格的发展、身心的发展、智力的发展、知识的发展、能力的发展、个性的发展等方面。我们的目标是促进每一位教师、每一位学生的最优的全面发展。

从这一办学思想的基本含义可以看出,"三人"办学思想是以"人"为中心的教育思想,注重培养学生健全的人格、聪慧的智力、高尚的情操和独特的个性。

(二)"三人"办学思想的核心内容所蕴含的人文精神

一中"三人"办学思想的核心内容为"公、勇、诚、朴"。在新的历史时期其又包含新的时代内涵。

公——立校为公,团队精神,教学相长,以文化人。

一中人具有公正无私、天下为公的崇高理想。能够把国家和人民的利益放在首位,遵循"助人为乐、爱护公物、保护环境、遵纪守法"的社会公德,做到"尊重人、理解人、关心人",发扬人道主义精神,正确认识和处理国家、集体、个人的利益关系,形成"淡泊名利、无私奉献"的意识;能够继承和发扬中华民族的传统美德,并具体体现于公共意识、公共道德、公共秩序方面;能够与人共同生活,了解自身、发现他人、关心他人、尊重他人,友善地与他人合作、与他人分享、与他人交流,在个人与集体、个人与社会的"磨合"中,获得体验与感悟,提升人格素养。做到爱国、守法、团结、友善、明礼、奉献。

勇——勇于进取,敢于创新,时不我待,为学必精。

勇担责任,敢于创新。一中人具有"勇于奉献""敢于创新"的时代精神。培养自立意识、竞争意识、开拓创新和知难而进的精神。能够坚持真理、坚持正义,勇于承担重任,勇于攀登科学高峰;遇到困难不畏避、不推诿,勇于迎难而上,能够孜孜以求、锲而不舍地探索和追求科学文化知识;敢于大胆质疑,有积极创新的勇气和自信心,能自主地、批判地、创造性地学习;具有坚韧不拔的毅力,明白"求知"是一个在认识和实践之间无数次反复、不断"完成"而又重新开始的过程;有敬业爱岗的精神,兢兢业业,勇于实践,以最高的效率和质量做好自己的事,有适应现代社会竞争的良好的心理素质和综合能力。

诚——诚以待人,信以为事,科学严谨,励学率真。

诚实守信,求真务实。真心实意、不虚伪,讲求"诚信""待人以诚"。在与人相处中能做到不虚伪、不作假、坦诚待人,信守诺言,明辨是非,重亲情、讲伦理,不因个人私利而放弃做人的准则,能够自觉抵制说假话、行奸诈。堂堂正正做人,认认真真做事,踏踏实实求学,勤勤勉勉尚真。

朴——作风简朴,勤勉发奋,校荣我荣。

做到质朴、淳朴、不雕饰、不浮华。继承和发扬勤俭节约的传统美德,以勤俭节约为荣,以铺张浪费为耻。生活上崇尚俭朴,求学上追求质朴,做人上达到淳朴。

"三人"办学思想需通过"公、勇、诚、朴"具体体现出来。学生成为具有"公、勇、诚、朴"精神的人,就可能获得全面和谐的发展,人格就能得以健全或完善,从而成为一个有明确的生活目标、高尚的审美情趣、良好的道德修养的人。

二、人文教育贯穿于教育教学活动中

我们在教育教学活动中始终注重以"人"为中心,注重学生主体作用的发挥,注重学生素养的提升、学生的全面发展,以及学生创造潜能的发掘。

(一)德育工作注重提升人格素养和艺术修养

一中德育工作的基本思路是依托传统,以"做人"的教育为基础,以"立志成才"的教育为主线,以"公、勇、诚、朴"的精神为主要内容,目标是要学生承"公"之胸怀,炼"勇"之精神,修"诚"之品质,扬"朴"之美德。在德育内容上,学校充分利用自己丰富的传统资源,通过多种形式,对学生进行革命传统和文化传统教育,注重"公、勇、诚、朴"精神的养成,形成了以"三个三"(即,"三个周""三个月""三个年")为载体的"依托校史、铸造灵魂"的德育工作模式。

1.每周一歌。每周升旗仪式时唱国歌、校歌,每周推出一首积极向上的新歌。让"公、勇、诚、朴"的精神时刻陶冶学生的情操,教育学生胸怀天下,为国家民族的强盛努力学习。通过每周在学校橱窗中推出新歌,丰富学生的精神生活,促进学生身心健康。

2.每周一讲。每周升旗仪式时,学生在庄严的国旗下,围绕"公、勇、诚、朴"精神,以弘扬爱国主义、优良革命传统、优秀传统文化等为主题,倾吐自己的心声。

3.每周一会。每周召开主题班会。主题班会以丰富多彩的形式、积极进取的内容对学生进行有针对性的教育。主题班会吸引广大学生积极参与,让学生逐步领悟"公、勇、诚、朴"的精神实质,学会自己教育自己。

4.每月一演。每月举行文艺汇演。德育处组织各年级学生以年级为单位举行以爱学校、爱家乡、爱祖国和宣传先进文化为主题的文艺表演。让高雅的艺术熏陶人,让优秀的文化培育人,激发学生的爱国爱校热情。

5.每月一片。每月放映一部思想性和艺术性俱佳的优秀影片。让学生领悟做人的道理,让学生树立正确的人生观和价值观,感受生活的意义、生命的价值,激发学生奋发有为的精神。

6.每月一画。每月进行一次学生书画展。旨在弘扬学校优秀的文化传统,展示学生的书画特长,培养学生的审美能力和创造能力。

7.每年一祭。每年进行一次祭奠革命先烈的活动。每年清明节,学校组织全体学生到宜宾市烈士陵园祭奠革命先烈,缅怀他们的丰功伟绩,学习他们为国家为民族英勇献身的精神,为自己的学习生活找到精神支点。

8.每年一誓。每年举行一次成人宣誓仪式。每年"五四"青年节,年满十八岁的学生举行成人宣誓仪式,以"承'公'之胸怀、炼'勇'之精神、修'诚'之品质、扬'朴'之美德"为自己的人生誓言,激励自己奋发向上。

9.每年一节。每年举行一次艺术节。每年元旦节前后,学校组织全体师生参加"艺术节",旨在弘扬学校优秀传统,开发学生创造潜能,培养学生感受美、鉴赏美和创造美的能力。

(二)智育工作强调以人为本和开发潜能

一中的教学观是"学生学习的需求就是教师教学的出发点和落脚点",把"注重基础,让学生掌握知识;注重方法,让学生学会学习;注重能力,让学生敢于创新"作为教学工作的基本要求。为此,学校在教学工作中坚持以下原则。

1.主体性原则。在教学活动中,学生处于主体的地位,因为教学的主要矛盾是学生的现有发展水平与教学目标之间的矛盾(即差距),学生在学习中,应主动地形成自己的认知方式,建立自己的认知结构,教师应注重培养学生的主体意识、主体能力、主体人格等。

教师也是学生学习的指导者和帮助者,而不仅仅是知识的传授者。以教师为主导,以学生为主体,以师生合作为基础,充分发挥学生的主体性,使教学成为师生合作、共同探索、实现教学相长的互动过程。

2.面向全体原则。教学目标的制订与内容的选择力求符合学生的实际发展水平,教学设计尽量考虑到各类学生的情况和需要,保证不使任何学生处于不利的地位。教学中应充分考虑学生的个体差异,注意发挥每个学生的积极性。力求在学生个体进步的基础上,实现学生的整体发展。

3.知情并重原则。在教学中教师不仅应帮助学生掌握知识、培养能力——包括理解和应用知识的能力、分析和解决问题的能力、探索和创新的能力等,还要培养学生良好的非智力素养——包括正确的学习动机、浓厚的学习兴趣、积极的学习情感、坚强的意志、良好的性格等。使知情结合,知情互助,促进教学活动顺利高效地进行,使学生身心得到全面和谐的发展。

总之,教师应力求使教学过程体现科学精神与人文精神相结合、情理相融、情知互促等特征,使课堂充满愉悦、和谐、融洽、振奋的气氛,实现教师的乐教、善教与学生的乐学、会学的最佳结合,不仅完成认知目标,而且使学生的情感需要得到满足，良好品质得到培养，从而促进学生身心全面和谐发展。

2002年，一中在全市率先推出了课堂教学改革实施方案，根据文理科的不同特点，对文理科课堂教学提出不同的改革要求。文科课堂教学根据人的认识是有意识心理活动和无意识心理活动统一、理智活动和情感活动统一的观念，让学生在思想高度集中、精神完全放松的情况下主动参与学习，并注重学生个性的发展、能力的培养，由此，我们提出文科课堂教学的五个基本要素：创设情景、激学导思、引议释疑、点拨提高、精练强化。理科课堂教学的基本策略是：以思考问题为线索，采取先由学生自己探求知识，再由教师矫正、点拨、归纳的教学方法。基于此，我们提出理科课堂教学的五个基本要素：创设情景、设疑引探、辨疑解难、释疑巩固、精练强化。

(三)文体工作着力培养审美情趣和进取精神

一中曾培养出阳翰笙、黄元忠、赵景深、包川、朱嘉琪等著名作家、艺术家。近年来，学校开展了丰富多彩的校园文学活动，先后成立了"翠屏文学社""翰墨文学社"等学生社团，文学社以辅导讲座、社员采风展示、文学笔会、文学沙龙、文学夏令营、作家改稿笔会等形式开展活动。为培养学生感受与创造美的能力，学校组织丰富多彩的艺术活动，成立了学生艺术团，含舞蹈队、铜管乐队、合唱队等，开展了"每周一歌""每月一画""每月一演""每月一片""每年一节"等系列活动。丰富多彩的文艺活动培养了学生感受美、鉴赏美、创造美的能力，提升了学生的审美情趣和人格修养。

一中体育工作具有优良的传统，从"尚志学堂"开设"袍带体操"课到今天的体育课、体锻课、素质训练课"三课并重"的模式，已有100多年的历史；开展课外体育活动、传统体育项目已有80多年的历史；开办省青少年训练点训练活动已有20多年的历史。经过几代一中人的不断探索和实践，逐步形成了体育课、体锻课、素质训练课"三课并重"的体育教学模式，开展丰富多彩的课外体育活动及传统体育项目活动，健全学生体魄，培养学生奋发有为的进取精神，铸就了"坚强勇壮，健全体魄"的一中体育精神。

三、人文教育渗透于校园文化建设中

一中在校园文化建设上着力体现人文精神,充分发挥校园文化的隐性人文教育功能。校园的布局、结构、色调等均从师生学习生活着眼,既为师生提供舒适的学习生活环境,又具有浓郁的传统文化气息。

学校校园布局层次分明:有新老两个校区。老校区建筑结构分为两个层次,第一层为"前庭",第二层为"后院",体现了传统建筑的院落式布局特点。新校区为第三层。

"前庭"包括文化广场、陈列室、教学楼、实验楼和运动场馆,这些建筑物的主色调为青灰色,采用仿木质框架结构,屋顶由流畅自然的曲线构成仿古的装饰,建筑物突出个体与群体之间的和谐,突出群体的对称、协调、错落有致,简朴而大方、古典而幽雅的风格体现出历史的厚重感。文化广场的主体为文化墙,文化墙面对校门,居中为"公、勇、诚、朴"四字,体现了我们办学思想的核心;左墙上有《翠屏书院碑记》,右墙上有文化名人张昌余教授创作的《宜宾市一中扩建校址小引》,两者相互映衬,既体现了一中悠久的文化传统和教育传统,又展现了今日一中的风采。陈列室的建筑风格和门前的碑亭,可以让人感受到这所学校昔日的风采和浓郁的文化气息。运动区深红色的塑胶环形跑道和翠绿色的人工草坪足球场,配以道旁的草坪、葱茏的树木,给人以清爽的感觉。整个"前庭"素雅清淡、恬静柔美,在色调上讲究人与自然的和谐统一,讲究建筑物与自然环境的相互映衬,追求虚实互映、浑然一体的效果。

"后院"由博见楼(含图书馆和现代教育技术中心)和学生艺术中心组成,两楼相对,中间饰以草坪和艺术墙。这一组建筑物的主色调为白色,以灰色线条点缀,宁静而不呆板。造型上,博见楼方正有气势,体现科学严谨的精神;艺术中心外观呈弧形,体现艺术柔和优美的气度。

新校区以宜宾中坝大桥为背景,临江而建,气势恢宏,具有鲜明的现代气息。新校区又分为三个层次。第一层次为已竣工的学生公寓和学生食堂,在建筑风格上体现出一种现代气息,线条简洁、色调鲜明。第二层次为绿化地带,共分为六块绿化区域,以草坪为主体,每块草坪中间饰以巨石,巨石旁分别以松、梅、兰、竹、菊点缀,石上镌刻的文字分别以松、梅、兰、竹、菊为主题,体现出浓郁的人文气息。第三层次为运动区域,毗邻金沙江,视野开阔,滚滚的江水激发人奋勇拼搏的斗志。

从"前庭"到"后院",再到新校区,展现出不同风格的景观,由古典走向现代,既体现学校悠久的历史文化,又表现了古典与现代的融合。不同风格的建筑物,较完美地展现出不同风格的"无言的诗、立体的画、凝固的音乐"。一中校园充满浓郁的人文气息,时刻对每一个一中人渗透人文教育。

总之,我们的教育教学活动着力以"人"为中心,努力做到了解人、尊重人、培育人;以优秀的传统文化浸润学生心灵、健全学生人格、提升学生素养、陶冶学生情操、开发学生智慧。

(此文系笔者2003年11月28日在宜宾市全市中小学校长培训班讲座的主要内容。)

人性化的管理与人文化的校园

宜宾市一中是一所具有500多年历史的学校，500多年以前，即提出了教育"以爱人为本"的思想。1936年，学校承袭450多年的教育思想，提炼出了"公、勇、诚、朴"的教育思想。在新的历史条件下，我们在总结提炼学校500多年教育思想精华的基础上，提炼出了以"公、勇、诚、朴"为核心内容的"关注人的需求、致力人的健全、实现人的发展"的"三人"办学思想。"三人"办学思想是学校的价值追求，是学校全部工作的出发点和归宿。因而，学校的一切工作都从"人"字出发，把教师和学生视为理想的生命个体，立足于其成长与发展，使其内化"公、勇、诚、朴"精神，成为人格、心理、智力、体魄等健全的人。这里仅谈谈以"人"为中心的学校管理和人文化的校园建设。

一、人性化的学校管理

从本质上讲，教育是"人"的教育，教育必须懂得"人"、理解"人"，必须理解和懂得"人"的根本性质，这样的教育才是好的教育。同时教育又是由"人"主导的社会实践，教育关系是人与人之间的关系，只有懂得"人"才有好的人际关系；有良好的人际关系，才有好的教育。从这个意义上讲，人性化的学校管理就是着力打造一个良好的校园人际关系。我们认为，管理的人性化是现代管理思想中最核心的内容，学校管理只有通过规范的组织、人性化的关怀，利用学校中的组织结构和分工、权利和责任以及信息沟通与人际关系的协调，才能调动师生员工的积极性，形成有效的合力，使学校各项工作与活动得以顺利开展。基于此，我们在学校管理中，从人自身的需求出发，千方百计地关心人、团结人、引导人、凝聚人、鼓舞人，把学校的各个要素组织协调起来以实现学校的发展目标，使整个学校系统高效、有序地运转。有这样一句话：校长像蜗牛，每走一步都肩负着学校这个家。我们觉得,学校更像一艘航行中的船,校长就是船长,船在行进中会遇到风浪,也会遇到暗礁,但只要船长和他的船员们齐心协力,向着共同的目标航行,那他们一定会到达成功的彼岸。鉴于此,学校领导班子追求的办学境界是"校长通过积极有效的管理,使得每一位教职工能在一种愉快的环境和愉悦的心境中充分发挥潜能,为社会培养高质量的人才"。因此,我们在管理工作中注重教职工与学校之间的相互影响,注重人际的沟通、人格的协调,注重职、责、权三者结合,坚持"五化"管理:人性化——以真诚的情感温暖人;民主化——以和谐的环境凝聚人;制度化——以完善的规章约束人;规范化——以有序的工作管理人;精细化——以入微的服务关心人。

(一)注重人的管理,保持和谐的人际关系

人性化管理的关键是校长,因此,人性化管理首先需要一个有"人性"的校长,否则,就是"人治"。有些学校校长在管理上几乎把学校当作私有财产,把教师当作给自己打工的人,随心所欲地发号施令,这显然是不注重"情"的投资,不是以人的发展为目的的管理。教职工是学校各项工作中起决定作用的人力资源,加强对人的人性化管理,合理组织学校的人力资源,保持和谐的人际关系,形成一个积极向上的群体,是学校管理的首要任务。我们在对人的管理中,始终坚持"人性化、民主化"的原则。首先,在对教师的人性化管理上,坚持按照"学习要抓好,进步要鼓励,原则要坚持,帮助要具体,方法要灵活,生活要关心"的"六要"知识分子工作方针和"三心换一心"(领导班子对待教职工在政治上要诚心、在业务上要关心、在生活上要尽心,以此"三心"换来全校教职工办好一中的"同心")的知识分子工作模式,千方百计地关心人、团结人、引导人、凝聚人、鼓舞人,及时为教职工排忧解难。我们建立健全了为退休教职工举办欢送会的制度、教职工子女的奖学金制度;实施"生日工程"(每周星期一将本周过生日的教职工姓名在生日祝贺橱窗公布,教职工过生日的当日由学生代表向老师献上鲜花或生日贺卡,每月的第一个升旗仪式上由校领导公布本月过生日的教职工名单、全校师生齐唱生日歌,每月末由学校举办生日宴会,校级和中层领导到场祝贺并向老师发放生日礼金)、离岗

待退制度(对年满58岁的男教师和年满53岁的女教师,只要服从学校的工作安排,学校保证发齐工资,使一部分丰富经验的教师能继续留任教学岗位,很好地发挥传、帮、带的作用)和"温暖工程"(积极向上级组织人事部门推荐拔尖人才,推荐优秀教师和学术带头人;评选先进临时工,肯定其为一中的建设和发展做出的贡献。教师婚嫁,学校赠送纪念品;教师生孩子,学校道喜;教师生病,学校及时探望慰问;教师进修,学校鼓励并创造条件;教师有困难,学校伸出援助之手;教师取得成绩,学校及时表彰奖励)。其次,在对学生的人性化管理上,从"人性本善"论出发,信任和尊重学生。遵循"激励原则"(在公开场合表扬那些为学校提出好建议、做了也许是微不足道的好事的学生;校级领导亲自给学生颁发奖状、毕业证)、实施"生日工程"(学生过生日由校长赠送贺卡,班级同学为其唱生日歌祝贺)、体现"主体教育"(让学生自己设计校服,自己与商家讨价还价;让学生组织自己的体育竞赛、讲演比赛等活动)、落实"阳光行动"(给贫困学生设立勤工俭学岗位,减免贫困学生的各种费用)、践行"以身示范"(师长弯下腰拾起地上的废弃物,实践"身教重于言教"的名言;学校领导、教师主动向学生微笑示意、问好)和推行"校园文化"(采用音乐铃声,构建文化校园,推广普通话)等。真心诚意地关心师生,时刻把师生的冷暖放在心上,脚踏实地为师生谋福利,热情周到地为师生解决困难,着意创造和谐愉快的氛围,大大增强了学校的向心力。

(二)力求优势互补,发挥团队合力

"事业留人"非常恰当地阐明了关注个体事业的重要性,特别是在知识分子聚集的学校。知识分子一般都有很强的自尊心和创造欲。如果管理者为其事业发展"铺路架桥",给予其事业发展的足够空间,必然极大地激发他们的工作积极性和创造热情。但是这个事业绝不应该仅仅是个人的事业,应该是大家共同的事业,而共同的事业就需要共同的奋斗以形成共同的合力,从而使学校的事业蒸蒸日上。在学校多年的发展过程中,学校领导班子及全校教师充分意识到发挥群体优势的重要性,团结协作是我们办好学校的重要保证。团队精神是学校的灵魂。为此,我们除在精神上激励教师、情感上打动教师外,还特别强调教师之间的精诚

合作、资源共享。近年来,我们重点做了以下工作。

1.教育教师真诚平等地与人共处。做到了解自身,尊重他人。以"公、勇、诚、朴"精神教育教师与人相处要讲"仁爱",把这种精神进行内化,转化为自觉行动。我们还教育教师注意发现别人的长处。为此,学校出台了一系列措施,如学科教学中,坚持集体备课制度,备课中教师们互相交流、互相讨论、互相学习;青年教师参加赛课活动,坚持"一人上台,全组献策,众人受益"制度;根据形势的发展,成立综合学科备课组,坚持综合学科集体备课制度,相邻学科教师共同探讨,相互协调,拓展知识……这一系列措施的实施,极大地促进了学校教师整体素质的提高。"文人相轻"的现象在学校已不复存在;互帮互学,协调发展已在学校蔚然成风。

2.引入激励机制,增强竞争中的合作意识。我们认为,要充分发掘教师的创造潜能,激发创造热情,还必须引入激励机制,通过激励,让教师意识到自身的价值,产生成就感,从而更积极地加入创造活动中。为激励教师,学校出台了《宜宾市一中教学质量奖励办法》《宜宾市一中教育科研奖励办法》《宜宾市一中教师赛课奖励办法》《宜宾市一中奥林匹克竞赛辅导管理及奖励办法》等一系列规章,激励教师积极创造,多出成果,出优质成果,成为名师。教师们的创造热情也因此空前高涨。为激励教师们在竞争中合作,在竞争中提高,学校实行了教职工三级全员聘任制,实行竞争上岗,产生了良好的激励效果。同时,学校还实施了"名师工程"和"新星计划",激励教师们争做"名师"、争当"新星",让教师在竞争中学习,树立终身学习的理念,学校学习气氛非常浓厚。

(三)建立完善的规章制度,保证各项工作高效有序开展

谈到"人性化"管理,很多人误以为是管理者做"好好先生"。一些所谓的"人性化"管理者,总希望给周围的人留下好印象,希望下属夸自己人好、善良,所以一般不给下属施加压力,结果却让很多人都没有得到很好的发展。其实,这是最不人性化的管理,师生没有得到发展,师生没有获得成功。真正的人性化管理就是要帮助师生改掉不良习惯,尽管这对很多人来说是痛苦的。就像严厉的父母管教小孩,当孩子有毛病的时候,父母的打骂是少不了的,作为小孩子,也许不理解父

母的行为，认为父母不好，不"爱"自己，不关心自己，当孩子逐渐长大，才明白父母的这般良苦用心。所以，我们认为，人性化的管理与制度化的管理是并行不悖、相辅相成的，制度是用来约束人的，同时也应是符合人性的，规范的制度可使校园中的人际关系处于一种良性的发展状态中，因此，制度的建立首先是从适应"人"的发展出发的。学校建立一套规范有序的规章制度，是实行科学化管理，办好学校的重要手段，有助于发挥师生员工的积极性，有助于建立正常的学习、工作秩序，有助于良好校风的形成。我们通过长期的探索，已建立健全了一套较为完善的规章制度。

学校根据有关实行校长负责制、深化改革的要求，制定了各类人员的岗位职责；根据聘任制的要求，学校与各类聘用人员签订了"工作责任书"，实行全员聘任制和结构工资制。与此相配套，学校还制定了《宜宾市一中岗位目标责任及考核实施细则》《宜宾市一中教职工政治学习制度》《宜宾市一中教育科研管理办法》《宜宾市一中教研活动管理办法》《宜宾市一中教师竞赛活动奖励办法》《宜宾市一中奥林匹克竞赛辅导管理及奖励办法》《宜宾市一中全员聘任试行方案》《宜宾市一中教职工奖惩条例》《宜宾市一中单项奖试行方案》《宜宾市一中教职工考勤制度》《宜宾市一中教职工请销假制度》《宜宾市一中教职工考评计分细则》《宜宾市一中班主任工作考核及津贴发放办法》《宜宾市一中教研组长、备课组长工作考核及津贴发放办法》等一系列规章制度，根据聘任制的要求和岗位职责要求对教职工进行考核。

根据考评细则全面对教职工进行考核，概括起来主要是德、勤、能、绩四个方面。考德——主要考查教师的政治态度、思想觉悟、职业道德、事业心和责任感；考勤——主要考查教师的工作态度和工作量，上课、辅导、政治学习、开会、业务学习等活动的出勤情况；考能——主要考查教师的工作能力、业务能力（包括教育、教学、教研、教改、师培等能力）；考绩——主要考查教师在教育、教学等方面的成绩，包括全面贯彻党的教育方针、转变后进生的情况，教学质量（包括知识、技能的传授和能力的培养、思想教育等方面）及教学效果等。

(四)强化服务与沟通,增强管理的精细化

有了严密的规章和规范,并不表示工作就一定能够做好。学校在建立健全各项规章制度的基础上,教育全体教职工明确自身所承担的职责,自觉主动地做好本职工作,增强服务意识。学校各级干部,从根本上说,都是从事服务工作的,担负着为教师服务、为学生服务、为全面育人服务的责任,务必做到精细化的管理,做到大事有人管、小事有人抓,不遗漏每一个管理的细节,做到各司其职、各负其责。

为强化管理的精细化,学校的部门与部门之间、领导和教职工之间、教职工与学生之间特别注重联系和沟通,通过不同的渠道和途径了解管理和服务工作中存在的漏洞,进行及时改进和弥补。一方面,设立校长信箱、悄悄话信箱,开通校长热线和心理热线,师生有什么问题、什么建议、什么要求都可以及时与校长和相关老师联系,校长和相关老师对师生所提出的问题,能及时答复解决的就及时答复解决,不能及时答复和解决的,校长在每周的升旗仪式上向全校师生做出解释;另一方面,将各职能部门负责人和服务人员的电话向全校师生公布,师生有问题都可以直接与相关人员联系,使问题在不同的层面得到及时解决,真正体现学校"关注人的需求"的办学思想。

二、人文化的校园建设

学校对学生的教育有两种传统形式:一种是通过规章制度管理学生,达到规范学生言行的教育目标;一种是以思想政治教育和心理素质培养等为内容的教育活动。这两种教育相互联系,相互作用,促进学生不断成长成才。但是,上述两种教育管理方式突出了教育者对受教育者的作用,忽视了学生自身的教育。人文化校园环境也是学生个性形成和人格发展的重要外部条件。人文化校园环境的核心是关爱,既包括对学生的关爱,也有对教师的关爱,得到关爱的人都有一种积极向上的回报心态,在这种心态下,师生会生活得愉快幸福,工作效率会更高,心态会更健康,能促进师生主体地位的提高,实现环境育人功能,实现学生自我约束,

促进师生自我提高、自我成长。因此,校园环境在学校教育和管理中发挥着与传统教育方式优势互补的作用。校园环境建设的最高境界,是创建一个人文化的校园。校园文化是指为了保证学校教育活动顺利进行而创立和形成的一种特有的文化形态。学校物质文化是校园文化的空间物质形态,是学校精神文化的物质载体。学校精神文化是校园文化的核心。学校在长期的办学历程中一直重视人文教育,人文精神也成了学校办学思想的基本精神,并逐步形成了"弘扬传统文化,彰显人文精神"的人文特色。

学校在校园物质文化建设方面紧紧依托自身优秀的文化传统,着眼于学生精神文化品格的提升,充分发挥校园文化的隐性人文教育功能。校园的布局、色调等均从师生学习生活着眼,既为师生提供舒适的学习生活环境,又具有浓郁的传统文化气息。

(一)校园布局与色调典雅、质朴

学校校园布局层次分明:老校区建筑结构分为两个层次,第一层为"前庭",第二层为"后院",体现了传统建筑的院落式布局特点,新校区为第三层。

"前庭"包括文化广场、陈列室、教学楼、实验楼和运动场馆,这些建筑物的主色调为青灰色,采用仿木质框架结构,屋顶由流畅自然的曲线构成仿古的装饰。建筑物突出个体与群体之间的和谐,突出群体的对称、协调、错落有致,简朴而大方、古典而幽雅,体现出这所具有500多年历史的老校的历史厚重感。陈列室的建筑风格和门前的碑亭,可以让人感受到这所学校昔日的风采和浓郁的文化气息。运动区深红色的塑胶环形跑道和翠绿色的人工草坪足球场,配以道旁的草坪、葱茏的树木,给人以清爽的感觉。整个"前庭"素雅淡幽、恬静柔美,在色调上讲究人与自然的和谐统一,讲究建筑物与自然环境的相互映衬,追求虚实互映、浑然一体的境界。

"后院"由博见楼(含图书馆和现代教育技术中心)和学生艺术中心组成,两楼相对,中间饰以草坪和艺术墙。这一组建筑物的主色调为白色,以灰色线条点缀,宁静而不呆板。造型上,博见楼方正有气势,体现科学严谨的精神;艺术中心外观呈弧形,体现艺术柔和优美的气度。

新校区以宜宾中坝大桥为背景,临江而建,气势恢宏,具有鲜明的现代气息。新校区又分为三个层次。第一层次为已竣工的学生公寓和学生食堂,在建筑风格上体现出一种现代气息,线条简洁、色调鲜明、节奏明快。第二层次为绿化地带,共分为六块绿化区域,以草坪为主体,每块草坪中间饰以巨石,巨石旁分别以松、梅、兰、竹、菊点缀,体现出浓郁的人文气息。第三层次为运动区域,毗邻金沙江,视野开阔,滚滚的江水激发人的奋勇拼搏的斗志。

从"前庭"到"后院",再到新校区,展现出不同风格的景观,由古典走向现代,既体现学校悠久的历史文化,又表现了古典与现代的融合。不同风格的建筑物,较完美地展现出不同风格的"无言的诗、立体的画、凝固的音乐"。在博采古今、兼容中外思想下规划出的典雅、现代的一中校园,充满浓郁的人文气息,时刻对每一个一中人渗透人文教育。

(二)校园环境装饰典雅,体现人文化

学校在校园环境装饰上严格遵循思想性、人文性、时代性,共同指向教育性的"三性归一"的原则。

从校门开始的校园主干道为"时光隧道",道路中间嵌着体现学校500多年变迁的说明文字,道中立一警示牌:"你已进入浓缩了一中500多年历史的时光隧道,请珍惜时光",该道浓缩了学校历史的精华,并向学子昭示任重道远。

进入时光隧道便直达文化广场,文化广场的主体为文化墙,文化墙面对校门,类似古代的萧墙,居中为"公、勇、诚、朴"四字,体现了学校办学思想的核心;左墙上有明代"四大才子"之一的周洪谟所撰的《翠屏书院碑记》,右墙上有张昌余教授创作的《宜宾市一中扩建校址小引》,两者相互映衬,既体现了一中悠久的文化传统和教育传统,又展现了今日一中的风采。

校园内各建筑物的名称均具有浓厚的文化色彩,如两幢教学楼,一为"博学楼",出自《论语·子张》:"博学而笃志,切问而近思";一为"乐学楼",出自《礼记·学记》:"不兴其艺,不能乐学"及《论语·雍也》:"知之者不如好知者,好知者不如乐知者"。行政"知贤楼"出自《大戴礼·主言》:"知者莫大于知贤";实验"知行楼"出自

《传习录》:"知是行之始,行是知之成";科技"博见楼"出自刘勰《文心雕龙·事类》,云:"将赡才力,务在博见";"大美艺术中心"出自《孟子·尽心下》:"充实谓之美,充实而有光辉谓之大";等等。诸楼名均蕴涵启迪、传承之意义。陈列室名"宏光楼",取"弘扬革命传统,光耀学校业绩"之意,其前的碑亭"尚志亭",内置之碑为学校更名为"尚志学堂"时所立,此名取"尚先贤遗风,志修齐治平"之意;学生食堂名为"滋培堂",含"滋以养心,培以育体"之意;学生公寓形成一个独立的院落,名为"蕙兰苑",含"滋兰树蕙得英,雕龙琢玉咸正"之意;新校区绿化区域名"青衿园",含"'三友''四君'齐聚,俊杰英才辈出"之意;连接新老校区的地下通道名为"思视通道",出自刘勰《文心雕龙》:"思接千载,视通万里",含有"承接古今,与时俱进"之意。

校内每一处的点缀均蕴含丰富的人文内涵,折射出这所具有悠久文化传统的学校的文化积淀,又富有现代人文精神。就校园内的花园、草坪而言,用适当的文字点缀使之具有生命,使之不仅具有绿化、美化校园的作用,还具有人文意义。老校区的花园、草坪中不再有"禁止……"一类的警示语,而采用充满生命关怀的诗化语句,如"绿草茵茵,滋润我心""因有热爱生活之心,而有召唤翠绿之情""天意怜幽草,人间重温情""待到鲜花烂漫时,我们同心笑""在鲜花的笑靥中,我甘做一抔泥土"等;新校区的每片绿化区域分别饰以巨石,巨石旁分别以"岁寒三友""四君子"点缀,石上镌刻的文字分别以之为主题,如梅为"暗香浮动"、兰为"幽独空林"、竹为"瘦玉萧萧"、菊为"蕊寒香冷"等。室内的布置也颇具个性,如学生食堂"滋培堂"进门便是一幅铭文《滋培堂记》,二、三楼的餐厅所点缀的文字分别以"琴、棋、书、画"和"吃、喝、玩、乐"为主题,使雅者更雅,变俗者为雅,做到雅俗共雅。

整个校园处处都弥漫着人文气息,充满着人性关怀,学生生活于这样的环境中,自能让文化得到熏染,情操得以陶冶,人格得以升华,举手投足间渐显儒雅风范。

(此文系笔者2003年12月18日在宜宾市全市校园文化建设研讨会上发言的主要内容。)

研究与心得

学校文化建设的失落及回归探微

时下,"学校文化"已成为众多教育者极为关注的话题。因为,学校是以文化人的圣地,是文化的创造和传播的核心阵地,倘若无"文化",学校怎能称为学校。校园环境建设的最高境界,是创建一个人文化的校园。人文化校园环境的核心是关爱,既包括对学生的关爱,也有对教师的关爱,得到关爱的人都有一种积极向上充满阳光的回报心理。如若一所学校文化气息浓郁,其必定为大家青睐,生源必优,办学效益亦与日俱增,学校发展前景将一片光明。

学校文化究竟是什么?什么样的学校文化才算真正意义的学校文化呢?怎样的学校文化建设才算成功的学校文化建设呢?在很多人看来,学校文化的定义应是学校的物质财富和精神财富的总和,或者学校成员的价值评判。多数人都认同文化包括物质层面、制度层面、精神层面三个方面的内容。带着疑问和对一所被大家公认为极具文化品位的学校的向往与崇敬,笔者走进了这所学校,并看到了如下现象:

1. 校园中所有建筑设施已经全部翻新,整体看来颇有气势。但在教学楼的门厅处有几团废纸。

2. 在教学楼的楼梯转角处,有几个学生在高声嬉戏,而在他们旁边的墙上挂着"轻轻地我走了,正如我轻轻地来"的温文尔雅的警示语。

3. 在堪称豪华的学校会议室里,高档的座椅背后,学生留下了自己曾到此一游的证据——"龟儿子,我家就没有如此好的椅子!"的字迹。

4. 在德育处办公室墙上,各种管理制度应有尽有。德育主任和班主任正与几名学生理论,原因是这些学生吸了烟,打了架。教育者说:"你没有看到这墙上的规定吗?上面明明写了不准抽烟、打架的!"被教育者说:"制度是你们制定的,经过我们认可了吗?"

5.在不到20平方米的地方,学校文化策划者已将其充分利用:小桥、流水、假山、水池。但个个颐养性情的区域却被围起来并用一把大锁锁住。理由是学生进去后会做一些违纪违规的事情,于是干脆"闲人免进"。

6.在某班学生的调查问卷中发现,该班学生中能清楚地说出学校沿革和学校历来办学的基本精神或文化传统的只占20%。在回答就读这所学校的理由时,45%的回答是:大家都说这所学校好而且好多同学都报了这里,所以我也选择这里。

7.在学校的办学指导思想中醒目地写着"科研兴校"和"建立学习型组织",但科研成果统计表上只有寥寥几个市、校级研究课题,而在与学校某些教师的谈话中却发现他们似乎对"学习型组织"相当陌生。

8.学校张贴栏处,有七八张处分告示:原因是考试作弊、"三乱"违纪、打架、偷盗……屡教不改,给予处分。

笔者认为,这些情况与该校的所谓文化品位高是极不协调的。因为校园建筑是气势恢宏的,设备设施是高档完备的,名言警句是精辟深刻的,制度条文是齐全明确的,校园环境也是有文化内涵的。若照前述标准,这所学校的文化建设肯定是成功的。但老师、学生的行为又意味着什么呢?有物质的存在就有物质文化吗?有制度的齐全明确就有制度文化吗?有精神或价值判断就一定有正确的精神文化吗?

笔者认为:物质、制度、精神或价值判断只是相应层面文化的载体。即学校要有文化,必须包括物质、制度、精神或价值判断等多个层面的存在,但存在这几个层面并不一定就有完全意义的文化。因为,如果学校成员面对这几个层面的文化载体只是口头的绝对认同,而在行为上与之相去甚远,则我们就不能认为这所学校有真正意义的文化,因为这所学校的成员没有把文化载体所蕴含的真正意义内化和外化,而只是对文化载体进行简单移位,或移到校园的某一个角落,或者移到成员的口头词语中,并没有将其作为自己的行为准则,我们只能认为这所学校有文化载体或形式,而没有文化或文化内容。学校文化更主要的是从学校成员的言行特别是行为中体现出来。换言之,只有学校成员接受了这些文化载体所蕴含的价值判断或精神准则后,使其成为自己言行的内驱力后并外显,这所学校的文化建设才真正涉及文化建设的本质层面。

事实上,在很多学校,学校成员并没有接受学校文化所蕴含的价值判断或精神准则,所以才出现了前面所述的类似的学生言行。我们完全可以把前面出现的对待文化载体的消极言行——学生甚至教师对意蕴深刻的校园"物质文化"的熟视无睹、对"制度文化"的置若罔闻、对"精神文化"的"口是行非"称为学校文化建设的失落,俗语言之,就是校风的衰落。

那么,校风又是什么呢?就"风"的本义来讲,空气在某一特定的时间,朝某一方向的整体流动就成了"风"。其流动具有定时、定向和整体一致性。而校风可被理解为,学校成员的言行(教育、教学、服务的和学习生活的)在一定时间内表现出相同或相近的倾向。就像同一空间的少部分空气的运动方向有所差异一样:某些朝东、某些朝西;某些运动得快,某些运动得慢,学校成员的言行也会有差别。但无论如何,整体上朝某一方向"运动"的"内驱力"的性质和方向应是基本一致的。或者说,他们的言行是建立在对某种价值判断的认同和内化的基础上的。或者说,他们是以自己已经认可或倾向于认可的价值判断作为依据,并让这些价值判断驱动自己的言行。其中有一个关键因素,就是成员有自己认可或即将认可的价值判断,并将它作为自己言行的依据和驱动力。很显然,要让校风——这些体现学校文化建设的真正意义的行为端正,从根本上讲不仅仅在于改善校园的物质条件、完善制度和引进先进理念,更要加强学校成员对这些物质、制度和理念的认同程度和外化程度。

到此,我们似乎应该明白:学校文化与校风其实是具有内在一致性的。它们都是学校成员在自己已经认同或倾向于认同的一定价值判断的基础上,由言行特别是行为体现出的某种态度倾向和素质层次。其关键都在于学校成员对学校的物质、制度和先进理念的认同,因此,笔者认为,"校风"其实是"学校文化"核心内容的体现。

然而现实却让我们觉得尴尬,在进行学校文化建设的时候,策划者重视文化载体的构建，但对文化载体如何发挥教育功能思考不够。其一，把学校文化与校风相割裂，人为地回避两者的内在一致性或统一性。学校文化建设成了文化载体的构建，校风建设成了生硬的条文和空洞的口号。其二，在进行校风建设时过分强调外力的作用，把校风建设组织者的思想观念强加在学校成员的头上，不太愿意考虑对方是否愿意或能否接受。由此，笔者认为学校文化建设需要一个理性的回归。把学校文化和校风建设统一在一起，也许我们可以找到回归的理由和现实依据。

从本文开篇的案例我们可以发现一些学校文化或校风建设上的问题。

1.翻新的校园建筑物不能对部分学生的卫生习惯形成约束，说明学生本身对养成卫生习惯缺乏足够的认同，从而导致不乱扔的行为未得到自己价值判断的必要约束。

2.教学楼楼梯里、过道上学生大声嬉戏，说明学生对警示语的意义没有深刻体悟。策划者的初衷未通过有效的方式传递给学生，导致文化载体的实际文化意义的浪费。

3.学校豪华会议室座椅背后学生的"留言"，体现出学生对优越物质生活条件的向往与自身素质的不足。

4.德育处的教育现场充分说明学生对学校制度的不认同，原因可能有学生对老师简单说教的反感，也有对制度规定的意义的怀疑和否定，当然也不排除少部分学生心理的亚健康。表明学生对制度规定的必要意义缺乏体悟和认识，或者说对外在的规定还没有认同。

5.校园一角的文化意蕴丰富的景物被铁锁"幽禁"，通过与人隔绝得以保留，更是对学校文化的讽刺。没有人去欣赏和体悟的文化，本身还是文化吗？

6.调查问卷中反映出学生对学校的基本精神的茫然，充分体现出学生缺乏独立观察、思考和判断是非的能力。

7.学校成员对"科研兴校"和"学习型组织"等先进理念的认识模糊，说明他们对此不理解、不认同,当然就不会有相应的外显行为。

8. 屡教不改而受处分的学生看似自食其果,其实背后隐藏着值得思考的问题:为什么这些受处分的学生屡教不改?我们的思想工作是怎么做的?

透过以上八点现象,我们可以发现:在学校文化或校风建设中,教育者和被教育者都更多地用主观意愿取代理论与现实的有机结合,导致主观努力与客观效果相背离。学校文化策划者从策划者的角度来规划、教育者从教育者的角度来施教、被教育者从被教育者的角度来受教,三者各执一端,各就一点。

笔者认为,产生以上问题的原因有四点。

1. 虚浮的"官风"。主要体现为各级教育行政管理者更多地考虑行政管理的方便,忽视被管理者的真实情况,没有求真务实的精神,没有深入基层了解情况,主观臆断性地进行管理。如:抓教育管理工作的领导不深入到班主任和学生当中,不了解学生的思想动态,不了解班主任的工作实际,一律强制性推进管理措施,忽视了学生和班主任的接受程度,结果是班主任怨气冲天,学生阳奉阴违;抓教学质量的领导不深入到教研组和课堂,不了解教师的备课情况,不了解课堂教学情况,一律凭理论、借主观想象规范教学秩序,试图提高教学质量。这是一种只管布置工作,疏于检查落实;只管下达命令,不问具体效果的现象。

2. 乖戾的"民风"。主要体现为"民众"对"领导"的"依附"或"敌对",并使自己的言行乖戾。在教职工和学生中,表现出对官本位文化的顶礼膜拜或鄙夷。前者在行为上就是不讲真话,少干实事,只做表面工作,并出于某种目的,对某些应做或必做的事,有选择地完成。这种人缺乏真诚的心态、进取的精神、良好的操守、务实的作风。后者在行为上就是清高之后的鄙夷,对身边的事能指出问题之所在,能以实际的工作热忱嘲弄前者的鄙俗和"领导"的失察。后者同时也可能用过激的方式发泄情绪,比如教职工开会故意迟到、缺席;学生故意不做作业、翻栏杆、对规章制度嗤之以鼻。

3. 自满的"教风"。教风包括教师对教育教学的整体一贯的态度和教师的业务素质。自满现象,主要体现为有的教师的教学方法、教学思路几年、几十年不变,尽管教材和教授的对象早已发生变化。这种以不变应万变的态度如今很流行。而且这部分人最喜欢对学生说:"我教了这么些年(几年或几十年)书,还没遇到像你这样不听话的,要听就听,不听就趁早走人。"对年轻教师和学生,他们喜欢用指使或教训的口吻。并为了体现自己的与众不同,内心总有一句潜台词:"你年轻,经验少,我吃的盐都比你吃的饭还多,我过的桥都比你走的路还多。"仿佛年龄优势就等于学识素养优势。学校提倡终身学习、互动学习,但在新老教师间未有体现。这有悖于终身学习的导向。事实上,受到这些"长者风范"影响的年轻人,在他们的思想中缺乏谦虚、对等、相互尊重的精神,在将来成为新一代长者时,难免不对新人采取同样的方式。这样,一个学校的文化精神的构建恐怕将在恶性循环中进行。部分年轻人孤傲自满,对年长者不谦恭,也影响良好教风的形成。

4.迷惘的"学风"。学风包括学生和教师对学习的整体一贯态度和学生的风度素质。学风的迷惘主要体现于:学习无用意识和功利主义的严重倾向,以及不劳而获的惰性,认为学习已经不再是自身修养、素质提高的需要。学习无用意识主要体现为学生认为学习成绩的好坏与将来自己生活的质量没有必然的联系,理由是现在社会上的"有产者"的学历都不高,他们发财致富更多的是由于机遇和社会关系。而部分教师认为自己大学毕业已经能够应付高中的教学,书读得再多,照样只能当一辈子教师,既不能当官也不能发财,人生苦短,不如及时行乐。功利主义倾向严重主要体现为学习是为了发财当(升)官,对学习本身的道德修养意义漠然置之。于是学生成天只关心分数,而对道德精神、价值观念则不太关注;教师则在教育学生时难免有这样的说法:你们一定要好好学习,考个好学校,将来大把大把的钞票会装进你的口袋……而不劳而获的惰性主要体现在:学生在学习过程中不想付出,只寄希望于考试的运气甚至是对他人劳动成果的剽窃——作弊。

以上四个方面的问题,存在共性:用主观臆断取代了对客观世界的理性思考,用肤浅片面的观察取代了对具体问题的深刻分析;用教条主义和经验主义否定了客观世界的变化、发展与丰富;把物质生活的贫困演绎到精神文化的贫困。正因为如此,才最终导致校风建设中人浮于事,事离于实,学校文化也相应地只有文化的载体而无文化的内涵(或者说只有文化的外在形式而没有文化的丰富内容)。

鉴于此,我们应该对当前校风建设或学校文化建设的病态有清醒的认识,对校风建设或学校文化建设的出路有明确的思考,让学校文化建设得到真正地落实。即把校风建设与学校文化建设相统一,把校风建设作为学校文化建设的核心内容和突破口,通过抓校风真正提高学校文化的内涵和层次。

笔者认为,在强化校风建设时,不妨从前述"四风"着手,在分析这四方面存在的主要问题的基础上,以抓官风和教风为先导,以抓民风和学风为基础。因为,就四者关系而言,"官风"不正,则"民风"不畅;反之无纯正质朴之"民风",亦无务实求真之"官风",毕竟官自民出。"教风"离违,则"学风"晦暗;反之,"学风"乖戾,亦无严谨谦逊之"教风",毕竟学为教先。所以,整饬校风,当以"四风"齐抓,以狠抓"官风"之务实、"教风"之严谨为先导,以狠抓"民风"之净化、"学风"之端正为基础。

具体而言,抓"官风":在认识到"官风"是否纯正关系到学校的存亡的思想基础上,以立校为公、执政为民为宗旨,以上行下效为方法,以制度约束为保障,以按劳取酬为激励,以考核效果为监督,以务实求真为准则,以能上能下为警示,形成务实的"官风"。抓"教风":在认识到"教风"关系到学校质量和效益、生存与发展的基础上,以树立长幼有序、学无尊卑意识为目标,以严谨高效授课为要求,以敬人唯贤为倡导,以"赶、帮"互学为正气,形成严谨的"教风"。抓"民风":以养成淳朴、真诚、勇敢、公正精神为目标,以培养富贵不能淫、贫贱不能移、威武不能屈的精神气概和谦谦君子之风为导向,以端正官本位文化为重点,以崇德尚贤为动力,以学习提高为手段,净化民风。抓"学风":以端正对学习价值的认识为前提,以更新学习目标、态度为突破口,以严格规范、监督为保障,以品学兼优、德才兼备为激励标准,端正"学风"。

如此一来,校风将得以纯正,学校文化载体亦因此而富有内涵,学校文化传统得以形成。学校文化建设的本义方可得到真正意义上的回归。

管理体悟篇

GUANLI TIWU PIAN

研究与心得

落实发展纲要　畅享教育春天

《四川省中长期教育改革和发展规划纲要(2010—2020年)》(下文简称《规划纲要》)明确了到2020年四川省基本实现教育现代化、基本形成学习型社会、建成教育强省和西部人才高地的战略目标,开启了四川省从教育大省向教育强省迈进、努力建设西部人才高地的新征程,作为教育人,倍感欢欣鼓舞。现就自己学习《规划纲要》的情况,谈点体会。

一、关于全面落实教育优先发展战略

《规划纲要》强调:"各级党委和政府要把全面落实教育优先发展战略作为贯彻落实科学发展观的一项基本要求",且明确提出了"三个优先",即"切实保证经济社会发展规划优先安排教育发展,财政资金优先保障教育投入,公共资源优先满足教育和人力资源开发需要"。就目前教育的实际而言,"三个优先"的必要性毋庸置疑,但如何具体落实,是全社会都普遍关心的一个问题。毕竟,作为一种战略,一种观念,一种规划,其具有明显的导向性而非强制性。因此,作为教育人,希望有一定的规范保证教育优先发展战略的落实。

当然,《规划纲要》中"健全保障教育优先发展战略得到贯彻落实的体制和机制,将教育优先发展落实情况纳入各级政府年度目标考核指标体系,建立问责制"的表述则给人以信心和鼓舞。尽管如此,我们认为,要切实全面落实教育优先发展战略,还应进一步明确对各级政府、教育行政部门在"教育优先发展"上的具体要求,明确教育发展保障的重要性和必要性,真正加大对教育事业的投入,真正把"确保2012年按可比口径计算的全省各级各类财政性教育支出占全省财政支出的比例达到18%,以后年度随着财力的增长进一步提高"作为今后对各级政府进行考核的重要依据之一。唯有如此,才可能形成与四川省教育发展相适应的公共教育财政体制,才可能构建"分级负责、相互匹配、统筹协调"的经费保障机制。

二、关于普及高中阶段教育

关于高中教育,《规划纲要》专设一章分三个方面加以论述,这足见政府对高中教育的重视。

《规划纲要》指出,到2020年普及高中阶段教育,满足初中毕业生接受高中阶段教育需求。这无疑是一项惠及万千普通百姓的民生工程,功在当代,利在千秋。

《规划纲要》提出"全面提高普通高中学生综合素质"。这实际上就是要把"全面实施普通高中课程改革,注重学生综合素质培养"作为当前乃至今后相当长一段时间的重要抓手。结合学校实际,我们认为,以下几方面应该是实施新课改必须着力解决的问题。

(一)真正加大投入

当前学校的实际情况是,学校硬件建设不足和教师队伍编制不够已经成为制约新课程实施的重要因素。硬件滞后,资金不足。校园面积小,教室数量严重不够,制约了包括研究性学习课程在内的诸多课程的开展;学校实验仪器不足,影响了实验教学的开展。总之,因资金的制约,学校课程资源开发明显滞后。教师编制不够且队伍建设不足:生物学科、通用技术等学科教师编制不够;校本培训质量有待提高;教师指导研究性学习和综合实践活动的专业性不够。

要解决以上这些问题,单凭学校的一己之力显然是不够的。还是要回到上面所述的问题上,必须确保政府在资金和人员配置上的投入。基于此,我们认为,把经费投入作为教育发展和改革的保障是当务之急。

(二)切实建立学生学业成绩与综合素质评价相结合的发展性评价体系

评价体制不改,学生负担难解;评价体制不改,"深化教育教学改革,改革教师教学方式和学生学习方式""积极按规定开设选修课并逐步丰富选修课设置,为学生提供更多选择"等也只能停留在口头上。

按照《四川省普通高中学业水平考试实施办法(试行)》的规定,考试科目包括语文、外语、数学、思想政治、历史、地理、物理、化学、生物、信息技术、通用技术等。作为对合格高中学生的要求,学生考试达到相应水平是必须的,但是,如若评价标准不变,有几所学校几个教师几个学生会真的着力于高考以外的学科学习呢？我们认为,就高中学业水平考试而言,应在考试科目设置、组织形式、管理方式等方面多做调研,制订切实可行且富有实效的方案。如此,教师的教、学生的学才可能改变。

按照《四川省普通高中学生综合素质评价方案(试行)》的规定,道德品质、公民素养、交流与合作能力方面的评定采用"合格""尚需努力"形式呈现,而学习能力、运动与健康、审美与表现等方面的评定采用"优秀""良好""合格""不合格"四个等级呈现。鉴于目前的实际,我们建议运动与健康、审美与表现不实行等级制,以"合格""尚需努力"形式呈现即可。至于学习能力,可依据学生高中平时成绩以及学业水平考试成绩等采用四个等级呈现。在评价内容上,除"基础目标"外,我们建议增加"发展目标"。目前,我们的困惑是,综合性评价究竟应该更多地指向六个方面的直接评价,还是要素上的评价,或是关键表现方面的评价。我们认为,对具体行为进行评价才比较客观。因此,我们建议教育行政部门提出评价量表,至少应明确评价要素及评价方法与工具。如果以后综合素质评价结果要与高考录取挂钩,为保证科学性、客观性和可操作性,教育行政部门提出供全省统一使用的评价量表就尤其重要。总的来说,教育行政部门应就新课改后综合素质评价的价值取向、内容、工具、组织形式等做充分的论证。

三、关于减轻中小学生课业负担问题

《规划纲要》明确指出,"减轻学生课业负担是全社会的共同责任""把减负落实到中小学教育全过程,落实到教育教学各个环节,促进学生健康快乐成长"。应该说,这是当前师生心声的反映,是对社会日益强烈的减负呼声的一种回应,更是教育回归本质发展的要求。事实上,凡教育者都在积极探索科学减负,但为何减负总不能落到实处？我们必须从政府、学校、家庭和社会几个角度进行思考,而不是将减负单纯看作学校、教师的事情。我们欣喜地看到,《规划纲要》明确了对政府的要求,即"不得以升学率对地区和学校进行排名,不得以任何形式下达升学指标";对于学校,则明确必须规范学校的办学行为,即"严格执行课程方案,不得增加课时和提高难度。不得随意占用学生法定休息时间集体补课或上新课",所有这些,均显示出我省减负的决心。当然,要真正实现减负,或许就要回到前面所述的建立"发展性评价体系",回到深化考试内容和形式改革,回到高考方案改革,建立以统一考试为主,以高考成绩为主要依据,结合学业水平考试成绩和综合素质评价的多元化录取体系上来。因此,把考试招生制度改革作为教育体制改革的突破口就尤显必要了。

《规划纲要》给笔者带来许多思考,站在新的起点上,笔者更深信:作为一部立足省情、改革创新、引领未来、讲求实效的《规划纲要》,其必将促使四川省教育的又一个春天早日到来。

教育理想、教育良知和教育现实

——关于校长在高中新课程改革中的思考

一、教育不能没有生命：教育理想和教育现实的矛盾

2010年9月，四川省全面实施高中新课程改革。对于从事教育教学工作、教育管理工作尤其是具有教育理想的校长来说，可真是盼来了实现其教育理想的春天。

教育理想，简单地说，是指教育所要达成的目的与境界，就是人们对美好教育的追求与向往，对优质教育的设计，对"以人为本"教育的科学计划。从理论上讲，在新课程改革背景下，校长应该以其教育智慧和教育实践追求这样的教育理想，尽管这样的教育理想不会百分之百地实现，但追求教育理想的过程，一定会让学生快乐学习、幸福生活、全面成长，当然，校长也会从中收获无穷的快乐与幸福。

然而，教育的现实又如何呢？现实更关注考试与成绩，并以此来评价学生的学习成绩和学校的教育教学水平。尽管校长们都明白，这是极其荒唐的事情，但是，对于大多数学生、家长而言，高考成绩就是前途和命运，就是希望和未来，对于学校而言，就是质量和口碑！

理想与现实的矛盾就此更加明显，如何化解矛盾，哲学典故中或有昭示。

一位住在高山上的长者收了两个徒弟，一个是现实主义者，另一个是理想主义者。一天，他对两个徒弟说："你们应该到距离这里很远的海边去学会生存。由于路途遥远，我给你们准备了两样东西，一是一筐鱼，可以边走边吃，一是一张网，有了它到海边后就可以靠捕鱼生存。为了考验你们，你们可以从中挑选一样东西。"于是，现实主义者挑了鱼，他边走边吃，顺利地到了海边，但因为没有捕鱼工

具，无法生存，不久就饿死在海边。理想主义者挑了渔网，他想最重要的是将来要生存下去，但还没走到海边，就饿死了。

只有理想会没有生命，只有现实亦会没有生命，校长们该做怎样的抉择，才能让我们的教育拥有生命呢？

二、教育不能没有良知：教育理想和教育现实的缓冲

本轮高中新课程改革的价值预设是：为了中华民族的复兴，为了每位学生的发展。于是，便有了这样的行动逻辑：必然关注学生的发展，必然关注学习领域或范围的选择，以尊重学生的天性和发展学生的个性；必然关注学生学习方式的转变和教师教学行为的改变。而关注教师教学行为的改变必然涉及教师专业发展这一主题。这样的行动，对于在现实教育中如鱼得水的校长来说，无疑需要蜕变，这是一个痛苦的过程，因痛苦，其在课程改革的实施层面便充满了"迷茫与困惑"。其迷惑的原因在于，教育理想体现在每位学生的全面发展，最终体现在促进中华民族的伟大复兴，这是何等壮丽的事业，值得付出生命！而教育的现实，体现在每位学生的考试成绩，结果体现在社会的高度评价，这是多么贴切的期待，同样令人垂涎欲滴！

何为教育良知？有学者指出，教育良知是在教育实践中，教育者对社会提出的道德要求的自觉意识和情感体验，是在履行教育职责时体现的高度责任感及对自我教育行为的道德调控和道德评价的能力……它蕴含仁爱心、责任心和公正心三层内在价值维度。事实上，许多教育工作者特别是校长，就是在没有推行新课程改革的时候，同样有朴素的，甚至自觉的教育良知，怀着崇高的教育理想，充满仁爱之心，关心学生，尊重学生，始终如一地热爱学生；对教育事业充满责任心，在教育实践中选择正确的教育行为并努力完善自我人格；努力做到公正公平，做到"有教无类"，努力保障学生学习的主体地位，对每个学生一视同仁，而且，针对学生的个体差异，努力践行"因材施教"。所有这些，都是校长们教育良知之所在。

校长们虽对新课程改革充满了"迷茫与困惑",但更多的是对新课程改革的"理解与接受"。尽管,校长们面对着很多现实的诱惑,但几乎所有的校长都毅然决然地选择了良知。因为所有具有教育理想的校长都明白,教育理想与教育现实的冲突,最终会消失在历史的长河中。因为仁爱心让校长"爱人为本",责任心让校长"忍现实之辱负历史之重",公正心让校长"爱满天下"。

所以,教育良知成了校长们处理教育理想和教育现实之间矛盾的有效而理智的选择!

三、教育不能没有现实:教育理想和教育现实的结合

前述哲学典故的延续是:理想主义者和现实主义者徒弟,不但最终没有实现自己的愿望,反而还搭上了自己的性命。后来,这位长者又收了两个徒弟,他把前两个徒弟的故事告诉了他们,又拿着这些东西让徒弟挑,结果两个徒弟在进行选择之后,走上了合作的道路,那就是理想和现实结合了起来,结果他们不仅走到了海边,而且他们有了生活的保障,并找到了生活的真谛。

这个故事告诉我们:作为人,理想必须要有,但理想只有和现实结合才有实现的可能,否则,连基本的生存都会存在问题。在新课程改革背景下,教育事业的发展是不是也应该将教育理想和教育现实紧密结合呢?笔者认为,所有的校长唯有立足教育现实,努力超越教育的工具化,才有可能用教育智慧来实现教育理想。

有哲人言:理想是彼岸,现实是此岸,中间隔着湍急的河流,行动则在河上架起桥梁。教育理想对教育发展起着重要的推动作用,没有理想的教育是无所作为的教育,是不负责任的教育,是有悖于教育良知的教育。教育现实则是校长必须面对的全部有关教育活动的总和,无论高兴也好,不高兴也好,都必须面对。行进在教育的理想和现实之间,校长们必然会发现,理想总是那么美好,让人无限向往,可现实却又总是那么无奈,让人无法回避。因此,在当前实施高中新课程背景下,在教育理想与现实之间穿行,校长们就必须在二者之间寻求平衡点。

(一)在新课程对教师的理想要求与专业发展之间寻求平衡点

校长的教育理想,必须通过教师的教育教学实践实现。在新课程理念下,教师的角色应该是连接课程、平衡课程、发展课程和评价课程,教师应该能够担负关心呵护学生、精心设计组织教学活动、促进学生有效学习的使命,所有这些,要求教师具有较高的专业发展水平。但现实是,多数教师只有课程教学意识而没有课程角色意识,只有有效教学观念而没有有效学习观念,这必然影响新课程改革的实施。校长必须面对教师的现实状态,结合新课程改革的理想要求,在这两者之间找到平衡点,强化培训、观摩先进、教师沙龙、教学竞赛等活动的开展,应该是不错的选择。

(二)在新课程教学理念与传统教学行为之间寻求平衡点

校长的教育理想,在很大程度上是通过课堂教学来实现的。新课程改革要求变革教师的教学行为和学生的学习方式,需要教师达到"用教材教而不是教教材"的理想状态。而现实是,长期以来形成的教师主宰课堂的习惯使他们难以在短时间内变革教学行为,况且,义务教育阶段的学生自我探究、自主学习知识的能力还未形成,这给新课程改革的有效实施带来了巨大的困难。校长必须正视教师传统的教学方法和学生低效的学习方法,以教育的智慧与能力,努力在新课程教学理念与传统教学行为之间寻求平衡点,典型课例研讨、规定方式修习、导学学案研发等也许是有效的办法。

(三)在新课程教学评价与升学率提升之间寻求平衡点

校长教育理想的实现,在很大程度上是通过社会评价体现的。新课程要求建立的评价制度是发展性评价制度,评价原则是目标多元、方式多样、注重过程的,评价方式是综合性的,要求能全面反映学生的成长历程。这无疑是一种理想的评价制度。但现实是,如果学校没有升学率,就会成为社会、政府、家长和学生评价的低分获得者,成为教育竞争中的落后者,这必然给新课程改革和学校的长远发展带来消极影响。校长必须明白两者的对立统一关系,将升学率纳入新课程改革的框架中进行思考,在新课程教学评价与升学率提升之间寻找一个平衡点,人才观念调整、特长升学培育、职业教育疏导等应该是可行的道路。

新课程背景下,校长别无选择地站在了教育理想与教育现实之间,教育理想带来了冲动,教育现实带来了压力,行进在二者之间的校长们需要努力寻求更多平衡点,用教育良知整合教育理想和教育现实,始终走在现实的前沿,逐步到达理想的彼岸!

参考文献

[1]华阳.做一名幸福的教师[M].北京:新华出版社,2012:183.

[2]亚里士多德.尼各马科伦理学[M].苗力田,译.北京:中国人民大学出版社,2003:33-39.

[3]唐兰.殷虚文字记[M].北京:中华书局,1981:49-53.

[4]朱熹.四书章句集注[M].北京:中华书局,1983:147.

[5]程颢,程颐.二程集[M].北京:中华书局,2004:17.

[6]王守仁.王阳明全集[M].上海:上海古籍出版社,1992:202.

[7]冯友兰.中国哲学史新编[M].北京:人民出版社,1998:163.

[8]梁漱溟.中国文化要义[M].上海:上海人民出版社,2005:68.

[9]费孝通.乡土中国[M].上海:上海人民出版社,2007:23-26.

[10]杨联升.中国制度史研究[M].彭刚,程钢,译.南京:江苏人民出版社,2006.

[11]范良火.教师教学知识发展研究[M].上海:华东师范大学出版社,2003:68-71.

[12]郭胜坡.《周易》哲学的"中道"观[J].周易研究,2008(04):56-63.

[13]董祥勇.孟子"中道"思想研究[D].华东师范大学,2009.

[14]Ronald G. Corwin. Professional Persons in Public Organizations[J]. Educational Administration Quarterly,1965,1(3):1-22.

[15]陈朝晖,谢羡.教师专业发展的有效途径:参与校本课程开发[J].陕西理工学院学报(社会科学版),2006(01):87-89.

[16]李爱华.中小学教师条件性知识的再认识[J].中小学教师培训,2010(01):11-13.

[17]王德强.在创新教学中努力突出知识的基础性和通识性[J].成都教育学院学报,2001(06):18-19.

[18]李春玲.构建教师群体的知识共享机制[J].教师教育研究,2006(02):33-37.

[19]李·S·舒尔曼,王幼真,刘捷.理论、实践与教育的专业化[J].比较教育研究,1999(03):37-41.

[20]Shulman Lee. Knowledge and Teaching: Foundations of the New Reform[J]. Harvard Educational Review,1987,57(1):1-23.

[21]张学民,申继亮.国外教师职业发展及其促进的理论与实践[J].比较教育研究,2003(04):31-36.

[22]布伦特·戴维斯,余洁.概念研究:设计发展教师学科知识[J].全球教育展望,2011,40(07):3-14.

[23]马云鹏,赵冬臣,韩继伟,等.中学教师专业知识状况调查研究[J].东北师大学报(哲学社会科学版),2008(06):57-64.

[24]霍益萍,沙培宁.疾呼:关注教师专业知识[J].中小学管理,2010(01):58.

[25]赵冬臣,马云鹏,韩继伟,等.中学语文教师专业知识来源调查与分析[J].教师教育研究,2009,21(06):66-70.

[26]董涛,董桂玉.数学教师教学知识发展途径调查分析[J].当代教育科学,2006(11):36-37.

后记

事实上,早有将从事学校管理和全市教育管理的实践、探索、思考和研究,以及管理学教学所得一并归纳一下的想法,然则总有这样那样的理由拖延了。

究其原因,主要有以下几个。一则时间不允许。基层学校琐事繁多,上面千条线,下面一根针。内部:教育、教学、管理和服务等具体工作,师生吃喝拉撒睡,工作党政工团退,样样不能缺位;外部:党的要求、国家政策和群众期望的落实工作,上至党委政府主管局,下至社区街道居委会,事事理应担当。二则内心不踏实。尽管在学校管理和全市教育管理的实践、探索、学习、研究和创新中,以及从事管理学的教学中,有不少的思考,也形成了一些管理理念,无论是体现在发言、讲话和讲稿中,还是体现在调研报告、研究论文中,总觉得比较肤浅,难登大雅之堂。三则是自身懒惰。无论是在基层学校工作,还是在教育行政部门上班,整天连轴转,忙得团团转,似乎有被转晕的感觉,难以也懒得静下心来筛选、罗列和组织已有的文字,略有暇时,也抱着"难得浮生半日闲"的态度,虚度光阴弃置年华。

终于鼓足勇气,则源自与老父亲的谈话。在他年近九旬、贵体渐弱、反应渐慢之时,我建议他将其坎坷的人生经历和丰富的经世阅历付诸文字,以教育启迪后辈之人,然则他真的似乎已然精力不济,难以着笔。蓦然间,反思自我,突然如饮醍醐,难不成我也要像他一样,在百年之后带走遗憾?遂起意着手归纳整理诸多发言、讲话和讲稿,及至调研报告和研究论文,过程中,也有反复。反复思考的问题是,这些东西究竟有没有价值?有没有作用?经过多次斟酌、纠结后,按照删繁就简、去粗取精的原则,选择了部分自己比较中意的文字,做了必要的梳理和归类,凑成了拉拉杂杂的几本书稿。当然,由于去掉了一些不很中意的稿子,可能会导致涉及学校管理和全市教育管理的很多方面的内容存在缺失,也无法贪大求全了。

为真实体现自我的成长历程，如实反映自己所经历的事件，全面展示自身的管理理念、实践和思考所得，遂没有改变原来文稿的体例。发言稿、讲话和讲稿都按当时的原话照录；调研报告、研究论文也基本按照原稿的格式予以搬录，乃至"参考文献"等也一并照转。由于时间所限，既没有严格按照成文时间排列，也没有严格按照管理方式或内容分布，有的发言稿、讲话和讲稿，已去掉了具体时间，有部分标题是整理时加上的，没有在书中一一说明；对于已经发表的文章，绝大多数是本人独著，有部分是第一作者或参与者，对此也没有在书中一一标注，在此，对合作者表示歉意并致以真诚的谢意。

丑媳妇最终也要见公婆，就像这本书一样。忐忑的心情无以名状，但终究得真实面对。无论发言稿、讲话和讲稿对教育管理有没有参考价值，无论调研报告对教育管理有没有借鉴意义，无论研究文章于教育管理有没有指导意义，都端在了世人面前，恳请大家批判。个中有不合时宜乃至错误的地方，权当历史的见证。

落下最后一笔，顿觉释然与粲然，终于又干了一件该干的事、想干的事，对自己也算暂时有个交代了。

特别感谢一直关怀我的各位领导，特别感谢长期指导我的各位老师，特别感谢不断支持我的各位同事，特别感谢真心陪伴我的各位朋友，特别感谢恒久爱护我的家人。

当然，还要特别感谢我亲爱的儿子——龙哥。

伍小兵
2019 年 5 月 25 日